大夏书系·数学教学培训用书

"体验式"数学教学

搭建体验与经验的桥梁

丁凤良 等 编著

华东师范大学出版社

全国百佳图书出版单位

编委会

主　编：丁凤良

编　委：王　晖　张亚杰　任　莉　高婷婷
　　　　王雅娟　赵　伟　张译方

Contents 目 录

序言1 体验后，便有了经验 …………………………………………… 001
序言2 在"经历"中成长，在"体验"中发展 …………………… 004
序言3 从体验到经验，助力抽象数学的学习 ……………………… 009
自 序 长时间思考一个问题 ………………………………………… 012
前 言 …………………………………………………………………… 014

第一章 "体验式"数学教学的总体研究

"体验式"数学教学的理论研究 ………………………………… 002

1. "体验式"数学教学的研究起点 ………………………………… 002
2. "体验式"数学教学的研究重点 ………………………………… 003
3. "体验式"数学教学的一般过程 ………………………………… 004

"体验式"数学教学的五个特点 ………………………………… 006

1. 经历探究过程 ……………………………………………………… 006
2. 关注学生发展 ……………………………………………………… 007
3. 注重体验感悟 ……………………………………………………… 008
4. 运用合作学习 ……………………………………………………… 009
5. 积累活动经验 ……………………………………………………… 011

"体验式"数学教学的三个策略···013

 1. 创设问题情境···013
 2. 尊重学生选择···014
 3. 引进数学游戏···014

"体验式"数学教学与合作学习···022

 1. 合作学习的概述···022
 2. 开发多样学习工具···023
 3. 明确合作学习要求···025
 4. 抓住合作中的细节···027

"体验式"数学教学帮助学生积累活动经验·································030

 1. 关注教学中的问题···030
 2. 课堂教学结构：三轴四链一循环···031
 3. 帮助学生积累数学活动经验的具体教学策略·························032

第二章　"体验式"数学教学的设计与思考

数与代数领域···042

 《乘法还可以怎样算》···042
 《数的认识复习》···049
 《看日历》···055
 《三位数减法练习课》···064
 《淘气的作息时间》···074
 《物高与影长》···083

图形与几何领域 ··········· 092

- 《平移和旋转复习》··········· 092
- 《长方形的面积》··········· 099
- 《三角形的内角和》··········· 108
- 《图形中的规律》··········· 116
- 《认识图形》··········· 122

统计与概率领域 ··········· 127

- 《平均数》··········· 127
- 《平均数的再认识》··········· 133
- 《单式折线统计图》··········· 141
- 《复式折线统计图》··········· 150

综合与实践领域 ··········· 157

- 《鸡兔同笼》··········· 157
- 《烙饼问题》··········· 166
- 《猜数游戏》··········· 174
- 《我家漂亮的尺子》··········· 181
- 《神奇的莫比乌斯带》··········· 189
- 《分扣子》··········· 195

第三章 "体验式"数学教学的评价与启示

积极的评价蕴含"能量"··········· 204

"真有才"与"好失落"
——截然不同的评价引发的思考··········· 206

心理学规律在计算能力提升中的应用··················210

思维在课堂等待中飞扬························213

从"无聊"到"有聊",从"有聊"到"会聊"···············216

动一动,更巧妙

　　——学生自主创造学具引发的思考··················220

"看着像不一定就是"引发的思考····················224

等一等,会有不一样的"风景"·····················227

创意教具　突破难点

　　——多媒体课件和传统教具引发的思考················231

"火"与"冰"的教学考验

　　——面对不同认知经验基础开展课堂教学的思考············234

经历误区,追寻数学本质·······················239

在动手操作中收获数学知识······················241

参考文献·····························245

序言1
体验后，便有了经验

我和丁凤良老师认识是在北京市教委的"北京市中小学名师发展工程"项目2015年10月的启动活动中，而我恰好是丁凤良的实践导师，后来丁凤良又加入了我的"华应龙名师工作室"。于是，我们之间展开过很多次关于数学、数学教育的深度交流。

《义务教育数学课程标准》中强调，"从学生已有的生活经验出发，让学生亲身经历将实际问题抽象成数学模型并进行解释与应用的过程"，实际上就是让学生在数学活动中经历实践活动与体验，从已有的生活经验迁移到更丰富的数学活动经验。丁凤良老师带领着双榆树第一小学数学教师团队立足于学生的发展，基于所在学校的"育·树生态课堂"的特色文化指引，在他们的教育实践中构建"体验式"数学教学，采用适当的教学方法与策略，让学生亲自参与数学活动，从而获得真切的体验，使学生在思维能力上得到发展，在数学活动经验方面得到积累，并且把他们的心得文章汇聚成书与同道分享，奉献给读者。

现在呈现在我们面前的这本书——《"体验式"数学教学：搭建体验与经验的桥梁》，就反映了该团队探索积淀的新成果。该书理论联系实际，实践内容丰富，作为小学数学教师的研究与实践的成果集成，体现了数学教师团队的深入思考、实践创造与长期积累。

我们了解有专家提出过"体验式"教学的理念，也读过一些关于"数学活动经验"类的文章，但是，我们很少看到一线教师通过教学实践去沟通学习体验与活动经验之间的联系。质言之，从一线教师的角度和视野去审视"体验式"教学，应当如何更好地践行"体验式"教学，进而帮助学生成功地积累数学活动经验呢？要想深刻认识这一点，那就请阅读《"体验式"数学教学：搭建体验与经验的桥梁》这本新著吧！

丁凤良老师和他的团队，依托课题"小学数学基本活动经验的案例研究"，经过四年多的潜心研究，探索出"体验式"数学教学的课堂教学结构，帮助学生积累数学活动经验，沟通了"体验"与"经验"的联系。该书作为研究课题的成果，其中一个关键词是"体验式"。研读本书，我们发现集中概括"体验式"数学教学的这本新著，有以下几个特色：

一、提炼出"体验式"小学数学教学的一般过程

"体验式"小学数学教学的一般过程，就是本书所提"一、两、三、四"，也即"一个核心、两个维度、三个意识、四个重点"。这就是：以学生的发展为核心；分别从教师和学生两个维度进行教学方式的改进研究；教师给学生创设情境，引导学生自主探索，主动参与学习；而学生用心经历、体验情境活动过程，反思调整学习方式，进而构建知识结构，发展思维和实践能力。

二、探索出搭建"体验"与"经验"之间桥梁联通的活动结构

本书运用"三轴四链一循环"来概括联通活动结构，帮助学生积累数学活动经验。在"体验式"数学教学中，注重让学生亲身经历观察、描述、操作、猜想、实验、思考、推理、交流、应用的数学活动过程；在"经历体验、理解内化、重组优化、主动建构"的四条线索链条的数学活动过程中，实现一个认知系列的往复循环：唤醒经验、累积经验、反思经验、提升经验、运用并重新创造经验，使学生不断积累数学基本活动经验。教学最终要让学生的数学活动经验形态和经验品质产生积极的变化：模糊的经验变得清晰起来，片面的经验变得完善起来，错误的经验变得正确起来，零散的经验变得结构化起来。

三、呈现了小学数学课程四个领域关于"体验式"教学的鲜活课例

依据"体验式"数学教学的课堂教学结构，运用体验与经验间联通的活动结构，围绕小学数学课程四个领域，丁凤良和他的团队精心撰写各类生动、丰富的课例，并展开课堂实践后的深入反思，力求从理性思考与课堂实践的结合上，提升对"体验式"数学教学的教学论认知。这对于广大小学数学教师学习并实践"体验式"数学教学，会有很好的启发和借鉴价值。

四、反映了一个小学数学教师团队开展课题研究的成功案例

该书可以作为丁凤良团队专题研究过程经验的反映。他们顺应课堂变革的趋势,以"立足学生的未来发展"为核心,选定一个教科研专题,在理论层面论述了"体验式"数学教学的研究背景、教学结构以及教学策略,让学生经历数学活动过程,获得丰富的体验,在体验感悟中积累数学活动经验;在实践层面进行"体验式"数学教学设计与拓展思考、评价与启示的研究,诠释了在"体验式"数学教学中,创设情境促进学生主动参与,合作学习帮助学生深入学习,活动链条助力学生积累数学基本活动经验的教改经验。在这个过程中,培养了学生的独立思考、合作探究、信息筛选、分享交流、迁移运用、质疑反思六个关键能力,有力地促进了儿童数学核心素养的积极发展。

同时,该书的出版也呈现出丁老师及其团队成员确立课题、实践研讨、展开研究、奉献成果的教科研课题研究完整历程,反映他们的业务成长与教学认知的拔节与舒展。本书不仅有丁凤良老师的文章和课例,还有该团队成员教师的很多文章和成果,由此我们也看到双榆树第一小学数学教师团队的茁壮成长。书中许多论点言之有据,都有课堂教学实践片段做支撑,便于读者理解和验证。

如果说,教育的真正目的是生命、生活、生长,那么"体验式"教学则是实现这一目的的有效载体!本书所反映的该课题研究的已有过程,也是研究者团队成长的有效载体!"体验后,便有了经验"既是指学生的数学学习和发展,也是指教师的教改研究与成长。

在这本书中,作者以清晰的脉络、以具体的阐述、以迁移性极强的操作行为,把"体验式"数学教学的理论、实践等相关内容呈现在每一个章节。如何更好地沟通"体验"与"经验"的联系,这本书为我们做了很好的诠释。

探索体验无止境,经验积淀无穷尽。随着时间的推移,学习会更加深入,理解会更加全面,实践会更加丰厚,把握会更加准确。我们期待着丁凤良老师带领着学校的数学教师团队创造更多、更新的成果!

2019 年 11 月写于北京圆方斋
数学特级教师,北京第二实验小学副校长
北京师范大学、首都师范大学、教育部小学校长培训中心兼职教授

序言 2
在"经历"中成长,在"体验"中发展

丁凤良校长带领双榆树一小的老师们围绕"体验式"教学提升学生数学素养的探索已有多年,研究成果终于结集出版,致以敬意和祝贺。丁校长是北京市"名师工程"培养对象,我有幸作为"导师"指导研究,说是"指导"其实更是与丁校长"共同研究",丁校长对数学教学有丰富的经验,尤其在"学生为主体,如何让学生在体验中学会数学、会学数学"、"积累数学活动经验"等方面特别值得我学习,今为本书写序言实为荣幸。

丁凤良校长带领北京市海淀区双榆树第一小学的数学团队选择将"体验式"学习的相关理论运用于小学数学教学,选题非常准,整体研究思路清晰。他们结合小学数学特定内容开发出的相关课例及课堂教学评价工具非常有借鉴意义。纵观国内外,很多研究者对"体验式"学习(教学)都有论述,但真正进行学科教学实践的并不多,尤其结合小学数学特定内容进行细致分析、教学实践探索的更是少之又少。丁校长团队啃了一块硬骨头,他们关注"体验式"教学模式的建立,在实践中探索研究,担起了数学课堂教学改革创新并以提升质量为目标的重任。

我作为"局外人"并没有亲历课堂教学研究的全过程,但在细读书稿过程中能切实感受到老师们的"三轴四链一循环"课堂教学结构,以落实课程目标为己任孜孜以求的研究与探索精神。我在序言中想进一步提炼本书关键词的内涵、本书的意义、做法与特色等,重温老师们的研究历程,与团队老师们共勉。在经历中成长,在体验中发展,于学生、于教师都如此。

一、研究缘起与理论基础:经验的内涵与教育意义

经验是哲学中的一个重要概念,古今中外从孔子、柏拉图、洛克、康德

到杜威都重视经验的作用，都在研究经验，尤其是杜威，更是提出了"教育是属于、源于、为了经验"的。杜威在《民主主义与教育》一书中谈道：经验包含一个主动因素和被动因素，这两个因素以特有方式结合着。在主动方面，经验就是尝试（实验），在被动方面，经验就是承受结果。我们对事物有所作为，然后它回过来对我们有所影响，这就是一种特殊的结合，经验的这两个方面的联结，可以测定经验的效果与价值。

因此，如何判定一个经验的价值，标准就在于能否认识到经验所引起的种种关系或连续性以及相互作用。杜威认为：经验的连续性与相互作用性是经验的两大基本特点。连续性即是每次经历过的经验会改变经历着这种经验的人，每种经验都从过去吸取教训，同时又以某种方式改变未来。相互作用性则指只有主体与外部情境发生相互作用时才能真正有经验的产生和积累。为此杜威明确提出：不是任何一种活动都能为活动主体积累经验。单纯的活动并不构成经验，只有当"变化"有意识地和变化所尝试的一系列结果联系起来，这时包含"变化"的探索尝试活动才是经验。例如，把手伸进火焰，这不是经验，当这个行动和人所遭受的疼痛联系起来的时候，才是经验。他所提出的"从经验中学习"就是在我们对事物有所作为和我们所享的快乐或承受的痛苦这一结果之间，建立前前后后的联结。如此，行动就变成尝试，变成一次寻找世界真相的实验；而承受的结果就变成教训——发现事物之间的联结。从过程（不断探究、实验）与结果（获得联系、规律）两方面来理解经验，把经验理论运用于教育中意义重大。

《义务教育数学课程标准（2011年版）》中提出让"学生能获得适应社会生活和进一步发展所必需的数学的基础知识、基本技能、基本思想、基本活动经验"，其根本意图还是强调教育的"过程性目标"而不仅仅是"结果性目标"，因为"思想感悟与经验积累决定人的思维方法"，而思想感悟与经验积累是"悟出来的，想出来的，而不是教会的"。因此小学数学的学与教必须改变教学理念与教学方式，双榆树一小的老师们为此做了不懈的探索与研究，紧紧围绕本学科教学特点，真正优化数学教学方式，让学生能够主动思考、积极提问、自主探究。

二、"体验式"学习的意义与价值：促进学生"全人"发展

荷兰数学教育家弗赖登塔尔说：数学学习是一种活动，这种活动与游泳、

骑自行车一样，不经过亲身体验，仅仅从看书本、听讲解、观察他人的演示是学不会的。"做"、"经历与体验"、"反省抽象"等是小学生数学学习的重要方式，对小学生数学素养形成与发展具有重要意义。双榆树一小构建的数学"体验式"教学结构不仅仅让学生获得数学知识、技能，而且将学生作为"全人（完整的人）"来培养，即首先通过体验探究式学习助力学生理解数学实质、感悟数学思想；学生通过"体验式"学习能够保持并不断提升数学学习的兴趣和动力；通过"体验式"学习让学生获得默会知识，积累数学活动经验；只有"体验"过，学生才能真正感悟数学"有用"，感受数学既来源于现实生活又超越现实生活。其次更关注"人"的成长与发展，即如下面所述。

"体验式"教学通过创造实际的或重复经历的情境和机会，呈现或再现、还原教学内容，使学生在亲历的过程中理解并建构知识、发展能力、产生情感、生成意义。它所关心的不仅是人可以经由教学而获得多少知识、认识多少事物，还在于人的生命意义可以经由教学而获得彰显和扩展。它力求在师生互动的教学过程中，达到认知过程和情感体验过程的有机结合，激情与明理、导行的相互促进，让学生在体验学习中学习有关的知识内容，领悟做人的道理，选择行为方式，实现"自我教育"。同时在学习的过程中，体验认识提高的快乐，道德向上的快乐，独立创造的快乐，参与合作的快乐……通过学生主动、积极的体验，生动、活泼地完成教学任务，实现教学目标。

此外，双榆树一小的数学课堂教学围绕教师和学生两个维度展开研究，教师给学生创设情境，引导学生自主探索，主动参与学习，而学生在经历、体验情境的过程，反思调整学习方式，进而发展知识、思维和能力。与此同时，学生的数学基本活动经验也得以提升和发展，在体验情境中会暴露原有的数学活动经验，在交流反思中会碰撞生成经验，在教师进行引导和调整的过程中会有再生经验得到提升，在运用新的经验的过程中学生得以发展。

教师能够以人的生命发展为依归，尊重生命、关怀生命、拓展生命、提升生命，蕴含着高度的生命价值与意义，教师眼里不再只是"传授、传递"数学知识，学生在充分思考、有规可循的合作学习活动中，获得了完整、充分的学习体验。"体验式"课堂立足于学生未来发展，尊重每一个学生。在体验的过程中，教师和学生正一起走在不断尝试、不断探索、不断进步的路上，师生在体验中共同成长和发展。

三、理论与实践双向融合：数学"体验式"教学模型构建

组织心理学家库伯对"体验"做过深入研究，提出著名的"库伯体验圈"，即"体验式"学习要经历四个阶段：具体体验、观察反思、抽象的概念化和主动检验，这清晰地界定了体验学习的主要环节。双榆树一小数学团队在此基础上提出了数学"体验式"教学的基本步骤与实施策略，进一步发展了"体验式"学习理论，丰富了其理论内涵与实践样态。

例如，他们提出基于课堂教学中存在的突出问题，"体验式"教学重点关注以下两方面：一方面，创设情境，让学生体验实际问题抽象为数学问题的过程。另一方面，提供材料，让学生体验观察、实践、猜想、质疑、讨论的探索过程。创设情境，引导学生自主探索，主动参与学习，而学生在经历、体验情境的过程，反思调整学习方式，进而发展知识、思维和能力。与此同时，学生的数学基本活动经验也会得以提升和发展，在体验情境中会暴露原有的数学活动经验，在交流反思中会碰撞生成经验，在教师进行引导和调整的过程中会有再生经验得到提升，在运用新的经验的过程中学生得以发展。

在实践探索基础上提出"三轴四链一循环"的课堂教学结构，并以此模型为基础，将之运用到教学教学中，开发大量适合"体验"的教学课例，所有课例都遵循：学生亲身经历观察、描述、操作、猜想、实验、思考、推理、交流、应用的数学活动过程，在"经历体验、理解内化、重组优化、主动建构"的过程中唤醒经验、累积经验、反思经验、提升经验，运用并重新创造经验，使学生不断积累数学基本活动经验，达成高层次的认知目标。

在"体验式"数学教学中，学生学习的过程是一个反复的过程，是一个持续的过程，是一个学生亲历体验的过程。但这个过程又不是学生独立、盲目尝试经历的过程，而是有教师的组织与帮助，这是一个互动的、积极的、主动的、渐进的发展过程。课堂教学过程是学生、教师共同发展的过程，在理论学习与实践探索中也是学生、教师共同成长发展，"体验式"教学研究承载的价值可见一斑。

我在阅读的过程中，更多的是感动，感动于他们反映的真实的课堂，感动于他们深入的思考以及对数学课堂教学改革创新负起的责任与担当。"热爱"一词似乎很空泛，但对教师这一职业来说，则是首要条件，教师这一职业是几乎时时刻刻要与人打交道的职业，但凡与人交往的职业都需要从业者具备"全

人"素质、具备终身学习的特质，如果没有发自内心深处的热爱，教师很难全身心投入实践与研究，也很难进入到良性发展（有方法，教育效果好——获得他人尊重，激发内部动机——研究更好的育人方法、取得更佳效果）的循环之中，热爱（职业、生活）是教师能够持续地保持学习和研究、不断改进教学的根本动力与保障。

苏霍姆林斯基说："如果你想让教师的劳动能够给教师带来乐趣，那你就应当引导每一位教师走上从事研究这条幸福的道路上来。"双榆树一小数学教师们长时间地聚焦思考一个"问题"——如何让学生在数学体验中成长，持续地搜集、分析学生的相关学习经验，在此基础上持续地调整、改进教学，使不可见的"经验"逐渐地显性化，让学生在经验暴露、重组与再造中学习和发展。双榆树一小数学团队还将沿着这一路径深入下去，不断地将研究细化、不断地进步、不断地成熟，必将取得更加丰硕、完美的成果。

刘加霞

北京教育学院初等教育学院院长、教授，教育心理学博士

序言 3
从体验到经验，助力抽象数学的学习

对学生来说，学习很重要，学会学习更重要。建构主义学习理论发展至今，被无数的实践经历所不断证明，其最核心的理念就是"学习是学习者基于原有的知识经验生成意义、建构理解的过程"。这就要求学生必须经历体验学习的过程，不断地在体验中与学习内容互相作用，才能不断地获得经验、发展经验。在教学过程中，教师有义务为学生创造经历学习过程的机会和情境，让学生的"体验"真正在经历中成为他们自身的"经验"。

如何创造这样的机会和情境，在学生的体验和经验中搭建桥梁呢？丁凤良校长带领双榆树第一小学的数学教学团队，基于学校生态课堂实践，在不断的学习与探索的过程中，总结了"体验式"数学教学模式，在小学数学学科各领域的教学中尝试解答这个问题。

一、操作结合情境，关注儿童体验到经验的过渡

数学概念不能直接植入儿童头脑，而是通过儿童的亲身体验形成经验，这样有利于概念的内化。随着认知科学的发展，大家越来越认为，认知不是仅靠大脑的，认知是包括大脑在内的整个身体的认知，思维和认知在很大程度上是依赖和发端于身体的。具身认知研究的集大成者梅洛·庞蒂认为，身体是我们理解世界的总媒介。

情境学习理论认为，学习发生在真实的情境中，学习迁移也是在真实情境中发生的。怀特海认为，在无背景的情境下获得的知识，经常是惰性的和不具备实践作用的。莱芙和温格强调学习不是把抽象的、去情境化的知识从一个人传递给另一个人，学习渗透在一个特定的情境之中。

丁凤良校长带领双榆树第一小学的数学教学团队，开展"体验式"数学

教学的研究与实践是很有意义的，是基于搭建体验与经验的桥梁来促进儿童的数学学习。研究的重点主要落在两个方面，一是创设情境，让学生体验实际问题抽象为数学问题的过程；二是提供材料，让学生体验观察、实践、猜想、质疑、讨论的探索过程。

学生在经历学习的过程中获得体验，进而与自身的经验相互作用，将体验内化成自己的经验，通过经验与数学的对接，达成良好的数学学习。学生在不断的尝试中，产生属于自己的感悟和思考，使得抽象的数学更有意义；学生通过合作学习，将自己的思考、感悟与同伴互相分享交流，在宽松和谐的氛围下达成思维的触发和碰撞；学生通过层层递进、不断深入的学习过程，数学思维不断发展，数学经验不断积累。

二、理论结合实践，在数学各领域中积极探索

基于"体验式"教学的理念，在数学学科"体验式"课堂教学中，教师尽量关注每一位学生知识、能力、情感态度各方面的发展。教师为学生创设有利于他们积极参与学习的情境，让学生经历探究过程，在探究过程中用学具材料给学生完成任务搭建支架，注重学生的体验感悟，以及活动经验的积累，并且学习方式以合作学习为主，且以数学游戏等方式激发兴趣、开拓思维，促进学生的发展。通过这些策略，使每一个学生都在自己已有经验的基础上获得最适合自己的发展途径，在个性化的体验中获得个性化的经验。

《义务教育数学课程标准（2011年版）》中将义务教育阶段数学教学内容分为四个领域——数与代数、图形与几何、统计与概率、综合与实践。为了验证"体验式"教学模式是否能够在小学数学所有领域的内容中应用与推广，丁凤良校长带领双榆树一小的数学教师们进行了丰富的实践，在各领域内容中积极以"体验式"教学为主题，开展数学课堂教学方式变革的探索。

教师们在深入理解"体验式"课堂教学理念的基础上，根据各个领域的学习要求，探索相应的课堂教学模式。教师需要根据数学内容特点和学生特点，设计适合学生学习数学的数学活动。经过长时间的研究与实践，双榆树一小的数学团队形成了四个内容领域的精品课例，并且将"体验式"数学教学理念逐渐融入到常态课教学实践的每一节课中，以促进学生有效的数学学习。

三、学习结合思考，实现教师观念转变和专业发展

时代的发展为教师的专业成长提供了巨大的机遇，同时教师们也面临着巨大的挑战。教师在机遇和挑战面前，需要终身学习，在实践中不断反思，学习并形成更先进的思维模式。面对如何将学生的"体验"转化为对接抽象数学的"经验"的问题，双榆树第一小学的数学教学团队在巨大的挑战之下，积极在实践中不断反思。在课堂教学中，很多现象和问题引发了教师们的思考，这些现象和问题促使教师们努力学习教育理论，分析现象的成因，并且与自己的教学经验相结合，不断对自己的教学进行过程性评价，以评促教、以反思促提升。此外，教师们在反观自己的同时，也不忘从外界学习先进理念，不断改进自己的课堂教学质量，使"体验式"数学课堂教学模式不断完善。

如今，团队学习研究的成果已经形成，一个个真实的课例、一篇篇深刻的体悟和感受，向我们呈现了"体验式"数学教学为教师、为学生带来的成长。在研究过程中，师生共同通过深入思考和体验，形成了属于自己的经验，促进了学生的数学学习和教师的专业成长。

范存丽
北京教科院基教研中心

自序
长时间思考一个问题

说起对"体验式"教学的研究，我想主要从两个方面进行介绍，一方面是对课堂教学的实践，一方面是对科研课题的研究，也正是这两个方面的实践与研究让我对"体验式"数学教学逐步有了较为深刻的认识和理解。

课堂教学实践方面，我的典型课例具体如下：1999 年，《圆的认识》一课获得北京市海淀区五棵松学区评优课一等奖；2002 年，《平行四边形面积》一课获得北京市海淀区"世纪杯"一等奖；2004 年，《比例的应用》获得全国小学青年教师课堂教学大赛一等奖，同年该课在北京市教学研讨活动进行展示；2006 年，《鸡兔同笼》一课获得北京市海淀区教学创新奖；2009 年，《数的认识复习》获得全国录像课一等奖；2016 年，《烙饼问题》在全国小学数学实践研讨会进行展示；2019 年，《乘法还可以怎样算》在全国小学数学研讨会进行展示。一路走来，我一直坚守对课堂教学的实践，从未间断对"体验式"数学教学的研究。从海淀区群英小学，到海淀区中关村第一小学，再到海淀区双榆树第一小学，历经 21 年。

科研课题研究方面，我参加研究的课题如下：2006 年至 2009 年，参加教育部"十五"规划课题"构建数学教学新体系的研究"子课题"在小学数学学科教学中进行体验性教学策略的研究"。2009 年至 2012 年，参加北京市教育科学规划办立项课题《促进小学生自主学习的策略研究》，并作为主要作者参加编写《自主体验——数学课堂教学实践研究》一书。2008 年至 2009 年，参加吴正宪小学数学工作室培训并进行课题研究。2009 年，参加中国教育学会"十一五"科研规划重点课题《小学教学方法创新实验与研究》，是子课题"小学数学课堂教学策略的研究"核心组成员。2010 年 11 月，被批准为北京市海淀区教科所立项课题《小学数学活动课例的研究》的负责人。2012 年，我参加北京市级骨干教师培训，《小学生积累数学基本活动经验的案例研究》立项并进行研究。2015年，入选北京市第三批名师工程，该项课题立项并持续进行研究。2016年至2019年，该项课题入选北京市海淀区教科院校长委托课题，结题被评为优秀等级。2016年至2019年，该项课题由北京市教育科学规划办立项并进行研究。2019年，《小学生积累数学基本活动经验的案例研究》成果被收录于北京市教育科学规划课题成果快报第六期。迄今为止，我在核心期刊发表与课题研究有关的文章7篇，分别刊登于《小学青年教师》《基础教育参考》《江西教育》《北京教育》《中国教师》《现代教育报》，还有成果被收录于吴正宪老师编写的《听吴正宪老师评课》一书，以及华应龙老师编写的《小学数学教学化错教学案例》一书。

课堂教学的实践和科研课题的研究就像教师专业成长的双腿一样，如果缺少任何一条，专业成长都会受到影响。我很幸运，一直以来，二者相互砥砺，相互促进，让我收获了对小学数学教学的深入理解，也让我收获了《"体验式"数学教学：搭建体验与经验的桥梁》这项成果。我想说，坚持与坚守，会让你体会到长时间思考一个问题的意义，长时间研究一项课题的价值！

也正是基于小学数学课堂教学的实践，基于小学数学科研课题的研究，现将多年积累的个人成果和双榆树第一小学教师团队的实践课例结集出版，不妥之处，还请同仁批评指正！

丁凤良

前言

一、学校简介

北京市海淀区双榆树第一小学地处中关村国家自主创新示范区核心区，东与航空科技园相接，西与人民大学相望，南与中国农业科学院相邻，北与中国科学院、空间技术研究院等多家院所相守，所在社区科技、教育、人文氛围浓厚。学校始建于1981年，现有36个教学班，近1400名学生。学校在编在岗教职员工74名，高级教师8名，市级骨干教师2名，区级学科带头人和骨干教师18名。

学校的办学理念是：

使命：成就不一样的你；

愿景：育才沃土，树人乐园；

信条：顺木之天，以致其性；

途径：内涵发展，开放发展，生态发展；

校训：成长靠自己；

校风：平等，尊重，共进；

教风：育心，树行；

学风：勇尝试，善合作，乐分享。

学校借助矩阵式管理理念，搭建"三线六中心"管理架构。学校深化"育·树"教育实践，包括"若水德育"、"阳光课程"和"生态教学"三个支点。"若水德育"指向"育格树人"，"阳光课程"指向"育智树人""育体树人""育美树人""育新树人"，"生态教学"指向"育能树人"。在基于问题、变革实践、文化内生工作思路的基础上，学校已经初步形成了管理、教师和学生三方面的文化：管理文化即尊重、欣赏、发现；教师文化即研究、担当、协作；学生文化即自信、儒雅、乐观。

学校的学生培养目标简单概括为"一六六一"。一个目标：为培养具有"民族灵魂、家国情怀、世界眼光"的中国人，着好人生底色；六种品格：诚信、仁爱、勤奋、坚毅、明智、创新；六项学习基本技能：听、说、问、论、诵、书；一项特长：体育、科技和艺术特长，学生自主选择一项作为发展重点，学校为其提供支持与帮助。

二、相关背景介绍

2017年9月，教育部长陈宝生在《人民日报》撰文，就"努力办好人民满意的教育"做了深入阐释。文中提出"坚持内涵发展，加快教育由量的增长向质的提升转变。把质量作为教育的生命线，坚持回归常识、回归本分、回归初心、回归梦想。深化基础教育人才培养模式改革，努力培养学生的创新精神和实践能力"。同年10月，陈宝生部长又在十九大中央国家机关代表团会议中发言表示，"我国教育改革全面深化，进入'全面施工内部装修'阶段"。

华东师范大学教师教育学院院长周彬对课堂本质进行了阐述。他在《让"课堂本质"落地》一文中指出，课堂教学要以生为本、以学为本、以人为本，这是对课堂本质的回应。以生为本，是如何让学生在课堂上站立起来；以学为本，是要推动学生的学习，支持学生的学习，只有让学习在课堂中站立起来，教学才能变得有针对性，才能变得有意义……

2019年6月，中共中央、国务院印发《关于深化教育教学改革全面提高义务教育质量的意见》（以下简称《意见》）。《意见》提出：强化课堂主阵地作用，切实提高课堂教学质量。优化教学方式，坚持教学相长，注重启发式、互动式、探究式教学，教师要引导学生主动思考、积极提问、自主探究。融合运用传统与现代技术手段，重视情境教学；探索基于学科的课程综合化教学，开展研究型、项目化合作式学习。

面对以上背景，学校结合自身实际情况，紧紧围绕"一六六一"的学生培养目标，以深化"育·树"教育实践为载体，通过构建"'育·树'生态课堂教学"，提升学生"学会学习"的能力（简称学习力）。

学校"育·树"生态课堂，聚焦学生关键能力培养，主要包括六个方面的能力：独立思考、合作探究、信息筛选、分享交流、迁移运用、质疑反思。

"育·树"生态课堂要实现三个转变,即变教师讲授式教学为启发式教学、变关注教师的教为关注学生的学、变重知识的传授为素养的提升;处理好三个关系,即教和学、预设和生成、满足学生个性化学习需求和立德树人总体目标达成。

学校的"育·树"生态课堂教学具有以下四个特征:

一是以尊重为前提。既体现着对学生作为生命个体的尊重,还体现着对生命个体成长规律的尊重。

二是以生成为标志。一节好的课堂教学必须有生成,生成是学生思维被激发的重要体现,是学生学会思考的源头。只有思考才能促使学习真正发生。

三是以开放为途径。伴随着信息的急剧增加以及获取信息方式的多元化,课堂只有开放才能为学生学习尽可能多地提供支持和帮助。

四是以提升学会学习能力为目标。学会学习能力简称学习力,学习力主要包括学习方法、学习动力、时间管理、学习习惯、学习心智(情商管理)、学习意志六个要素。学习力是把知识资源转化为知识资本的能力,是本质的竞争力。

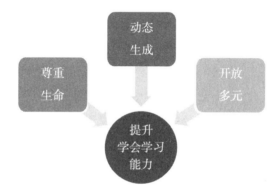

"育·树"生态课堂教学主要指向学生学习力的提升,允许不同的学生用不同的时间学习不同的内容,帮助他们达到自己所能达到的最高水平。具体通过满足学生个性化学习需求,引导学生采取基于项目的主动学习、面向真实的深度学习、突破校园的无边界学习等途径和方式达成目标。

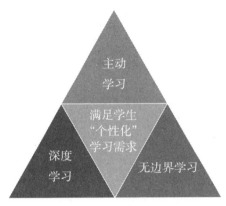

主动学习，注重培育、引导和激发学生内心的学习需要，在最大程度上提高学生学习的趣味性、多样性和时效性，促使学生逐渐学会主动学习。倡导合作学习、项目式学习，积极开展游戏化学习，让学生在玩中学，让学生在积极体验中学习知识、养成个性、培养能力。

深度学习，变革传统教学理念，优化教学结构，创新学习方式，通过主题式教学设计，面向真实问题重组教学内容，采用主动的、探究式的、理解性的学习方式，培养学生解决真实问题的能力。

无边界学习，挖掘外部社会一切有利的教育资源，学生的学习场所不再固定，学习既可以在教室，也可以在社区、科技馆和企业，甚至可以去不同城市游学，突破校园的界限，任何可以实现高质量学习的地方都是学校。

基于以上的背景，学校的数学团队在不断学习和探索的过程中，尝试了"体验式"数学教学，并将研究成果形成书稿。本书顺应课堂变革的趋势，立足学生的未来发展，在"育·树"生态课堂教学的背景下，从现实数学课堂中存在的问题出发，阐述了"体验式"数学教学的研究与实践；在理论层面论述了"体验式"数学教学的研究背景、教学结构以及教学策略，让学生在经历过程中获得丰富的体验，在体验感悟中积累数学活动经验；在实践层面进行了"体验式"数学教学设计以及思考、评价与启示的研究，诠释了"体验式"数学教学如何创设情境促进学生主动参与，如何通过合作学习帮助学生深入学习，如何以活动链条助力学生积累数学基本活动经验。在这个过程中，培养了学生的独立思考、合作探究、信息筛选、分享交流、迁移运用、质疑反思六个关键能力。

在新课程标准理念的指导下，在顺应课堂变革的趋势下，"体验式"数学教学的研究意义重大。当然，学生不同、教师不同，"体验式"数学教学的方式也应该是多样性的，关键是作为教师要在教学内容中融入学生的需求，选择适当的切入点，创设恰当的体验学习情境，精心设计各种教学活动，让学生在和谐的学习活动中体验、感悟和认知，完成对知识的理解和架构，提升自主思考和学会学习的能力，使每一次数学体验教学都是一个充满张力、生成的过程。

第一章

"体验式"数学教学的
总体研究

"体验式"数学教学的理论研究

1. "体验式"数学教学的研究起点

从教育史中可以看出，无论是我国古代的孔子、孟子到现代的陶行知，还是国外的柏拉图、夸美纽斯到杜威、布鲁纳，无不强调以学生为本，让学生从做中学，自己去体验、探索、发现。

现代教育理念告诉我们，让学生学会学习比学会知识重要得多。建构主义教学理论认为，学会学习必须以学生的原有经验为基础。"经验对儿童的价值，如同对成人的价值一样。"经验的获得，必须由学生通过实践，通过亲身体验才能感悟内化。只有多让学生经历知识产生、形成、发展和应用的过程，让他们尝试成功与失败，才会使他们逐步积累自己的经验，并能运用这些经验有效地去自主解决问题，从而培养学生主动参与教学活动的意识，提高学生的学会学习的能力。

然而，在具体的数学教学过程中，我们经常遇到这样的问题。

第一，数学情境的创设缺乏实效。有的课堂，一些数学内容被机械地套上了情境，牵强附会地联系实际，其结果是既浪费了宝贵时间，又妨碍了学生对数学知识的真正理解。有些教师创设的情境脱离学生生活实际，有的教师只是把情境当成一种点缀，有的教师寻找素材花费了大量的时间和精力，却忽视了"备数学""备学生"，忽视了现实背景后所隐含的数学线索，抓不住一节课的教学重点。还有一些教师创设的教学情境中非数学的因素太多，干扰了学生的知识学习，导致课堂效率低下。如一位教师在讲授"百分数的认识"时，给孩子提供了几个大小不同的异分母分数，让孩子想办法比较出它们的大小。结果时间近半，也没有学生说出把这些分数都转化成分母为100的分数后再进行比较，使得课题迟迟不能引出。

第二，预设过度，挤占生成的时空。有的课堂，预设过度，挤占生成的时空，表面看教学有条不紊、井然有序，实质上这是以教为中心、以知识为本位的传统教学观的体现。这种教学由于缺乏学生的独立思考、积极互动和个性化解读，学生只能获得表层甚至虚假的知识，这种知识缺乏活性，不能转化、内化为学生的智慧和品质。

第三，探究有形无实，探究过程挤占练习环节的时间。有的课堂，探究有形无实，学生只是机械地经历探究过程的程序和步骤，缺乏好奇心的驱使和思维的探险以及批判性的质疑，从而导致探究的形式化和机械化。练习是使学生掌握知识、形成技能、发展智力的重要手段。因此学生学习数学知识不能只停留在领会的水平，必须使它转化为相应的技能，并能应用它去解决实际问题。而技能的形成是通过练习获得的。有些教师因为重视探究便挤掉了学生练习的时间，表面上看起来课堂很热闹，但教学效果并不好。

2."体验式"数学教学的研究重点

基于"体验式"教学理论，结合学校"育·树"生态课堂教学的特征，聚焦学生关键能力培养，即独立思考、合作探究、信息筛选、分享交流、迁移运用、质疑反思，学校数学学科分析教学现状，并紧紧围绕本学科教学特点，真正优化数学教学方式，让学生能够主动思考、积极提问、自主探究。因此，我们选择以下两个方面作为重点，进行"体验式"数学教学的研究。

一方面，创设情境，让学生体验将实际问题抽象为数学问题的过程。现实生活是数学的源泉，数学问题是现实生活数学化的结果。如果我们把数学内容放在真实的且有趣的情境中，让学生体验从生活问题逐步抽象到数学问题，学生就会感到亲切，进而产生强烈的学习动机。实质上也就是让学生体验学习数学的价值，激活学生学习数学的心理动机。

另一方面，提供材料，让学生体验观察、实践、猜想、质疑、讨论的探索过程。探索性的学习方式应成为学生学习数学的主要方式，探索必须建立在学生的主观愿望和知识经验的基础上，由学生本人自主探索或合作交流探索，必须让学生经历一系列观察、操作、讨论、交流、猜测等的体验活动，达到真正理解和掌握基本的数学知识与技能、数学思想方法，同时获得广泛的数学活动经验。探索活动要创造性地选择直观性、操作性、趣味性强的材料，让学生在有兴趣和有信心的前提下充分感知，形成表象。

之所以选择以上两点作为"体验式"数学课堂教学的研究重点，是基于课堂教学中存在的突出问题。也就是说研究的方向就是要使课堂教学成为教师调动学生学习积极性的过程,成为教师引导学生自主探索的过程,成为教师指导下学生亲身经历、体验、参与学习的过程。

3. "体验式"数学教学的一般过程

基于以上的研究方向,"体验式"数学教学分别从教师和学生两个维度进行教学方式的研究,教师给学生创设情境,引导学生自主探索,主动参与学习,而学生在经历、体验情境的过程中,反思调整学习方式,进而发展知识、思维和能力。与此同时,学生的数学基本活动经验也会得以提升和发展,在体验情境中会暴露原有的数学活动经验,在交流反思中会碰撞生成经验,在教师进行引导和调整的过程中会有再生经验得到提升,在迁移运用稳定经验的过程中学生得以发展。有了以上的思考,我们研究出"体验式"数学教学的一般过程。

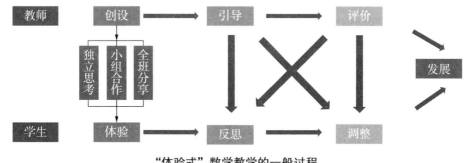

"体验式"数学教学的一般过程

"体验式"数学教学的一般过程主要包括:一个核心,两个维度,三个意识,四个重点。

一个核心:立足学生的未来发展为核心。

两个维度:教师维度和学生维度。教师维度:"创设—引导—评价"教学方式的研究;学生维度:"体验—反思—调整"学习方式的研究。

三个意识:服务意识、经历过程意识和发展意识。所谓服务意识是指教师的教是为学生的学服务的,"创设"是为"体验"服务的,"引导"是为"反思"服务的,"评价"是为"调整"服务的。所谓经历过程意识是指经历体验情境的过程,经历评价反思的过程,经历调整建构的过程。所谓发展意识是指学生的知识、能力得到发展,学生的思维、方法得到发展,学生的情感、价值观得到发展。

四个重点：一是教师教的维度：教师为学生创设情境，必要时给予学生引导，适当给予学生评价反馈；二是学生学的维度：学生在教师创设的情境中感受体验，进而引发学生的思考、反思，触发学生的自主调整建构；三是在创设为体验服务的环节，具体包括三种方式，即独立思考、小组合作和班级分享，这三种方式帮助学生在课堂中更好地体验；四是在教与学的过程中，教与学不是孤立存在的，而是互相影响、促进，最终通过双边互动帮助学生获得思维的发展。在创设为体验服务、引导为反思服务、评价为调整服务的基础上，引导也会促进调整的发生，评价也会促进反思的深入。

"体验式"数学教学过程中，学生各种正确的学习行为与各种错误的学习行为总和的极限是趋向于正确的，我们正走在去往正确的这条路上。而且学生的行为的变量，总有教师的行为变量与之相伴。"体验式"数学教学中，学生学习的过程是一个反复的过程，是一个持续的过程，是一个学生亲历体验的过程。但这个过程又不是学生独立、盲目尝试经历的过程，而是有教师的组织与帮助，这是一个互动的、积极的、主动的、渐进的发展过程。

"体验式"数学教学的五个特点

在学校"育·树"生态课堂教学背景下，数学学科课堂教学基于怀特海的过程哲学，立足于实现人的真正发展，尝试"体验式"数学教学并予以实践，以期提升教学实效，成就并发展每一名学生。学校"体验式"数学教学强调五个特点：经历探究过程、关注学生发展、注重体验感悟、运用合作学习、积累活动经验。

1. 经历探究过程

教育价值观：在现代性的教育观下，教育的过程是工业化的过程，教育被视为生产线，学生被视为产品，因此，最重要的不是学习的过程，而是学习的结果。但在怀特海看来，"教育只有一个主题，那就是五彩缤纷的生活"；教育"要造就的是既有文化又掌握专门知识的人才"。因此，"不管什么教法，只要能激发求知欲望和审美意识，它就能扩大学生的心灵并使它凭借着自己的、自由的、内在的冲动发育、成长、成熟。激发智力的自然方法是借助我们的直接行动和我们的直接思想之间的作用与反作用"。即教育的目的在于促进人的自我价值的实现，是人的生成与建构的过程。

教学观：过程哲学视阈下的教学关键点在于"回归生活世界"。"回归生活世界"的教学关键在于彰显教学的生成性，凸显教学的过程意义与过程价值。

首先，智慧超越知识的教学目的。"尽管知识是智育的主要目标，但知识的价值还有另一个更模糊但却更伟大，更具支配地位的成分，古人把它称为'智慧'。没有某些知识基础，你不可能聪明；但是你也许轻而易举地获得了知识，却仍然缺乏智慧。"也就是说，"知识的重要意义在于它的应用，在于人们对它的积极掌握，即存在于智慧之中"。教学的目的在于使学生在经历"浪漫—精确—综合运用"三阶段的智慧探险后，达至智慧的提升。

其次，基于个体生命体验的教学过程。教学过程应关注基于学生个体体验基础上的每一个学生个体的智慧的探索活动；教学过程是一个个充满活动和张力生成的过程。因此，教学在学生智慧的提升过程中是一个重要的生命活动的催化剂。在教学过程中，促进学生的智慧探险是主要的教学方式。"如果用一种枯燥的方式将受纪律约束的知识强加给他们，就会使他们感到厌恶。"因此，成功的教学在于激发学生的智慧探险，即"训练对于生活的探险"。

第三，以直接经验为教学的起点。教学的意义在于教师通过类似"酶"的作用，促进基于直接经验的思维的发展，即基于直接经验的探究与反思。现代性视阈下的教育忽视了学生的直接经验，不尊重学生个体知识的具体性、丰富性和境遇性，以社会的公共知识代替了个体知识。而生活经验有助于促进学生情感、意志的发展，增加对知识的理解深度以及对智慧的提升高度。因此，教学要以学生的直接生活经验为起点。

师生观：过程哲学视阈下主客体的关系是不断变换的。因此，在过程哲学视阈下的师生观是一种主体间的相互依存、教学相长的互动关系。"我们处理的是人的心，不是没有生命的物质……是唤起好奇心、判断力和把握复杂情境的能力，是如何运用理论去洞察特殊事例。"基于怀特海划分的"浪漫阶段、精致化阶段、综合化阶段"认知过程，教育的过程必须经历这三个阶段：浪漫阶段是由好奇心开始；精确阶段是由发现的历险构成；综合化阶段是利用创造力和直觉从数据或事实中得出富于洞察力的概括。换言之，过程哲学视阈下的教学互动必须突出学生思维的主动性，即"人的大脑从来不是消极被动的，它处于一种永恒的活动中，精细而敏锐，接受外界的刺激，对刺激作出反应。不管学生对你的主题有什么兴趣，必须此刻就唤起它；不管你要加强学生什么样的能力，必须即刻就进行；不管你的教学给予精神生活什么潜在价值，你必须现在就展现它"。由此可见，教育的过程不是传递已知的过程，而是探索未知的过程；教育的职责不在于让学生掌握什么，而在于激发蕴藏在学生身上的创造性潜能。

基于以上教育价值观、教学观和师生观，学校数学学科研究的"体验式"数学教学认为，过程承继的是过去，立足的是现在，面向的是未来，学生需要在经历探究的过程中创造和发展。

2. 关注学生发展

"关注人的发展"已经成为数学课程标准中的根本指导思想。由此出发，教学活动的各方面都要围绕学生的发展来安排、开展。当我们不再以传授知识为最终目的，当我们不再为学生暂时获取的高分而欢呼，当我们不再将目光仅仅局限于眼前，这已经为学生的真正发展作好了必要的准备。何为学生的真正发展？具体包括以下几个方面：

学生的知识发展：这里的知识并不是僵化的知识、呆板的知识、狭隘的知识、空泛的知识，而是使知识发展成智慧。怀特海认为，"教育的全部目的就是使人具有活跃的思维"。这是一个比传授知识更加伟大，因而也更有重要意义的目的。知识是智慧的基础，但知识不等于智慧。不掌握某些知识就不可能有智慧，但人们也可能很容易地获得知识却仍没有智慧。何谓智慧？在怀特海看来，智慧就是对知识的掌握或掌握知识的方式。

学生的能力发展：能力教育至关重要。能力包括多方面的内容，有思维能力、学习能力、交往能力、动手能力等等。就教育而言，教学生学会学习，应该是教育的重中之重。在知识爆炸的今天，无论人们多么努力地学习，哪怕是穷尽毕生的精力，也不能一网打尽知识的海洋。如果你到 GOOGLE 上输入一个条目，十几秒钟就会出现千百万条与这一条目相关的信息，就算读一遍也不可能。一个科学家一天 24 小时不吃不睡都在学习，一年下来，他掌握的知识也已经落后了 3 年。更何况，知识每天都在成倍增长，我们掌握的知识有许多可能是错误的和无用的。因此，能否学会学习，学会有选择地学习，学习那些对人类来说有用的知识，特别是学会创造、运用，是教育成功与否的关键。

学生的情感、态度、价值观的发展：数学家克莱因认为，"数学是人类最高超的智力成就，也是人类心灵最独特的创作。音乐能激发或抚慰情怀，绘画能使人赏心悦目，诗歌能动人心弦，哲学使人获得知识智慧，科学可改善物质生活，但数学能给予以上的一切"。一名数学教师，除了要传授知识，培养学生的能力之外，还需要使学生成长为具有健全人格的人。例如，数学中随处都存在着美的形式、美的理论、美的结果、美的思想方法，数学课可以利用这些有利条件，对学生进行美的熏陶。

3. 注重体验感悟

数学课程标准指出，数学学习过程是学生亲自经历、体验感悟的过程，强调学生的主体参与体验过程，教师多让学生感受、操作、思考，使数学学习成为一个体验过程。"体验式"数学教学强调学生在一定的情境中，注重感悟和发现，经历数学知识的形成过程，从中积累数学学习经验。教师要根据学生的认知规律和知识特点，营造探究的氛围，留给学生足够的空间和时间，引导学生主动参与课堂活动，让学生在亲身经历中体验问题解决的过程。

"体验式"数学教学中，学生学习的过程是一个体验感悟的过程，是在教师的组织与帮助下互动的、积极的、主动的、渐进的发展过程。

4. 运用合作学习

合作学习的目标结构理论是从动机的角度出发，强调了合作目标对学生从事学业任务的诱因影响，而发展理论则从认知的角度出发，重视合作学习对完成任务效果的影响（在达到小组目标的过程中，是否每个小组成员都提高了自己的认知水平）。

发展理论主要是皮亚杰学派的观点。其最基本的假设是：在适当任务中，学生之间的相互作用提高了他们对关键概念的掌握和理解。苏联学者维果斯基将最近发展区定义为，儿童独立解决问题时的实际发展水平，以及在成人指导下或与更有能力的同伴共同探讨、进行问题解决时的潜在发展水平之间的距离。也就是说，他认为除了成人指导之外，儿童与同伴共同完成任务、讨论问题，也可以提高他们已有的认知水平。因此，他认为合作活动比个体活动更为优越，可以加速儿童认知水平的发展。

从合作学习的目标结构理论与发展理论中，我们可以看到，无论是从动机的角度还是从认知角度来看，合作学习方法都是一种具有优越性的教学方法，那么，在具体的教学实践中如何有效运用这种方法呢？

首先，培养合作精神。从客观上看，世界各国的教育都在强调合作，人类今后所面临的问题越来越复杂，要解决这些问题，只靠个人力量已很难实现。因此，当代教育必须重视培养学生的合作意识与合作能力。对于大多是独生子女的学生来说，他们的成长缺少形成这种意识的氛围，因而合作学习无疑是这种能力培养的最佳途径。由 4 人或 6 人组成的学习小组，要想在整个班级中取得优异成绩，就必须精诚合作，将个人融入这个小小的集体中，一切以集体利益为出发点，经过长时间的培养，学生学习的合作能力肯定会大大提高。

其次，培养交往能力。社会越发展，人际交往的重要性就越明显。在合作学习的过程中，学生增强了交往，形成了初步的社交能力，小组合作学习是同学之间互教互学、彼此交流知识的过程，也是互爱互助、相互沟通情感的过程。此过程促进了学生交往能力的提高,使学生既能"忘情"投入,又能规范、约束和指导自己的课堂行为。

第三,培养创新精神。释放学生的创造力是当今教育的重要目的之一。对于作为学习主体的学生来说,教学不应当是传道,教学必须是伴随着喜悦与感动的探究发现过程,或是问题解决过程。合作学习由于采用的是异质分组方式,每个学生的学习能力、学习兴趣、知识面宽度都不一致,因此在学习的过程中,学生间、师生间的互相启发和讨论,都会将另一些同学的思维导向一个新的领域,出现一些新的视角,提出一些值得争论的问题。可以肯定,这样一个知识不断生成、不断建构、具有创造性的过程,要比传授性教学更受学生欢迎,更有利于学生素质提高。

第四,培养竞争意识。当今社会无处不存在着激烈的竞争,作为劳动力再生产基础的学校,应该培养学生的竞争意识,使之成为具有较强的上进心、能够适应未来社会发展需要的人才。合作学习将整个班级分为若干个小组,在问题的讨论与解决过程中,组与组之间不可避免地存在着竞争。在这一过程中,学生的竞争意识会逐渐增强。班级可以看作是社会一个小的缩影,在这个小社会中培养竞争意识,对学生们未来进入大社会,无疑是大有裨益的。

第五,培养平等意识。在学校里,每个班级中都存在着差异与对立,如性别的男与女、体力的强与弱、长相的美与丑、家庭的贫与富、能力的高与低,尤其是学习成绩的好与差等等。这样一来,创建民主平等型集体的任务显得尤为重要。在合作学习中采用异质分组的方式,将不同学习能力、学习兴趣、性别、个性的学生分配在同一组内,同学们可以相互启发、补充,不存在谁更行、谁更聪明的问题,大家都是讨论成员之一。这样,学生之间的关系会更平等,更民主,更有利于一个良好班集体的形成。

第六,培养承受能力。无论我们在学习中、生活中还是在工作中,失败的机会总是比成功的要多。失败是一种常见的挫折,挫折可以使一个人消沉,从此一蹶不振,也可以激发人的潜力,去争取更大的成功。所以,一个人对挫折的心理承受力越高,他成就的事业也就越大。在合作学习的过程中,学生在组内真诚地合作,组织公平竞争,在合作与竞争过程中逐步完善人格,养成良好的心理素质。

第七,激励主动学习。合作学习能使学生把被动学习变为主动参加学习。在教学过程中,教师把一些问题放手让小组合作讨论,这时的学生已主动参与了学习。在合作讨论中，学生或多或少都会得到一些结论，这些结论的特别之处就在于它是学生在合作讨论中得出来的。即使没有完全解决问题，教师稍加点拨，学生也会对方法、结论留下深刻的印象，因为这其中有自己的学习成果。

5. 积累活动经验

《义务教育数学课程标准（2011年版）》[以下简称《课标（2011）》]指出：义务教育数学课程的总目标之一是帮助学生"获得适应社会生活和进一步发展所必需的数学的基础知识、基本技能、基本思想、基本活动经验"。将"双基"变成了"四基"，不仅关注数学基础知识、基本技能，也要关注基本思想和基本活动经验。那么，什么是小学生的数学活动经验？

"数学基本活动经验"是一种"有机组合经验"。数学课堂教学应致力于学生数学活动经验的获得，数学教学活动必须建立在学生的认知发展水平和已有的知识经验基础之上，向学生提供充分从事数学活动的机会，帮助他们在自主探索和合作交流的过程中真正理解和掌握基本的数学知识与技能、数学思想和方法，获得并积累广泛的数学活动经验。

杜威在《民主主义与教育》中谈到"经验"：经验包含一个主动的因素和一个被动的因素，这两个因素以其特有的形式结合着。主动的方面，经验就是尝试这个意义。被动的方面，经验就是承受结果。在此，杜威强调了经验的两个基本特征。第一，经验包含着思维。杜威说："没有某种思维的因素便不能产生有意义的经验。"经验的过程同时也是一个运用智慧的过程。第二，经验即实验。"经验就是尝试这个意义，用实验这个术语来表达就清楚了。"根据杜威的论述，学生经验是学生在日常生活和学习过程中，与周围环境相互作用而产生和发展的，学生个人所具有的认知、经历和体验。杜威认为"学生经验"具有整体性、连续性、交互性、发展性、思维性。

通过对已有文献的分析，结合教学实践，我们认为**"数学基本活动经验是小学生在参与数学基本活动中，经历探究、思考、抽象、猜想、推理、反思等过程，获得的数学知识、技能、智慧、情感与观念等内容组成的有机组合性经验"**。其中，既包括认知的经验、动作技能性经验，也包括情感的经验，意志、观念等层面的经验，并将这些经验迁移运用到后续的数学学习中去。其核心是关于如何思考的经验，其最终的目的在于帮助学生建立自己的数学现实和数学学习的直觉，学会运用数学的思维方式进行思考。例如在"烙饼问题"的学习中，教师需要帮助学生积累如下活动经验：数学问题来源于现实问题又抽象超越现实问题的观念，学会恰当的数学表达和表示的认知经验，感悟规律或模型的认知经验，优化的观念和有序思考的认知经验等。

"体验式"数学教学的三个策略

所谓"体验式"数学教学策略，有如下定义：在数学教学过程中，教师创设或模拟创设有利于学生学习的条件，引导学生体验学习过程、感悟学习内容、调整学习行为，从而促进学生发展的教学策略。

1. 创设问题情境

首先，情境的创设要符合学生的认知规律和心理特点。根据小学生的认知规律、心理特点及教学内容创设良好的学习情境，有助于激发学生学习兴趣，产生对新知探究的需要。因此这个学习情境应该是现实的、有意义的、有价值的、有挑战性的。

其次，情境的创设要紧扣所要教学的数学知识或技能，离开了这一点就不是数学课了。要分清数学教学生活化不完全等同于生活。过多的无关信息不仅不利于学生能力的培养和数学知识的掌握，而且会模糊学生的思维，失去情境创设的价值。情境创设要有"数学味"，要紧扣数学教学内容进行设计。

第三，情境的创设要选择恰当的、适合学生发展的方式。学生缺乏主观感受的可以多用录像、动画等形式创设实际情境，丰富学生的认识。学生需要动手操作、亲身经历的，要创设操作情境；学生需要认识上深化的，可以创设问题情境。

第四，情境的创设要能激发学生强烈的求知欲。情境创设要让学生感受到有趣，富有挑战性，能激发他们强烈的求知欲。这种吸引力，不只在于形式的新颖，更重要的是，学生对外在手段所引起的兴趣，要深化为内在的发展需要，即学生对数学学习本身产生兴趣。

情境创设过程中需要注意分清目的和手段的关系。情境创设只是手段，不是目的，不应对情境本身做过多的具体描述和渲染，以免喧宾夺主，分散学生的注意力。

2. 尊重学生选择

过程在本质上是创造的，一切过程都面向了无数的可能性，都具有一种更为根本的新质。要实现这种新质，一个重要前提就是要超越过去，因为现在不完全是由过去决定的，它总是面向未来的。过程的这一特征决定了学生的学习过程必然是一种创新的过程。学生的学习过程不是一个机械的、被动的、往行李箱里装物品的过程，它是一个充满了历险、享受和自由的过程。

首先，教学过程中要尊重学生的参与性和选择性。教育要以学生发展为本，就是要使学生对教育享有"参与性"和"选择性"，要尊重学生的主体性。知识不能简单地由教师或其他人传授给学生，而是由每个学生主动参与活动、充分体验过程，并依据自身已有的知识和经验主动构建的。正如荷兰数学教育家弗赖登塔尔所说："数学是人的一种活动，如同游泳一样，要在游泳中学会游泳，我们也需要在做数学中学习数学。"

其次，教学过程中要尊重学生的情感体验。教学过程是一个以学生为主体的师生互动过程。师生之间要想实现互动，最重要的一点就是当学生有了思路、想法、创意时，学生要有时间、空间得以展现，之后教师要及时给予建设性的评价。只有这两方面都具备时，教学的互动过程才能循环向前。教师富于创造性、建设性的评价可以使学生获得积极的情感体验。

通过教师的亲自尝试，课题组的及时总结，我们总结出课堂教学过程中对学生进行评价时，教师应把握的四点原则。

真诚性原则：即教师应源于内心进行评价；

具体性原则：即教师应就事论事进行评价；

正面性原则：即教师应以正面为主进行评价；

即时性原则：即教师应在问题生成之后及时进行评价。

"学生是学习和发展的主体，也是评价的主体。"教师以学生发展为本的评价，尊重学生情感体验的评价，才能真正促进学生的发展。

3. 引进数学游戏

在教学过程中，教师常因学生沉迷于游戏影响学习成绩而忧虑，这一现象背后的问题值得思考。数学教学能否充分利用游戏作为切入点来促使学生不由自主地去参与体验过程？为此，我们在"体验式"数学教学中引进了数学游戏。

数学游戏寓数学问题于游戏之中，让人们在游戏的过程中学到数学知识、数学方法和数学思想，可以说数学游戏是一种运用数学知识的大众化的智力娱乐游戏活动，它同时具备知识性、趣味性和娱乐性。从本质上说，游戏也是一种"做"。这种"做"既有全班同学共同参与的，也有部分同学参与的，既有小组合作完成的，也有学生独立完成的，不管是哪种方式，不同层次的学生都会得到不同水平的发展。

按不同的教学内容来分，可把数学游戏分为代数游戏、几何游戏、概率游戏、算术游戏、图论游戏、函数游戏等。这种分类方式主要是考虑在进行游戏时所涉及的数学内容，如折纸游戏主要利用的是几何知识，因此它就属于几何游戏；如摸球游戏，主要讲的是代数知识，因此属于代数游戏。

按不同的游戏层面分，可把游戏分为描述层面、理解层面、应用层面、探究层面、发现层面、创新层面等等。描述层面指的是对游戏内容的描述，理解层面指的是对游戏内容所蕴涵的数学知识或数学原理的理解，在理解的基础上能够灵活运用就是游戏的应用层面，探究层面是指在游戏过程中，对已有数学知识或未知数学知识的探索，再在探索的基础上进行发现就是游戏的发现层面，有的也可以在发现的过程中达到创新层面。

（1）借助数学游戏，在体验中启迪智慧

○"奥尔高"数字扑克牌

每年学校都要组织全校范围内的"奥尔高"数字扑克大赛。这种被称为"奥尔高"的数字扑克牌，对学生形成逻辑思维能力是非常有益的，在游戏过程中可以培养学生判断、推理、有序思维的能力。

奥尔高扑克牌游戏是使用印有数字 0～11 的黑白两色卡片共 24 张（黑白各 12 张），2～6 人为一组（4 人最佳）进行游戏。游戏规则是先发给每人 3 张牌，把这 3 张牌从小到大、从左到右的顺序倒扣着排好。当黑卡片和白卡片上的数字相同时，黑的放在左边，白的放在右边，即"黑小白大"。剩下的 12 张牌 4 人轮流抓牌，再用手里的牌和自己摆好的牌来判断其他人的牌是什么数字。当别人说出自己卡片的数字时，必须如实回答"对"或"不对"，不允许说谎话。如果猜错了，就要把牌亮开并放到相应的位置，由下一个人抓牌、猜牌。最后谁手里的牌倒扣着的张数最多，谁就获胜。游戏过程中思考时间不宜过长，以不超过 30 秒为限。

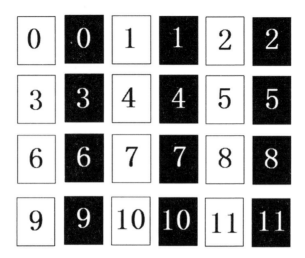

也正是在以上思路的启发下,老师们还将这种游戏与生活中常见的扑克牌相结合,创造出我们自己的数学游戏。

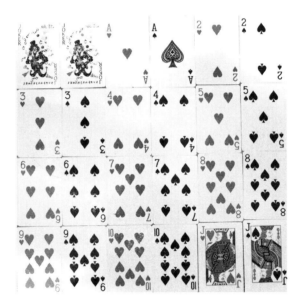

我们还结合自己民族的特点、结合学生的年龄特点,开发了适合低年级学生的"扑克牌"。

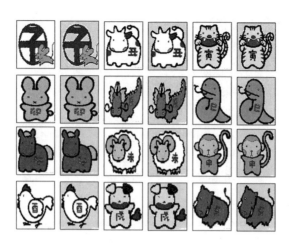

○ "超脑麦斯 STEAM"游戏

学校还引入了台湾的"超脑麦斯 STEAM"游戏。超脑麦斯 STEAM 游戏立足小学数学的数与代数、图形与几何、统计与概率、综合与实践四大领域，以培养学生的创新思维为目标，以"做数学、说数学、玩数学"为理念，让学生的创新思维不断经历挑战，激发创造的火花。游戏内容主要包括 6 个板块：拼图达人、千变万化、堆栈高手、理想国的果实、巧板 36 变和奇妙的图形。根据每个版块的内容和学生年龄的特点，我们做了如下安排：低年级——堆栈高手、巧板 36 变，中年级——拼图达人、奇妙的图形，高年级——理想国的果实、千变万化。

以"拼图达人"游戏实施为例，我们提供给学生 12 种不同颜色的小正方体，每种颜色各 5 个，每一个小正方体称为麦斯方块。如果用 5 个麦斯方块正确拼接（麦斯方块的凸点不露在外面），那么这个图形叫作五连方。五连方有多少种呢？通过小组活动学生找出全部的五连方，并标上序号 1 至 12 号。

我们还让学生借助拉杆，用3个五连方进行拼图形游戏。首先点击拉杆，然后拉杆上随机出现3个数字，根据出现的3个数字，选择对应的五连方拼成3×5的长方形（长是5个麦斯方块，宽是3个麦斯方块）。这个游戏不仅考察学生对于平移、旋转等策略的运用，而且培养了学生平面空间观念。

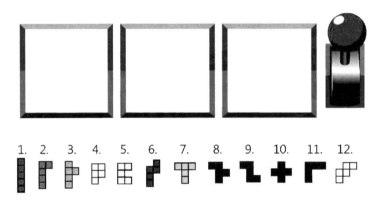

在游戏中，学生充分感受着动手操作带来的乐趣，体会着完成任务后的成功与喜悦，既感受到了有序思考的魅力，也经历了头脑思维风暴，真正做到了在玩中学，在学中玩。

（2）融入游戏阅读，在体验中拓展视野

数学阅读是掌握数学语言的前提，是有效地进行数学学习的基础，是正确解题的重要途径。我们在教学中会给学生推荐一些数学游戏相关的读物，如数学科普丛书"谈祥柏趣味数学详谈"中的《数学游戏大家玩》，书中涉及古今中外几十个有趣的数学故事和游戏，如鹤立鸡群、九级宝塔、神奇的转桌、走马换将等等，深受学生读者的喜爱。书中《弹子盘上的数学》这一章节中介绍了"如何平分八斤油"的问题：有一个装满8斤油的油瓮，另外还有两只空瓶，一只可以装5斤，一只可以装3斤。现在要将油瓮里的油，利用这两只瓶倒来倒去，平分两个4斤。问应该怎样做？书中介绍了关于这个问题的各种简便又有趣的算法，同时还介绍了这个问题在数学史上的地位。

数学的很多问题都有不同的解答思路，每一种思路都会有其根据和意义，这正是数学的有趣之处、奇妙之处。

将数学游戏阅读融入教学之中，既引发了学生对数学游戏的兴趣，也激励学生去深入了解数学文化；既拓展了学生的视野，也丰富了学生的体验。

（3）自主开发游戏，在体验中激励创新

让学生参与数学游戏的课外活动，对于学校里数学文化的形成以及培养学生理性思维，将会起到非常重要的作用。因此，在课堂教学之余，我们还积极推广数学游戏自主开发活动。在这样的数学活动中，学生不但能感受到集体活动带来的乐趣，而且在师生交流的过程中碰撞出创造的火花，加深了对数学知识的理解。学生们勇于创新，不但引进了许多老师没有教过的数学游戏，而且还能自己创造出新游戏。

七巧板不仅外形可以千变万幻，玩转它的形式亦可无限变换。在七巧板教学中，教师利用七巧板的知识，通过游戏的形式开展教学活动，创造性地学习使用七巧板。同时，为学生搭建平台，让学生自主创造开发数学游戏，

益智数学游戏

原创：三年级 2 班 王梓璇

游戏名称：三角棋。
游戏目的：锻炼空间感知能力，熟悉图形的拆分和变换，培养小朋友的耐心和观察力。
设计原理：设计灵感来源于七巧板的拼摆。
游戏人数：两人。
游戏规则：两人交替下三角形棋子，首先将四个小三角形拼接成大三角形、长方形、正方形、平行四边形任意一种的一方即为胜利方。
制作材料：A4 彩色卡纸三张、尺子 1 把、笔 1 支、剪刀 1 把。
制作步骤：步骤 1，制作棋盘，将一张 A4 卡纸的宽平均四等分，再将 A4 卡纸的长按照四等分中一小份的长度分成五份，连接所有正方形的对角线，如左下图；
步骤 2，制作棋子，取另两张不同颜色的 A4 卡纸，用画棋盘的方法画线，然后各裁剪出 40 个等腰直角三角形，即为棋子。

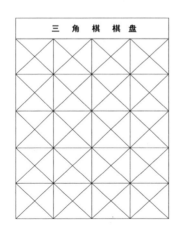

七巧板创编数学游戏

在课余时间,我们开展了数学游戏征集活动。征集活动共收到学生设计的数学游戏作品上百件,学生们发挥了自己的聪明才智,将日常学习的数学知识以游戏的形式进行巩固和提升。

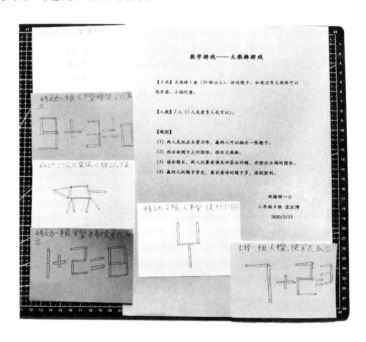

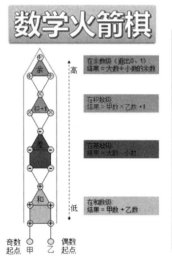

学生设计作品示例

学生通过讲故事、做游戏、直接演示、模拟演示等方式，设计了各种生动有趣、直接形象的数学游戏。创作游戏的过程也激发了学生的学习兴趣，让学生在具体的情境中更深刻地理解了新的数学知识，感受了数学的魅力。

在引入数学游戏的过程中，我们深刻感受到数学游戏对学生学习数学、对教师开展数学教学都有着很强的辅助意义。简单概括为以下三个方面：

数学游戏能激发学生的内驱力。爱玩是孩子的天性，游戏天然地就能引起他们的兴趣。教师适时地引入一些趣味游戏，可以营造一个愉快、轻松的学习氛围，诱发学生的学习动机，让学生主动地去学习新知、探究新知。学生在游戏中，能主动进行观察、实验、猜测、验证、推理与交流。通过这一系列的数学活动，他们自主探索出解决问题的思路、途径和方法，从而完成学习任务，教学因此获得事半功倍的效果。

数学游戏能发展学生的创新思维。课标中明确指出：通过小学数学教学，要使小学生具有初步的创新精神和实践能力。小学阶段是培养学生创新能力的初始阶段，因此在教学中培养学生的创新思维尤为重要。小学生注意力集中的时间短，而游戏一方面可使学生手、口、脑、眼、耳多种感官并用，扩大信息源，另一方面也满足了小学生好动、好奇的特性，营造出符合儿童认知规律的思维情境，有利于学生思维主动性与创造性的发挥。

数学游戏能促进学生经验的转化。在数学游戏中，学生热情高涨，全身心投入活动，在活动中将所学知识用于发现问题、解决问题。数学活动经验形成于具体的数学活动之中，是在"做"中获得的，学生在活动中的经历、体会上升为"经验"，将"经验"转化和建构成属于自己的东西，学生才真正获得了发展和成长。

我们的"体验式"数学教学中引进了"奥尔高""超脑麦斯 STEAM"等数学游戏，学生在课堂中借助这些游戏，获得了更充分的数学学习体验。学生对数学游戏的兴趣被激发起来后，我们借这个契机向学生推荐了更多的数学游戏读物。通过了解和挑战读物中有趣的数学游戏，学生拓宽了视野，获得了不一样的体验和感受。在以上游戏活动中，学生产生了主动探究数学奥秘的兴趣，并且在体验数学游戏的过程中生成了经验，带着这样的经验，学生自主开发了很多有意思且有意义的数学小游戏。综上所述，"体验式"数学教学通过引入各种数学游戏，融入游戏阅读，自主开发游戏，层层递进，逐渐深入，为学生的体验开辟了新途径。

"体验式"数学教学与合作学习

1. 合作学习的概述

《课标（2011）》要求学生"通过数学活动了解数学与生活的广泛联系，学会综合运用所学的知识和方法解决简单的实际问题，加深对所学知识的理解，获得运用数学解决问题的思考方法，并能与他人进行合作交流"。要使学生在数学课堂中获得完整的知识学习过程的体验、学习情感上的体验、问题解决方法和策略的体验以及开放性的创造和创新体验，动手实践、自主探究与合作学习是重要的方式。

引入合作学习对于"体验式"数学教学有一定的促进作用。第一，合作学习能促进学生的互助共赢。通过合作学习，基础扎实的学生在帮助基础薄弱的学生的同时，也巩固了自己的知识；在互帮互助的过程中，学生之间的情感距离拉近了，人际交往能力也有所提升。第二，合作学习能提高学生的学习能力。学生个人学习后小组交流讨论，整个过程以学生自主能动学习为主，体现了"以学生为主体"的教学思想；激发了学生学习的积极性和主动性，在理想状态下，能使每个学生有效地提升学习能力。第三，合作学习体现了教学的创新理念。学生自主学习，全体参与，加上小组讨论和活动的形式，都为创新思维的萌发创造了极好的条件。小组讨论的形式，宽松的氛围，讨论中的思维碰撞，都能够进一步触发学生的创新思维，进而逐步形成创新意识，甚至有可能形成更多的具有创新性的成果。

基于以上背景，学校于2018年3月正式引入"合作学习的教与学方式改进项目"。北京大学教育学专业的温思涵博士带领数学学科的老师们开展小组合作的构建模式和操作策略的研究，在项目中进行了深度的学习和研究，在每月两次的项目研讨中，师生共同体验了合作学习的魅力，开启了一场场撬动思维的头脑风暴。

通过一段时间的实践，我们发现，"体验式"数学教学引入合作学习，能发展学生的主体性、能动性，让学生们在小组合作中发现问题、解决问题。而且，能从儿童的思维发展出发，进行思考研究，更好地促进知识学习过程的体验、学习情感上的体验、问题解决方法和策略的体验。通过"自主、合作、探究"的学习模式，关注学生的学习兴趣、个性风格、非智力因素，以学生的自主、合作、交流、互动发展及满足学生学习多样化和能力培养为出发点，以实践探索、行动研究为基本方式，让学生要合作、愿意合作、爱合作、有能力合作，在合作中获得更多的学习体验。

2. 开发多样学习工具

在合作学习的过程中，我们有时会发现学生的参与度总是有所不同，部分学生表现出较高的领导力和执行力，在讨论环节和展示环节都积极参与；也有同学只参与部分环节或是完全随波逐流，无论是探究的过程或是学习的情感方面都没有得到完整的体验。问题随之而来——合作学习的方式如何更好地调动所有学生主动学习的积极性，让更多的学生，甚至每一位学生都能在过程中获得更加完整的学习体验呢？在实践过程中我们发现，利用多样化的学习工具，促进学生的独立思考，学生在合作学习过程中将获得更高的参与度、更完整的学习体验。

（1）任务学习单，让思考更自主、更明确

经过查阅资料、不断实践，我们发现，如果在小组合作讨论前，给学生充分了解学习任务、独立进行思考、形成自己的思考结果的时间和机会，那么之后进入讨论环节的时候，学生将会带着自己思考的结果，在做足准备的情况下，更自信、更积极地投入到讨论当中。这样的讨论环节可以促进所有成员的参与，也保证每一个孩子在合作学习的每一个环节都获得完整的体验。

学习单或导学单，是教师根据教学目标和学生的学情，针对当节课的教学内容设计出的相关任务和练习的清单，可以让学生有目的、有计划地进行自主学习活动和探究活动，是学生自主学习和教师教学的辅助工具。现今课堂教学中提倡运用学习单或者导学单主要是为了实施任务驱动的教学方式。任务驱动是一种建立在建构主义教学理论基础上的教学法，它要求"任务"的目标性和创建教学情境，使学生带着真实的任务在探索中学习。学生的学习不单是知识的传递，更应该是学生主动建构自己的知识经验的过程，通过新经验和原有

知识经验的相互作用，充实和丰富自身的知识、能力。

要保证学生具有独立思考的时间和空间，除了在课堂教学中的时间安排上有所体现，提前通过学习单进行任务布置，明确需要思考的问题和任务，也是一种颇为有效的方式。学习单旨在强化学生的自主学习，增强学生的学，减少教师"扶"的力度。学习单还有一种优势，就是让教师可以根据学生的自学情况，有针对性地选择教学内容，不教学生已经懂的内容，只教学生普遍认为难以理解的或需要教师引导的内容。

如何学会设计一份合适的学习单，也是教师的必修课之一。我们对数学课堂使用合作学习方法时所用的学习单不断进行开发和改进，在学习单中针对本节课的教学内容，从联系生活实际的情境回到数学问题，并且调整学习单中学生的课堂活动和思考方式、解题方式，使学生能够充分了解任务并独立思考，完成任务。

例如，北京师范大学出版社（以下简称北师大版）数学三年级下册《队列表演》一课的学习任务单，我们对学生活动、思考方式和要求都做了明确具体的任务设置：

《队列表演》合作学习单

班级：_____　　小组成员：_____

活动一：

学校举行队列表演，一共有 12 行，每行有 14 人。有多少人参加队列表演？

独立思考：把你的解决方法写一写或画一画。

活动二：尝试用竖式计算 14×12＝?

独立思考：联系点子图，说清楚竖式中每一步的意思。

（2）多种学习工具，让思考更流畅

《课标（2011）》将小学数学学科的学习内容分为"数与代数""图形与几何形""统计与概率""综合与实践"四个领域，在各领域中，学生学习的知识、需要解决的问题以及解决问题的思路都有所不同，需要用到不同类型的学习工具，以帮助学生更流畅地思考并解决问题、更方便地进行合作。

图表是各个领域中都常用的呈现思路和结果的方式，具有简洁和明确的特点，因此在教学过程中，教师会有意识地利用示意图，也引导学生应用示意图，用简要、概括的文字来说明问题，注重以颜色区分、干净的布局等方式来呈现。方格纸可以很方便、很快捷地作为几何图形的面积单位，让学生对于图形中的长度、面积等测算得更加准确，因此在空间与图形领域中应用频率较高；计数器可以帮助学生识数、记数，并且在学生进行进位和退位的运算时，呈现起来更加直观和方便，因此在数与代数领域中，尤其是低年级的数学教学中经常使用；统计与概率领域的问题解决经常是需要实际情境的，利用投票箱、选票记录表等工具，更明显地将数据统计和实际生活情境结合在一起，因此这类工具在统计与概率领域中得到较多的应用。

在数学学科的合作学习实践过程中，教师们不断根据学生的学习需求和相应的学习内容，开发多种形式的学习工具，以保证学生们能在思考和交流过程中体验和掌握更多的学习方法，并且将更多的精力放在思考和交流上，让每一位学生都获得更加完整的合作学习体验。

3. 明确合作学习要求

在数学课堂中运用合作学习的方式，核心是"合作"，合作的目的是为了更好地体验学习的过程。但是在合作的过程中又会出现一些问题：第一，有时学生的讨论没有合适的抓手，尤其在低年级中，学生的语言表达习惯和思维习惯都在养成当中，不知道用什么样的方式将自己的思考结果清楚地表达给同伴，这大大降低了小组讨论的效率，甚至会使学生在讨论时就分散了注意力，影响学习效果；第二，各小组需要在讨论完毕后向所有人展示自己的讨论结

果，如果小组成员在展示时表达不够清楚，其他学生很难在倾听中抓住重点，那么这场合作与讨论，最终在学生们心中留下的印象也是不清晰的、不明确的，学习过程"风过水无痕"，可能会导致学生在学习中得不到成就感，这同样也不能称作完整的学习体验；同时，学生长时间在倾听中无法获得可靠的信息，对于学生养成认真"听"的习惯也十分不利。

为了解决这样的问题，实现真实的、有结果的"合作"，我们决定在课堂教学中，依照教学内容的特点，将每个环节的要求都明确地呈现给学生。呈现的要求主要包括以下几点：第一，根据本堂课的教学内容，组内交流时，学生需要用什么样的语言或者句式，向小组其他伙伴传达自己的思考结果，与此同时，其他同学需要如何倾听、如何修正与补充；第二，小组汇报时，学生需要以什么样的方式（语言、图片等形式）才能更清晰地呈现小组讨论的结果，其他同学需要认真倾听并予以补充。

例如，在教学北师大版数学二年级下册《重复的奥妙》时，课堂中设置的小组合作环节，需要为学生呈现以下学习要求：

师：同学们真能干，找到了这么多规律，你们能用自己喜欢的方式把你们发现的规律呈现出来吗？

1. 独立完成

任选一组，用你最喜欢、最简单的方式把它的规律画在纸上。可以用文字、数字、符号、图形……（2分钟）

2. 组内交流

和小组内的同学说一说自己所画图的意思，并整理两个人的方法。（2分钟）

（先说"我是用……表示……"，再说规律。另一个同学如果有修正，要先说修正，再说自己的表示方法。如果两个人的方法不一样，要把两种方法都弄懂。）

3. 汇报分享

你是用……代表……来表示规律的？（6分钟）

小组选择一种方法汇报。

（1）汇报建议：发言人把小组的资料都拿上来，发言人汇报时，先说你们组所表示的意思。其他同学眼睛要看着屏幕，认真倾听，看看对他们组的发言有没有补充或质疑。

（2）全班汇报

汇报过程中，学生作品贴在黑板上，归纳出不同的表示方式：画图、文字、图形、符号字母……如果是原来没有的表示方式，教师可以及时补充。

（教师板书：图形、文字、符号）

这一环节通过引导学生经历观察思考、操作探究、小组合作、交流讨论等活动，发现图形的规律，在过程中体会简单的规律。由以上要求可以看出，针对数学规律相关的内容，教师也鼓励学生以总结概括规律、总结学习方式的角度来进行讨论和表达。

又如在北师大版数学三年级上册"数学好玩"单元的《共同休息日》一课中，教师在小组合作环节呈现了以下学习要求：

（一）组内交流：

（1）小组成员轮流发言，说清自己的方法。

（2）认真倾听，读懂小组成员的方法。

（二）全班分享：

（1）把你们小组的方法分享给大家。

（2）倾听者认真倾听，积极提出问题。

小组合作环节是本节课的第二个环节。在之前的第一个环节中，教师联系学生熟悉的生活，创设问题情境，使学生感到面临的问题是自己生活中的问题，从而产生解决问题的欲望，主动地参与探索、寻求解决问题的方法，并且经历了独立解决问题的过程；于是，在小组合作这一环节，教师给学生提供充分自主交流的空间，让学生在合作探究中探索解决此类问题的不同方法，从而可以自主选择方法，体会方法策略的多样性。

经过一年多的训练，学生已经基本掌握了合作学习的要领，较之二年级时，教师在课堂教学中可以更为简单地向学生呈现学习要求，以示提醒。

4. 抓住合作中的细节

当我们解决了合作学习中出现的一些问题后，我们需要进一步思考和追问：如何使学生在数学课堂中进行的合作学习更有效果？如何使学生在合作学习中获得更丰富的学习体验？这时，我们需要加强对细节的把控，促进数学课堂中以合作学习形式开展的"体验式"学习更加有效率地进行，让学生在此过程中更有收获。

（1）合理分组，保证学生合作效果

首先，合作学习的一个重要环节就是分组。将现有的学生分为多少个小组，如何让每个小组内的成员高效合作，都是需要思考和注意的问题。例如，有教师在教学实践中，遇到了同组成员不能很好相处等问题，于是她在分组的原则上做出了改变，为保证组内成员的互补和组间的公平竞争，根据学生的学习态度、学习能力、个性特征等因素进行分组。遵循"同组异质"的原则来分配每组的成员，分别是一个成绩较差的学生（指学习较松懈、缺乏毅力、学习进步较慢的学生），一个成绩较好的学生（指学习积极性高、学习自觉、刻苦、学习进展较快的学生），二至三个中等学生。这样尽量保证每个小组在大致相同的水平上展开合作学习，学生在竞争中就会有"旗鼓相当"的感觉，才会增加合作的动力，增强取胜的信心，取得良好的合作效果。此外，组员要有各自的任务，或是主持人，或是读书者、发问者、板书者等等。

小组人数也是在分组时需要注意的问题。低年级小组合作学习的人数应控制在两人一组，中高年级合作学习的人数应控制在四人左右。对于低年级刚刚开始进行合作学习、培养学习习惯的学生来讲，两人一组的模式更有利于初步培养学生合作学习的习惯，增强学生各方面的学习能力，也可以为中高年级的四人小组打下基础。

（2）接力发言，调动学生积极思维

传统课堂教学中有"举手发言"的规定，这一行为更多的是对纪律的强调，使得课堂教学更加有序。在合作学习中，除了保障秩序外，提升效率也是很重要的一个因素。在合作学习时，学生讨论、发表观点的环节可以采用"接力发言"的形式，即学生不必举手等待老师点名指定发言，一旦有了想法就快速起立表达，表达完之后自己坐下，一个接一个，形成高频快节奏的接力式的发言。

小学阶段，学生的自我意识不断发展，促进了他们表现欲的不断增强，表现欲体现了学生积极的参与意识。采用接力发言的方式，有利于满足学生的需求，调动更多学生的积极性。

接力发言时，也需要对学生进行适当的引导，保证学生发言更有序、更有效率。学生发言时要遵守一定的表达规范，使用"我体会到……""我想谈谈……""我有总结，请大家看……""我要评价……""我要夸奖……""我们小组想跟大家分享……""我有补充……""我要提醒……"等等的句式进行完整、明确、清晰的表达，在低年级将这些句式贴在黑板上，时刻提醒学生按规范进行表达，培养表达习惯。学生发言时要依照之前同学的发言，不可以重复，这就要求学生在倾听别人发言时更加认真，也培养学生快速组织自己思路的能力。通过接力发言，学生在讨论过程中更高速地进行思考，逐渐养成在学习过程中积极调动思维的习惯。

（3）明晰定位，引导学生学习交流

在合作学习的课堂中，教师需要更加清晰地明确自己的定位。在刚刚开始合作学习的时候，教师的做法会出现两种极端：或是不习惯将课堂充分地交给学生，以至于教学仍然面面俱到，时时刻刻都要加以指挥；或是认为合作学习是对教师的一种解放，只需要"悠闲"地稍加点拨，以至于放手的程度过高。

教师需要意识到，在小组合作学习中自己的角色应是组织者、引导者、点穴者以及推进者，这样小组合作学习才更具有实效性，学生在交流中才更容易擦出思维碰撞的火花。小组讨论之前，教师要在充分理解授课内容、明确授课重点的基础上，为学生的思考和讨论创建合适的任务，针对数学的不同领域搭建合适的"支架"，尤其是从一开始就要鼓励学生养成合适的表达习惯、倾听习惯等。

当学生开始小组内交流时，教师需要到小组中，充分利用小组成员独立的学习资料，同时还要关注孩子们的倾听和交流习惯——做理智的等待者。教师要在此过程中了解学生探究的情况，对学生探究的结果及采用的方法做到心中有数。之后在全班交流时，有意识地引导学生进行有序的交流，同时根据交流所采用的不同方法，各种方法分开汇报。这样的交流，不仅有层次性，而且学生还能在交流中互相启发，互相补充，互相评价，形成"共生效应"。

正如有教师在经历合作学习的实践后所言："合作学习带给教师的这份看上去的'清闲'，其实是要以更多的工作和更大的努力作为铺垫的。不光要在小组分工、任务设计等教学准备方面完成更多的工作，还要树立学生的规则意识，引导学生学会倾听，培养学生解决组内矛盾和与人沟通的能力。"合作学习对于教师的意义不仅仅在于解放，更在于让教师学会从学生的角度考虑问题，进行教学方式的变革，明确自身定位，教学相长；合作学习对于学生的意义也不仅仅在于获得知识，更在于学习能力、学习情感上的深层体验。

"体验式"数学教学帮助学生积累活动经验

1. 关注教学中的问题

"体验式"数学教学致力于学生数学活动经验的获得,数学教学活动必须建立在学生的认知发展水平和已有的知识经验基础之上,向学生提供充分从事数学活动的机会,帮助他们在自主探索和合作交流的过程中真正理解和掌握基本的数学知识与技能、数学思想和方法,获得并积累广泛的数学活动经验。

然而在小学数学的实际教学中,常常会有下面的现象出现。

现象一:教师缺乏对学生原有数学活动经验的了解。

教师备课时,对学情的分析只停留在数学基础知识和基本技能的掌握上,很少对学生原有的活动经验进行有效的分析,使得教学过程忽略了活动,或是只把活动当过场,流于形式,对学生真正习得经验没有丝毫帮助。

现象二:教学设计不合理,导致"数学活动经验"流失。

课堂教学中,一些教师未充分认识到基本活动经验的积累对小学生思维可持续发展的重要性,为了尽快得出问题的结论,往往不再预留学生主动思考和体验的时间,导致带有学生认知个性的数学活动经验流失。

现象三:学生的原有经验会影响新经验的积累。

在日常教学中,学生更容易记住结论性的公式、定义等,而对于公式、定义等的分析、推理过程欠缺深入理解,从而导致学生由活动而产生的经验仍旧缺乏,甚至影响新的经验的获得和积累。以"列方程解应用题"为例,"一个定价100元的杯子,打八五折出售,问便宜了多少钱?"学生的解题思路是:首先假设便宜了 x 元,然后列出方程:$x=100-100\times0.85$,解得 $x=15$。学生在解决这道应用题时,表面上是在列方程,其实是用算术法,学生已有的算术法解决问题的经验影响了方程法经验的积累。

基于以上的现象,学校结合"体验式"数学教学结构,以帮助学生积累数学基本活动经验为重点进行研究,探索出适合学生积累数学活动经验的课堂教学结构,即"三轴四链一循环",并提出帮助小学生积累数学活动经验的五个课堂教学策略。

2.课堂教学结构:三轴四链一循环

基于以上积累数学活动经验的研究现状,结合"体验式"数学教学的一般过程,学校继续深化研究并探索出帮助小学生积累数学活动经验的课堂教学结构,简称"三轴四链一循环"。

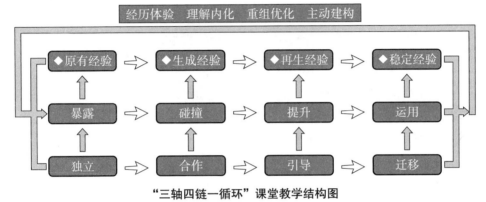

"三轴四链一循环"课堂教学结构图

"三轴"主要包括教学方法、教学策略和教学成果三个部分。教学方法即暴露—碰撞—提升—运用;教学策略即独立—合作—引导—迁移;教学成果即原有经验—生成经验—再生经验—稳定经验。

"四链"主要包括独立完成暴露原有经验、合作探究碰撞生成经验、引导提升再生经验、迁移运用稳定经验。

"一循环"主要指的是学生活动经验积累的过程是循环迭代、主动建构的。学生活动经验的积累必须要在经历、体验的基础上,要通过理解、内化的过程,最后重组、优化,主动建构形成比较稳定的数学活动经验。"三轴"依次递进,相互作用;"四链"互为基础,彼此联系;"一循环"往复更替,不断积淀。

"三轴四链一循环"的教学结构,强调三点:一是前一次数学活动的经验是后一次数学活动的基础,后一次的数学活动经验是前一次数学活动经验的巩固和发展。二是教师要注重让学生亲身经历观察、描述、操作、猜想、实验、思考、推理、分析、交流、应用的数学活动过程,要在"过程"中唤醒经验、累积经验、反思经验、提升经验，运用甚至重新创造经验。三是最终的目标就是要让学生模糊的经验变得清晰起来，让片面的经验变得完善起来，让错误的经验变得正确起来，让零散的经验变得结构化起来。

在"体验式"数学课堂教学中，我们应当注重让学生亲身经历观察、描述、操作、猜想、实验、思考、推理、交流、应用的数学活动过程，在"经历体验、理解内化、重组优化、主动建构"的过程中唤醒经验、累积经验、反思经验、提升经验，运用并重新创造经验，使学生不断积累数学基本活动经验，达成高层次的认知目标。

3.帮助学生积累数学活动经验的具体教学策略

结合学校关于小学生积累数学活动经验的课题研究，在"三轴四链一循环"教学结构的实践基础上，我们总结出以下帮助小学生积累数学活动经验的课堂教学策略。

（1）要明确目标，增加积累活动经验的目标，让数学基本活动经验的积累有成效

教师应在知识与技能、过程与方法和情感态度价值观三维教学目标的基础上，增加活动经验积累的课堂教学目标。该目标可以单独设立，也可以融入、渗透在其他目标中。设立"经验"维度的目标，要注意把握三个层面：课程内容是否需要积累基本活动经验？基本活动经验积累要达到什么程度？检验活动经验目标的达成是否具有操作性？

例如，在教学四年级上册（人教版）《烙饼问题》一课时，教师将教学目标设立为"学生积累'统筹优化思考问题'的思维经验"。"知识目标"指向烙饼的优化与哪些因素有关，有怎样的关系；"能力目标"指向让学生通过多种方式的活动体验积累运用优化思路解决问题的经验；"情感目标"着眼于让学生体验数学与生活的联系，指向学习数学的兴趣和思维方式的培养。

（2）要提大问题，引导学生整体思考，让数学基本活动经验的积累有空间

教师要善于将琐碎的问题用学生可以接受的概括性语言呈现出来，提"大问题"，帮助学生进行整体思考，培养其"从头到尾"思考问题的能力。所谓大问题不是越大越好，而是基于学生的认知与知识的特点，提出较为概括的问题，给予学生"大空间"，引导学生从整体上认识、理解所学知识。

例如在《平行四边形》教学中，教师可以呈现这样一组问题：

问题1．如果把四边形的四边长度固定为一样(即四边相等)，四边形会变成什么样？

问题2．如果使四边形的其中三条边的长度相等，四边形会变成什么样？

问题3．如果使四边形的两组对边相等，四边形会变成什么样？

问题4．如果使四边形的其中一组对边的长度相等，四边形会变成什么样？

问题5．如果使四边形的两组邻边的长度相等，四边形会变成什么样？

问题6．如果使四边形的其中一组邻边的长度相等，四边形会变成什么样？

问题7．如果使四边形的四边不相等，四边形会变成什么样？

通过上述问题，能有效引导学生从整体上看待四边形，通过对比、辨析寻找图形之间的异同，进而发现差异、认识关键属性，更好地理解各种四边形的特性。

（3）要勤回顾，树立将动态操作静态化的意识，让数学活动经验的积累有显现

在需要操作实践的教学中，教师和学生都会遇到实践操作过后没有办法留存操作痕迹，甚至有些时候还需要回顾实践操作过程的问题。这时如果不能完全再现或者重点呈现，会严重影响学生活动经验的积累。这就需要教师具有将动态操作静态化的意识和策略，将动态操作的过程以静态化的方式再现，帮助学生更好地积累数学活动经验。

以《烙饼问题》为例，教师先组织学生动手实践体验，之后梳理出三种情况，分别是用时9分钟、12分钟、18分钟。在回顾每一种烙饼方法时，留存在学生头脑中的痕迹因学生记忆、理解能力的不同存在明显差异。为了帮助学生积累正确、清晰的经验，需要教师借助板书、课件等方式进行呈现。教师一方面呈现板书，另一方面采用对比的策略，最终得到结论，从而使"优化"的经验在学生活动中、在回顾中、在对比中得以建立和强化。

（4）要善于化错，视错误为资源，让数学活动经验的积累有载体

对待学生的思维成果，不是着眼于对错，而是着眼于是否有价值。其判断标准有二：一是有利于学生的发展，二是有利于课堂教学目标的达成。学生的错误或许是学生活动经验积累的宝贵资源。教师要将课堂教学中的差错巧妙地转化为教学资源，相机融入后续的教学过程，化"腐朽"为"神奇"，变

"事故"为"故事"。

例如,在教学《乘法还可以怎样算》一课时,教师遇到这样的问题:学生四人小组合作研究,用线表示数,借助线和线的交叉点表示两个数相乘的结果,尝试计算 23×13。在借助画线方法来计算 23×13 的过程中,学生出现了如下四种典型情况:

方法一,将乘号进一步放大,既有用线表示数,也有用线的交叉表示相乘,但总体还比较牵强,反映出学生未能读懂并理解活动建议。

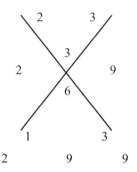

方法二,23 用 23 条横线来表示,13 用 13 条竖线来表示,它们的交叉点一共有 299 个。完全符合用线表示数,用线与线的交点表示相乘的结果。该方法反映出学生不仅读懂并理解了活动建议,并且对 23×13 这个算式的含义有深刻的理解。但该方法的弊端也很明显。如果数非常大时,需要画很多线,因而这种方法就太麻烦了!

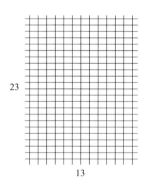

方法三,23 不用 23 条横线来表示,而是分开表示,一条线表示一个十,两条线表示两个十;一条线表示一个一,两条线表示两个一。用 /// 表示

13，用 \\ 表示23。

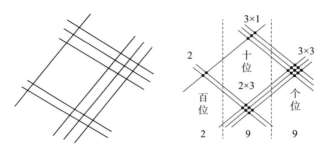

方法四，23不用23条横线来表示，而是分开表示，一条线表示一个十，两条线表示两个十；一条线表示一个一，两条线表示两个一。为了便于区分，用粗线来表示十位，用细线表示个位。

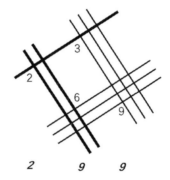

综观以上探究过程，如果从正确与否的角度来说，很显然第三、第四种方法才是教师最期待的。但是，仔细分析不难发现，如果没有第一和第二种方法的启发和提示，学生很难一下想到后两种方法。

以上过程尤其需要借助学生原有的经验，甚至是学生"错误"的经验来帮助学生深化对新知识的理解，从而促进新经验的积累。数学活动经验与学生的错误相伴相生，让学生在"尝试—错误—修正"中经历、感悟、反思、巩固是数学活动经验积累的必经之路。学生如果不经历尝试、错误、修正的过程，他的经验也不会稳固。正所谓：经验历中生，经验错中得，无错不经验，化错积经验。

（5）要抓本质，建立知识间内在联系，让数学活动经验的积累结构化

复习课在数学教学中非常重要。教师一般会借助要点梳理、表格对比等方式对过去所学内容进行归纳、整理，帮助学生回顾重要的知识点。教师要善

于抓住所复习内容的内在联系进行设计,帮助学生建立知识间的内在联系,这样才能帮助学生深化理解,将学生原有数学活动经验结构化。

以六年级《数的认识复习》一课为例,本节课教学各环节的设计不仅将知识连成"串",而且建立知识间的内在联系,让学生充分感受到联系数相关知识的"魂"——图形(数轴)的作用和价值,进而为今后继续学习数的相关知识打下坚实的基础。

本节复习课的亮点是以图形(数轴)为依托,向学生渗透数形结合思想。"借助图形,梳理'数'"环节中,充分发挥图形(数轴)的作用,将数的知识复习四个部分紧密联系在一起,既帮助学生建构了知识体系,又不留痕迹地向学生渗透了图形(数轴)的价值和作用。

首先,在图形(数轴)中表示以下各数:

(1)在图上表示 2、-1、$\frac{2}{5}$;——这三个数的设计考虑到正数、负数和分数。

(2)在图上表示 20、200;——这两个数的设计是让学生感受在不改变一个格所表示数量的情况下,20 和 200 应分别表示在什么位置,旨在帮助学生建立对数的感觉。

其次,复习"计数单位及计数单位的个数"。

教师提问:"以上涉及的几个 2,分别表示什么意思?"意在帮助学生系统地回忆不同的数计数单位的不同。整数中个位的计数单位是一,十位的计数单位是十,百位的计数单位是百,分数的计数单位是分母分之一,等等。

再次,复习分数和小数的基本性质。

师:表示 $\frac{2}{5}$ 的点还可以用其他数来表示吗?

生:还有很多分数。

师:你能举几个例子吗?

生:$\frac{4}{10}$、$\frac{16}{40}$ 等等。

师:还能有更多的分数吗?为什么会有?

(生集体复述分数的基本性质)

师:除了分数之外,这个点还能用其他什么数来表示?

生:小数。

师:还能有更多的小数来表示吗?为什么?

生：可以有很多。（生集体复述小数的基本性质）

最后，借助图形（数轴）上点与数的对应关系深化数大小比较的内涵。请学生比较 2、-1、0、$\frac{2}{5}$、20、200 这些数的大小，并与其在图上的位置相互对照，产生新的发现：图形（数轴）上右边的数比左边的数大，左边的数比右边的小，数和图上的点是一一对应的，同样大小的数只能表示图上同一个点。

之所以这样安排，教师有如下考虑：数的复习不应该仅仅是低水平的重复，需要深化，而深化需要载体，本环节主要依托数轴（小学阶段还没有明确其概念，因此本节课说是图形）为载体，帮助学生深入理解小学阶段所学过的数。数轴是中学数学学习的重要内容，也是中学数学学习的重要工具，因此借助数的认识复习课渗透数轴及其作用很有必要。深化主要包括四个方面：一是在数轴上表示数，建立数与数轴上点的对应和联系；二是以"2"为例，区分计数单位；三是通过分数和小数的基本性质，深化学生对于"同一个点可以用不同数来表示"的理解；四是数形结合，深化学生对于"数的大小比较"的理解。

综观本章五节，"体验式"数学教学重在帮助学生经历知识的获取、分析和整理的过程，重在帮助学生体验问题的发现、提出、分析和解决的过程，重在围绕"一般过程"的一个核心、两个维度、三个意识、四个重点，为学生创建教学设计，为学生的学习提供支架。"体验式"数学教学强调以学生为本，回到了"立足学生未来发展"的核心。

在操作层面，"体验式"数学教学尤其需要借助合作学习的教学方式，因为"体验式"数学教学强调的是学生异质分组基础上的互相启发、互相砥砺和互相帮助。也正是在合作、互动的基础上，体验才会多元，感受才会丰富，发展才成为可能。同时，"体验式"数学教学以创设问题情境、尊重学生选择和数学游戏为切入点来设计和组织教学活动。"体验式"数学教学在长期实践与研究中形成了"三轴四链一循环"的教学结构，这是学生从"体验"形成"经验"的最直接途径。

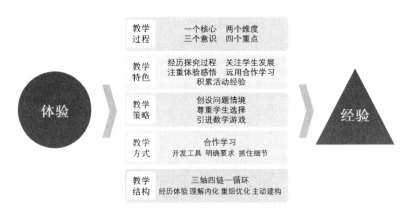

第一,"体验式"数学教学的一般过程确立了体验到经验桥梁的"主体"。皮亚杰认知发展理论将人的行为和思维模式定义为"图式",学生在认识和体验的过程中,将外界环境因素纳入主体已有的图式之中,以丰富和加强主体的认知,这是"同化"的过程;有时需要建立新图式或调整原有图式,使主体适应新的环境,这是"顺应"的过程。在"同化"和"顺应"交互作用的过程中,学生的认识不断调整,上升到新的水平。在"体验式"数学教学的过程中,学生通过"体验—反思—调整",不断获得经验,这是一个需要学生亲身经历的一般过程,但这个过程需要教师通过"创设—引导—评价"来影响和辅助。两者缺一不可,相辅相成,才能保证学生最终生成"经验"。学生在不断生成经验的过程中,无论在知识层面、能力层面还是情感态度层面都获得了发展。

第二,"体验式"数学教学的教学特色扎稳了体验到经验桥梁的"根基"。"体验式"数学教学强调五个教学特色:经历探究过程、关注学生发展、注重体验感悟、运用合作学习、积累活动经验。这五个特色突出了学生主体参与、亲自经历、体验感悟的过程,体现了以学生真正发展为核心的教学观,涵盖了教师在教学过程中需要的理论支持。有了这些特色,学生的体验更加充分,教师的教学有规可循,体验到经验的桥梁根基更加稳固。

第三,"体验式"数学教学的具体策略丰富了体验到经验桥梁的"轨道"。策略一,创设问题情境,能够激发学生的学习兴趣。著名教育家夸美纽斯说:"兴趣是创造一个欢乐和光明的教育环境的重要条件之一。"兴趣可以使学习变得自觉而轻松,是推动学生学习的一种最实际的内驱力。创设问题情境是在数学知识内容和学生求知心理之间搭建一个"支架",将学生引入一种与问题有关的情境中。策略二，尊重学生选择，能够保护学生的好奇心和求知欲。好奇心是获得进步的动力。数学课程标准中对每个学段学生情感态度的要求都包含"积极参与数学活动，对数学有好奇心和求知欲"。当学生有了新的思路和想法时，教师要尊重学生的参与性和选择性，给学生足够的时间和空间，让每个学生围绕探究的问题，用自己的生活经验和思维方式开放地进行探究。策略三，引进数学游戏，能够培养学生的数学思维能力。例如，学校借助"奥尔高"的数字扑克牌开展数学游戏活动，帮助学生培养有序思维的能力，同时，数学游戏也使学生的学习更生活化，为学生的体验开辟了新的途径。创设问题情境、尊重学生选择、引进数学游戏这三个教学策略，保证了每个学生主动参与活动、充分体验学习过程，这样才能使他们依据自身已有的知识和经验主动地构建，生成新的经验。

第四，"体验式"数学教学的合作学习铺设了体验到经验桥梁的"枕木"。合作学习的任务学习单是让原有经验在独立思考中充分暴露的有效工具。建构主义学习理论强调学生的学习活动必须与任务或问题相结合，因此在合作学习中教师将教学重难点综合到一个问题或一个任务上，呈现在学习单上。学生在完成学习单时要进行独立思考，并将思考的过程呈现在学习单上，从而暴露了原有的相关活动经验。合作探究是学生在碰撞交流中生成经验的必要环节。学生在独立思考后，接着进行合作学习的第二个环节——合作探究，在合作探究的过程中，学生遵从相应的要求：小组成员轮流发言，说清自己的想法，组内其他成员认真倾听，读懂小组成员的方法。这样每个个体的体验在小组内与他人的体验产生碰撞，在碰撞中促进发展，在交流中获得更丰富的体验，这也是思维碰撞生成"经验"的过程，经验的生成在互相交流合作的过程中变得更清晰，也更完善。

第五，"体验式"数学教学的教学结构打通了体验到经验桥梁的"隧道"。"三轴四链一循环"教学结构是学校十年的研究与实践所得。在数学课堂上，学生不断地经历"独立完成，暴露原有经验—合作探究，碰撞生成经验—教师引导，提升再生经验—迁移运用，稳定经验"这四个过程，甚至这四个过程本身也是他们"体验"的一部分，学生在不断循环的学习过程中，通过内化、重组，产生经验。这是教师在数学课堂教学中可以直接应用的教学结构，具有很强的可操作性，在长时间的教学实践中被证明确实有效，接下来的第二、三章将详细阐述我们的教学实践与探索。

第二章

"体验式"数学教学的设计与思考

数与代数领域

《乘法还可以怎样算》

——五年级 丁凤良

教学目标

知识目标：在学习借助竖式计算乘法的基础上，引导学生学习借助画线计算乘法的方法，了解借助格子计算乘法的方法。

能力目标：通过对竖式计算乘法、画线计算乘法和格子计算乘法三种方法的学习，让学生认识到计算乘法的方法并不唯一，而且方法之间有着内在的联系；其方法的本质是相同数位对齐，相同数位相加。通过沟通三种方法之间的联系，深化学生对数位、位值制的理解。

情感目标：通过对三种计算乘法方法的学习，让学生体验、感受到计算乘法方法的多元，以及计算乘法历史和文化的源远流长，进而激发学生喜欢数学、研究数学的兴趣。

教学重点：引导学生学习借助画线计算乘法的方法、借助格子计算乘法的方法，明确画线、格子和竖式三种计算乘法方法之间有着密切联系。

教学难点：沟通竖式乘法、画线乘法与格子乘法三种方法之间的联系，让学生认识到计算乘法的方法并不唯一，而且方法之间有着内在的联系；其方法的本质是相同数位对齐，相同数位相加。

教学过程

一、课前谈话

换个角度看图片：

花瓶还是人脸？　　　　　鸭头还是兔头

换个角度看照片：

究竟是在攀登还是趴在地上？　　　究竟是躺在天上还是躺在地上？

换个角度看水果：

拉索与西瓜　　　　　胡萝卜和土豆与木桶和小朋支

【设计意图】本环节选取了换个角度看图片、换个角度看照片、换个角度看水果三个方面的素材供学生观察，意在通过观察，让学生有所体会和感悟：我们看问题的角度，以及思考问题的方式对于我们最终得到的结论会有深刻影响，引导学生不"一根筋式"地只从自己熟悉的视角看待问题和思考问题，要多维度、多角度、多层面立体地看问题和思考问题。简而言之就是"换个角度看世界，你会看到不一样的世界"。

二、经验积累：换个角度看乘法

链条一：学生独立思考，暴露、激活原有借助竖式计算乘法的经验。

（一）学生独立完成：

1. 用竖式计算：23×13。

2. 学生独立思考乘法竖式 23×13 每一步算式的道理：要说清计算过程中每一数字表示的含义是什么。

（二）学生分享交流：

1. 核对计算结果。

2. 交流分享计算过程中每一数字表示的含义。

【设计意图】通过运用竖式计算 23×13，既激活了学生原有借助竖式计算乘法的经验，同时又为学生生成新经验做了铺垫。在此过程中，尤其强调学生要明确算法、数位以及每一数位上数字表示的含义。

链条二：学生小组合作，交流、碰撞生成经验。

同学们对于竖式计算乘法的方法已经很熟练了，而且还能够清晰说明理由。接下来，请同学们四人小组合作来研究一种新的计算乘法的方法：借助画线的方法来计算 23×13 的结果。

小组活动建议：

1. 先独立思考，再以小组为单位进行讨论交流。

2. 用线表示数，借助线和线的交叉点表示两个数相乘的结果，尝试计算 23×13。

3. 如果不能直接计算出 23×13，可以从比较小的数开始尝试研究。

【设计意图】小组合作中先依据要求初步用画线的方法独立尝试计算，在独立尝试的基础上再进行交流分享。这样有助于学生个人原有"以形表数"经验的激活，进而通过交流分享激发学生生成"以形算数"的经验。"以形算数"的经验是新经验，可以帮助学生深化对形与数关系的理解，还可以拓展学生对乘法计算方法不仅仅只有"竖式"一种方法的认识。

链条三：教师引导梳理，归纳、积累再生经验。

（一）在学生汇报的基础上，教师引导、梳理和提炼，帮助学生明确两个问题：

1. 如何"以形表数"？

"以形表示数"的过程中，按照从数的高位向低位的顺序书写表示，从左至右表示一个数，自上至下表示另一个数。

2. 如何"以形算数"？

（1）要想"以形算数"需要使表示数的线有序"相交"。

（2）让线有序"相交"可以产生"交叉点"，而"交叉点"可以直观表示不同数位的数的相乘结果。

【设计意图】教师的引导、梳理和提炼是要将学生杂乱的经验"结构化"，帮助学生将原有经验基础上生成的新经验形成"结构化"的经验。具体到本环节来说，就是将学生"以形表数"的经验深化，学生原来只是具有"用形表示数的多少"的经验，而今天学生还生成了"借助图形计算数运算结果"的经验。

（二）在学生汇报的基础上，教师引导、梳理和提炼，帮助学生建立运用竖式计算乘法和借助画线计算乘法之间的联系：

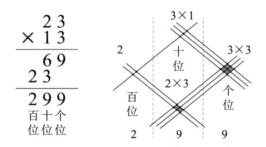

数字3× 数字3：左侧竖式中，23的个位数字3与13的个位数字3相乘得出数字9；右侧画线方法中，表示23中个位数字3的三条线与表示13中个位数字3的三条线相交叉出现9个点；数字9和9个点均可以表示3个1和3个1相乘的结果是9个1，而且结果一致。

数字2× 数字3：左侧竖式中，23的十位数字2与13的个位数字3相乘得出数字6；右侧画线方法中，表示23中十位数字2的两条线与表示13中个位数字3的三条线相交叉出现6个点；数字6和6个点均可以表示2个10与1个3相乘的结果是6个10，而且结果一致。

数字 3× 数字 1：左侧竖式中，23 的个位数字 3 与 13 的十位数字 1 相乘得出数字 3；右侧画线方法中，表示 23 中个位数字 3 的三条线与表示 13 中十位数字 1 的一条线相交叉出现 3 个点；数字 3 和 3 个点均可以表示 3 个 1 与 1 个 10 相乘的结果是 3 个 10，而且结果一致。

数字 2× 数字 1：左侧竖式中，23 的十位数字 2 与 13 的十位数字 1 相乘得出数字 2；右侧画线方法中，表示 23 中十位数字 2 的两条线与表示 13 中十位数字 1 的一条线相交叉出现 2 个点；数字 2 和 2 个点均可以表示 2 个 10 与 1 个 10 相乘的结果是 2 个 100，而且结果一致。

【设计意图】 通过两种方法的对比，第一是帮助学生验证借助画线计算乘法的可行性，第二是帮助学生建立原有借助竖式计算乘法的经验与借助画线计算乘法的新经验之间的联系，第三是深化学生对数位以及数字所代表含义的理解。方法不同，但算理相同，都是符合乘法意义的。

链条四：介绍"格子乘法"（铺地锦）的方法，拓展学生计算乘法的方法经验。

（一）小组活动建议：

1. 请学生观看格子乘法视频，初步了解格子乘法的计算方法。

2. 请学生模仿格子乘法的方法，尝试计算 23×13 的结果。

3. 请学生思考格子乘法的计算原理与竖式、画线乘法是否有联系，具有怎样的联系。

（二）格子乘法（或铺地锦）介绍：

"格子乘法"是 15 世纪中叶，意大利数学家帕乔利在《算术、几何及比例性质摘要》一书中介绍的一种两个数相乘的计算方法。相传，这种方法最早记载在 1150 年印度数学家婆什迦罗的《丽罗娃提》一书中，12 世纪后广泛流传于阿拉伯地区，后来通过阿拉伯人传入欧洲。这种方法后来传入我国，我国明朝数学家程大位在《算法统宗》一书中把它称为"铺地锦"。

（三）小结"画线乘法"、"格子乘法"和竖式乘法之间的联系：

"画线乘法"、"格子乘法"和竖式乘法，虽然方式不同，但其计算原理都是相同的。

乘法计算既可以通过"画线"——"以形算数"的方式得出结果，还可以通过"格子"——"数形结合"的方式得出结果，更可以通过"竖式"——"数阵排列"的方式得出结果。

计算过程中采用的方式虽然不一样，但是殊途同归，均要运用"相同数位对齐，相同数位相加"的计算方法得出正确结果。数位、位值制是以上三种方法的重要基础。

（备注：位值制即每个数码所表示的数值，不仅取决于这个数码本身，而且取决于它在记数中所处的位置。）

【设计意图】借助网络资源，拓展学生对乘法计算方法的经验。在学生尝试运用格子计算 23×13 的基础上，进一步深化学生对于乘法计算方法的认识和理解：各种方法不同，但本质是相同的，简单概括就是数位对齐，相同数位相加。其方法有理的重要依据就是乘法的意义、位值制。

教学反思

延展课堂　建构联系　深化经验

《课标（2011）》特别强调："数学活动经验的积累是提高学生数学素养的重要标志。帮助学生积累数学活动经验是数学教学的重要目标，是学生不断经历、体验各种数学活动过程的结果。"

1.借助"慕课"网络资源，拓展益于学生积累学习经验的资源。

网络资源的丰富，不言而喻。网络资源如何为教育教学服务，尤其如何为学生数学学习提供支持、为学生积累数学基本活动经验提供帮助，是我们数学教师要思考的。借助网络"慕课"资源需要把握和注意以下几点：一是资源只能对教学提供帮助，而不能代替我们的教学活动。二是资源也要进行筛选和节选，而不能大段使用。三是资源应该与课内教学内容相一致，起到补充、延展和深化的作用。四是在使用资源的过程中，教师要考虑学生的接受能力和认知规律。五是在使用资源的过程中，教师要结合讲授、启发、探究、合作等多种教学方式综合使用，其目标指向帮助学生理解教学内容、积累数学基本活动经验。

2.采用归纳、概括和建构的方式，深化学生对乘法计算方法的理解。

数学活动的形式多种多样，观察、试验、猜测、验证、推理、抽象、概括、符号表示、运算求解、数据处理、反思与建构等都是数学活动。本节课，我主要采用了学生试验体验、抽象与概括和反思与建构的方式组织进行教学活动。

纵观整个教学过程，教学设计主要包括四个部分：活动一，学生独立完成借助竖式计算乘法，唤起学生原有经验；活动二，学生先独立完成，再小组交流借助画线计算乘法的方法，生成新经验；活动三，学生仔细观察和倾听，学习积累借助格子计算乘法的新经验；四是沟通三种方法之间的联系，梳理概括三种方法的核心和本质。本节课，遵循了活动试验体验（方法一）——活动试验体验（方法二）——活动试验体验（方法三）——归纳、概括、建构三种方法联系的过程。这样的过程有助于学生建构方法之间的联系，深化学生对于竖式计算乘法以及数位、位值制的理解。

3.建立方法之间的联系，促使学生关于乘法计算方法的经验结构化。

关于乘法，学生已有的经验就是运用竖式计算。但借助互联网资源，目前我们可以看到很多与乘法计算有关的视频和文章，其中外国人怎样算乘法引起了我的注意。视频中，外国人采用画线的方法来计算乘法。通过对该方法的研读，我发现画线的方法计算乘法也需要借助数位的知识以及相同数位对齐和相同数位数字相加的计算方法。后来，我又对乘法运用格子计算（我国称为铺地锦）进行了研读，进而发现该方法也需要借助数位的知识以及相同数位对齐和相同数位数字相加的计算方法。综上所述，三种方法之间是有着密切联系的，均可以统一到数位以及相同数位数字相加的方法上来。三种方法"打通"的过程就是学生乘法计算经验结构化的过程，这样结构化的过程有助于学生思维灵活性的培养，有助于学生创新能力的培养。

在数学教学中，进行数学活动的目的是让学生通过经历探究、思考、抽象、预测、推理、反思等过程，逐步达到对数学知识的意会、感悟，并能积累解决和分析问题的基本经验，将这些经验迁移运用到后续的数学学习中去。这些经验是教师没有办法"教"给学生的，必须由学生通过大量的数学活动逐步获得，在做中获得。

在数学学习的过程中，要使学生真正理解数学知识，感悟数学的理性精神，形成创新能力，就需要让学生积累丰富、有效的数学活动经验，数学的基本知识和基本技能只有通过一定的数学活动经验才能内化为学生的数学素养。

《数的认识复习》

——六年级 丁凤良

教学目标

知识目标：梳理小学阶段整数、小数、分数、百分数、负数的意义，以及分数和小数的基本性质、计数单位、大小比较等相关知识。

能力目标：通过在图上标出"数"的活动，让学生感受到整数、小数、分数、百分数间的联系，结合图形体会"数"之间的密切联系，同时渗透"数"与图形上相对应点之间是一一对应的关系，渗透数形结合思想。

情感目标：知识的学习过程是不断完善和丰富的过程，帮助学生树立建立知识间联系的意识，培养学生复习、建构知识的能力。

教学重点：梳理整数、小数、分数、百分数、负数及其相关知识，结合图形体会"数"之间的密切联系，渗透数形结合思想。

教学难点：结合图形体会小学阶段所学"数"之间的密切联系，渗透数形结合思想。

教学过程

正是因为人类在生产生活实践中，发明并使用了"数"，才产生了算术，产生了数学，产生了各种各样的数学问题，今天我们就来复习和"数"相关的知识（板书课题：数的认识复习）。

一、联系生活，再现"数"

1. 学生向大家介绍之前所收集到含有数的信息。（结合介绍教师之前准备的数的信息）

2. 请同学观察黑板上所记录的"数"，谁能给大家介绍一下，这些数分别属于哪一类？

明晰小学阶段所学"数"的分类：

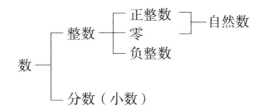

二、借助图形，梳理"数"

1. 在图中表示以下各数。
（1）在图上表示 2、-1、$\frac{2}{5}$。
（2）在图上表示 20、200。

2. 复习"计数单位及计数单位的个数"。

以上涉及的几个"2"，表示的意思一样吗？

3. 复习分数和小数的基本性质。

这个点除了用 $\frac{2}{5}$ 表示外，还可以用什么数来表示？分数还有吗？小数除了 0.4 还有吗？简单地说一说，为什么这个点可以用这些数表示？

4. 借助图与数的联系深化数的大小比较。

请比较 2、-1、0、$\frac{2}{5}$、20、200 这些数的大小，并与其在图上的位置相互对照，看能否有新的发现？

小结：数和图上的点一一对应（同样大小的数只能表示图上同一个点），渗透数形结合的思想，帮助学生在图上体会右边的数比左边的数大，左边的数比右边的小——数的有序性。

三、培养数感，延伸"数"

1. 将下面的数填在适当的（ ）里：

7400 11.59 -15.7 21.6% $\frac{2}{3}$ 51.7% 6.8 2000

（1）哈尔滨一月份平均气温（   ）°C。

（2）六（2）班（   ）的同学喜欢运动。

（3）2007年，我国城镇互联网普及率达到（   ）；2016年，我国城镇互联网普及率达到（   ），两年相比增长了29.9%。

（4）北京奥林匹克公园占地面积（   ）平方公里，分三个区域，北部是森林公园，占地（   ）平方公里；中部是主要场馆和配套设施，占地3.15平方公里；南部是已建成场馆区和预留地，占地1.64平方公里。

（5）自2005年开始，我国每年都要调整一次企业退休人员养老金，2017年1月，国务院常务会议再次提高企退人员基本养老金水平，经过12年连续上调，我国月均养老金将超过（　　　）元，比2005年增加近两倍。全国（　　）多万企业退休人员将因此受益。

2."110"，你对这个数有哪些认识？

老师说"110"表示6，知道是什么含义吗？

3.看来"数"确实有很多值得我们去研究的方面，我们一起来看一段有关"数"的短片介绍。（出示课件："数"的发展简介）

结束语： 对"数"的发展历程介绍，让我们对"数"又有了更深入的了解。对"数"相关知识的复习过程，让我们深刻感受到数与数之间、数与形之间有着密切联系！"数"的不断扩充和发展，让我们对"数"的认识更加深刻！在未来中学的学习过程中，"数"还会有新的扩充！

教学反思

巧用数轴明晰整数　依托情境培养数感

《数的认识复习》一课，定位于帮助学生系统梳理已学过的知识，帮助学生建构知识体系。建构体系需要实实在在的依托，本节课充分借助"数轴"对数的相关知识进行梳理。教学各环节的设计不仅将知识穿成"串"，而且建立知识间的内在联系，明确知识间的逻辑关系，让学生较为充分地感受到联系数相关知识的"魂"——图形（数轴）的作用和价值，进而为今后继续学习数的相关知识打下坚实的基础。

本节课主要包括以下三个环节：联系生活，再现"数"；借助图形，梳理"数"；培养数感，延伸"数"。结合教学过程的实际效果，从以下四个方面举例说明。

1.经历对数进行分类的过程，有助于学生全面、清晰地认识数。

"联系生活，再现'数'"环节中，在请学生说出收集数的信息和观看教师准备的数的相关信息的基础上，安排学生对所学过的数进行分类。在数学学习过程中，分类的问题经常会遇到，如图形的分类等。随着数的不断扩充，对数进行分类的问题也在一直延续。小学阶段，对数进行分类有很大的局限性，但让学生经历分类的过程非常重要。本节课，学生在分类过程中，对小数、百分数归为哪一类是有分歧的，但作为教师要尽量引导学生借助标准进行正确分类，因为这是学生对数进行分类的起点，学生今后还会不断面对同样的问题，而对同样问题的逐步深化，会促使学生逐渐全面、清晰地认识数。

之所以这样设计主要是考虑学生在六年级复习阶段，教学应该将重点放在促使或帮助学生主动建构知识间的联系上，也就是说学生能自己建构的要自己完成，有困难的也应该是教师引导或者帮助下的主动建构，而不应只是教师灌输或讲授给学生。

2. 以图形（数轴）为依托，向学生渗透数形结合思想。

"借助图形，梳理'数'"环节中，充分发挥图形（数轴）的作用，将数的知识复习四个部分紧密联系在一起，既帮助学生有机地建构了知识体系，又不留痕迹地向学生渗透了图形（数轴）的价值和作用，此环节的设计让数形结合思想的渗透很自然。

首先，在图形（数轴）中表示以下各数。

（1）在图上表示 2、-1、$\frac{2}{5}$——这三个数的设计考虑到正数、负数和分数。

（2）在图上表示 20、200——这两个数的安排是让学生感受在不改变一个格所表示数量的情况下，20 和 200 应分别表示在什么位置，是在帮助学生建立对数的感觉。

其次，复习"计数单位及计数单位的个数"。

教师提问："以上涉及的几个 2，分别表示什么意思？"意在帮助学生系统回忆不同数的计数单位不同。整数中个位的计数单位是一，十位的计数单位是十，百位的计数单位是百……分数的计数单位是分母分之一等等。

再次，复习分数和小数的基本性质。

师：表示 $\frac{2}{5}$ 的点还可以用其他数来表示吗？（生：还有很多分数）

师：你能举几个例子吗？（生：$\frac{4}{10}$、$\frac{16}{40}$ 等等）

师：还能有更多的分数吗？为什么会有？（生：集体复述分数的基本性质）

师：除了分数之外，这个点还能用其他什么数来表示？（生：小数）

师：还能有更多的小数来表示吗？为什么？（生：可以有很多，集体复述小数的基本性质）

最后，借助图形（数轴）上点与数的对应关系深化数大小比较的内涵。

请学生比较 2、-1、0、$\frac{2}{5}$、20、200 这些数的大小，并与其在图上的位置相互对照，产生新的发现：图形（数轴）上右边的数比左边的数大，左边的数比右边的小，数和图上的点是一一对应的，同样大小的数只能表示图上同一个点。

之所以安排这个环节，我有如下考虑：一方面，虽然是数的复习，我们也不应该仅仅是低水平的重复，仍然要有深化。深化就要有载体，本环节主要依托"数轴"（小学阶段还没有明确其概念，因此本节课说是图形）为载体，帮助学生深化理解小学阶段所学过的数。另一方面，数轴是中学数学学习的重要内容，同时也是中学数学学习的重要工具，因此借助数的认识复习课渗透数轴及其作用很有必要。深化主要包括四个方面：一是在数轴上表示数，建立数与数轴上点的对应和联系；二是以"2"为例，区分、深化计数单位；三是借助分数和小数的基本性质，深化学生对于"同一个点可以用不同数来表示"的理解；四是数形结合，深化学生对于"数的大小比较"的理解。

3. 精心设计习题，帮助学生建立数感。

帮助学生建立数感需要教师进行有益的尝试和探索。在进行本节课练习设计的时候，我头脑中始终闪现一个词——数感。因此，为了能够检测学生的数感，为了帮助学生建立数感，我安排了以下五个情境：

（1）哈尔滨一月份平均气温（　　）℃。

（2）六（2）班（　　）的同学喜欢运动。

（3）2007 年，我国城镇互联网普及率达到（　　）；2016 年，我国城镇互联网普及率达到（　　），两年相比增长了 29.9%。

（4）北京奥林匹克公园占地面积（　　）平方公里，分三个区域，北部是森林公园，占地（　　）平方公里；中部是主要场馆和配套设施，占地 3.15 平方公里；南部是已建成场馆区和预留地，占地 1.64 平方公里。

（5）自 2005 年开始，我国每年都要调整一次企业退休人员养老金，2017年 1 月，国务院常务会议再次提高企退人员基本养老金水平，经过 12 年连续上调，我国月均养老金将超过（　　）元，比 2005 年增加近两倍。全国（　　）多万企业退休人员将因此受益。

7400　11.59　-15.7　21.6%　$\frac{2}{3}$　51.7%　6.8　2000

每一个数字如果脱离具体的情境，意义就不确定了，因此学生需要结合自己的经验和数的相关知识进行判断，选取适合的位置和情境。之所以安排这个环节有如下两方面的考虑：一方面，学生选择的过程一定是基于对数的认识和理解。整数、小数、分数、百分数都有各自的特点和使用的范围，选择的过程就是激发学生调动自己对数的认识和理解的过程。另一方面，要想将已经认识的数放到合适情境里，还需要学生对情境的熟悉和理解。所描述的情境表达的是什么样的含义，这个含义需要什么样的数来阐释。因此，此环节的设计指向的是数感的培养，通过将数填到合适的括号里，呈现出学生数感的经验积累程度。

4.结合数的发展历史，帮助学生感受数之魅力。

结合教材中数的发展历史介绍，我又查阅了大量的资料，最终整理出大约两分钟的短片，向学生介绍数的发展历程。主要包括三方面内容：

一是数的不断扩充。在人类发展的早期，为了表示人数、猎物的多少，产生了数的需要，慢慢地自然数产生了；随着活动范围的扩大，人们又提出了新的数学问题，例如，"半个苹果"就不能用自然数表示其数量，必须创造新数，人们又引入了分数……随着人类交往活动的增多，生活中又产生了不足、亏欠等新的数学问题，负数也就随之产生了。总之，"数"的每一次扩充都标志着数学的巨大飞跃。

二是数的发展。在数的发展过程中，人类族群内部逐渐形成了记"数"的符号。例如：在公元前3400年左右，产生了古埃及象形数字；在公元前2400年左右，产生了巴比伦楔形数字；在公元前1600年左右，产生了中国甲骨文数字；人类历史上还曾经出现过南美洲的玛雅数字，欧洲希腊的阿提卡数字等等。其中，罗马数字和印度—阿拉伯数字（公元6世纪在印度产生，公元12世纪传入欧洲），因为具有书写简洁、便于记忆的特点直至今天仍在使用。

三是位值制的不断完善。在数的发展过程中，先后出现过多种"位值制计数法"。如二进制、三进制、五进制、八进制、十进制、十六进制、六十进制等等，有了位值制计数法，同样的数字在不同的数位上就可以表示不同的数值，人类就可以用有限的数字表示出无限多的数，这是人类记数历史上的伟大创造。

数的发展历史的介绍，帮助学生建立对数的完整的认识，促使学生了解数学文化之精深和美丽。数的扩充的介绍可以进一步激发学生学习数、学习数学的欲望。位值制的介绍渗透了规则的重要，正是有了不同的位值制，才有了各具特色的记数系统。

《看日历》

——三年级 任莉

教学目标

知识目标：结合生活经验，认识年、月、日，了解它们之间的关系；知道大月、小月、平年、闰年，能初步判断平年、闰年。

能力目标：在回顾、整理、观察活动中，能发现一些简单的规律，发展观察、判断和推理能力。

情感目标：经历与他人合作交流解决问题的过程，能倾听别人的意见，感受数学学习的快乐。

教学重点：认识时间单位年、月、日，了解它们之间的关系；积累"整理、观察、发现"的数学活动经验。

教学难点：掌握有关年、月、日的知识，发展时间观念。

教学过程

一、暴露原有经验（回顾生活经验，挖掘知识困惑）

你知道什么时间单位？它们之间有什么关系？学生归纳出时、分、秒、日、周、月、年、世纪等时间单位。

观察它们之间的关系，你发现哪个不变，哪个变？学生发现其他时间单位之间关系不变，月与日之间关系变化。

小结：师板书，并贴上问号，这节课我们就研究月和日的关系这个问题。

【设计意图】暴露学生原有经验，唤醒学生头脑中各种关于时间的经验，引导学生发现日和月之间的关系不是唯一的，是在变化的，其他的时间关系都是唯一的。学生对于月与日之间的关系是不太清晰的，从一开始对时间知识的回顾，聚焦到对日与月关系的研究，层层推进，指向本节课探究的目标。

二、碰撞生成经验（观察日历信息，探究内在规律）

1. 确定探究方法。

基于学生的困惑，提出问题：怎么研究月和日的关系这个问题？

学生接触过日历，有看日历的经验，用观察日历的方法来探究月和日的关系问题。

2. 探究活动准备。

探究活动：两名同学结成一个小组，给每组同学提供一张一年的日历、一张记录表，一支记号笔（颜色深、笔迹粗，有利于学生后面观察）。为了保证数据的多样性，准备了2009～2017年的日历，随机发放。

3. 开展探究活动。

明确要求：

（1）两人一小组，观察日历卡。

（2）把日历卡中各月份的天数记录在表格中。

学生在记录时，教师巡视，让写不同年份的同学把记录单贴到黑板上。贴的过程中不按照年的顺序贴而是随机贴，只有最上面记录单的1月、2月……月份的标识露在外面，其他的记录单把月份压起来，这样最后呈现的效果有利于学生的观察，减少干扰。

月份	1月	2月	3月	4月	5月	6月	7月	8月	9月	10月	11月	12月
2016 天数	31	29	31	30	31	30	31	31	30	31	30	31
2010 天数	31	28	31	30	31	30	31	31	30	31	30	31
2015 天数	31	28	31	30	31	30	31	31	30	31	30	31
2011 天数	31	28	31	30	31	30	31	31	30	31	30	31
2009 天数	31	28	31	30	31	30	31	31	30	31	30	31
2012 天数	31	29	31	30	31	30	31	31	30	31	30	31
2013 天数	31	28	31	30	31	30	31	31	30	31	30	31
2014 天数	31	28	31	30	31	30	31	31	30	31	30	31

【设计意图】结合学生观察日历的生活经验，初步渗透一种数学研究基本方法——"资料研究法"。通过选择不同年份的日历卡，引导学生结合日历经历观察、分析、整理、归纳、组内交流的全过程，初步感悟哪几个月有31天、30天、29天、28天。仅仅从一年的日历无法确定哪个月是31天、哪个月是30天。对不同年份的日历进行探究，观察的数据量要足够大，才能在后面的交流中发现规律。在组内交流的基础上，在黑板上汇总信息。

三、提升再生经验（整理课堂生成，积累活动经验）

组织学生整理课堂生成，在讨论中提升再生经验。

活动要求：

（1）安静地观察表格，你发现什么？

（2）小组内两名同学交流自己的发现。

（3）全班交流。

学生观察表格，两名学生为一组，交流发现。

全班交流中，教师引导学生观察表格哪里相同，哪里不同，提示同学有序观察、有序表达。

1. 探究大月。

学生发现横着看每排（也就是每年的各月天数）都不相同，一直在变化。

竖着看，学生首先发现1月、3月、5月、7月、8月、10月、12月都是31天。这些月的天数在每年都固定不变，都是31天，叫作大月。

（板书：大月 31天）

2. 探究小月。

教师进一步引导：怎么还有30天呢？

在发现31天的基础上，学生发现4月、6月、9月、11月都是30天，这些月的天数在不同年份也是固定不变的，都是30天，叫作小月。

（板书：小月 30天）

3. 探究特殊月2月。

（1）无序观察。

关于月与日的关系问题，还有一个重要的2月没有研究。

观察表格，学生发现并汇报：2月的天数有时是28天，有时是29天，28天的多，29天的少，2月天数总是在变化。

（2）调整记录单。

读一读每年2月天数：2016年2月，29天；2010年2月，28天；2015年2月，28天……读的过程中出现一个问题：没有按照年份排列，所以2月天数显得杂乱无章，要想发现2月天数的规律应该按照年份顺序重新有序排列，然后再观察。

学生到黑板前对记录单进行调整，按照年份由小到大进行重新排序。调整记录单是一个从无序观察和思考走向有序观察和思考的过程。

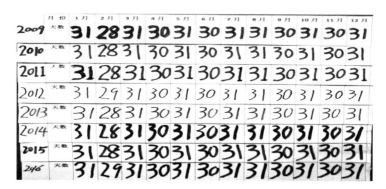

（3）有序观察。

观察重新排序后的记录单，学生汇报：发现2月还是28天多，29天少，但是有28天，28天，28天，29天的规律，也就是2月一般是28天，每隔3年出现一次29天，这个规律是不变的。

2月有28天时叫平月，这一年叫平年；2月有29天时叫闰月，这一年叫闰年。

（板书：2月 28天 平月 平年
　　　　　29天 闰月 闰年）

（4）验证发现。

利用这个规律来判断2018年的2月有多少天？（28天），下一个闰年是哪一年（2020年），再下一个闰年是哪一年（2024年）。

学生判断后结合教师手中的日历资料，对结果予以验证，按规律推测的结果与实际相符合。学生经历一个从特殊到一般、一般再到特殊的过程。

月日的关系问题全部解决，小问号变成小笑脸。

【设计意图】每月天数记录表为学生认知的进一步生成创设了一个探究的空间，随着学生的汇报，学生从中发现一些规律，进一步认识了年月日的知识。学生经历不断观察、思考、归纳、分析的过程，也是学生的认知不断建构的过程。关于2月的天数，学生一下子很难说清楚。组织全班同学共同汇总不同年份2月的天数，就是一个数据分析的过程。学生基于丰富的数据信息汇报所发现的变化中不变的规律。活动有利于提高学生的观察能力、判断能力、推理能力，有利于培养学生严谨的有序观察与思考的习惯。

4. 大小月的规律。

找了解儿歌记忆法和拳头记忆法的同学介绍，教师补充。

（1）儿歌记忆法：

一三五七八十腊（12月），

三十一天永不差，

四六九冬（11月）三十日，

平年二月二十八，

闰年二月把一加。

（2）拳头记忆法：

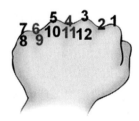

（3）大月出现的规律：

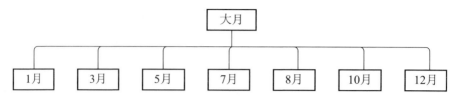

学生通过观察归纳：7月前（包括7月）单月是大月，7月后是双月是大月。

【设计意图】 利用思维导图形式梳理每月天数，对一年中每月天数进行分类列举，强化了学生对上个教学环节中的大月、小月、平闰年天数的理解；观察、分析、发现大月天数有助于学生的识记。

5.感悟年月日的时间长短。

什么是一个月？（一个月有多长？）什么是一年？（一年有多长？）用你经历的事情来度量一下一个月有多长，一年有多长。

学生提取生活经验，教师适时引导。

上一次过年放鞭炮到今年过年放鞭炮是一年。

两次过生日中间是一年。

5月1日到6月1日是一个月，寒假长1个月。

【设计意图】 借助学生身边熟悉的生活事件，让抽象的"时间"和形象的"事件"联系起来，使无形变有形，抽象变形象，帮助学生发展时间观念。

6.数学文化介绍"为什么每个月不一样？"

在古埃及，把一年分为泛滥季、播种季、收获季，把一季分为4个月，每月30天，年末的最后5天作为庆祝节日。

后来罗马统帅儒略·凯撒重新制定历法，由于他出生在7月，为了表示他的伟大，决定将7月改为"儒略月"，连同所有的单月都规定为31天，双月为30天。这样一年多出一天，2月是古罗马处死犯人的月份，为了减少处死的人数，将2月减少1天，为29天。

凯撒的继承人奥古斯都生在8月，他仿照凯撒的做法，把8月增加了1天，定为"奥古斯都月"，并把10月、12月也改为31天，将9月、11月改为30天。全年又多出了1天，他又从2月减少了1天，于是2月变成了28天，到闰年才29天。

这样沿袭下来，7月前单月为大月，7月后双月为大月，2月有28天。

各月天数不一样，原来是人为的规定。

【设计意图】数学文化帮助学生了解每月天数变化的由来，呼应课堂初始学生心中的疑惑，拓展学生的视野。

四、运用新的经验（延伸问题解决，发展时间观念）

明明的爸爸经常出差，有一次他连续出差了 2 个月，请问明明的爸爸出差了多少天？

1. 独立观察。

学生运用本节课堂生成的年月日知识和时间知识网络，通过从 12 个月中寻找连续的 2 个月的总天数，来辨析不同的月份累加得到不同的结果。

2. 小组交流。

3. 学生汇报。

有不同可能，可能是 59 天，可能是 60 天，可能是 61 天，还可能是 62 天。

59 天：平年的 1 月和 2 月，平年的 2 月和 3 月。

60 天：闰年的 1 月和 2 月，闰年的 2 月和 3 月。

61 天：3 月和 4 月、4 月和 5 月、5 月和 6 月、6 月和 7 月、8 月和 9 月、9 月和 10 月、10 月和 11 月、11 月和 12 月。这两个月分别是一个大月和一个小月。

62 天：7 月和 8 月、12 月和 1 月，也就是连续两个大月。

【设计意图】通过从 12 个月中寻找连续的 2 个月的总天数，明确不同的月份累加得到不同的结果。活动有效加深了学生对月、日两者关系的理解，进一步建构时间知识网络，并提升了学生的思维，有助于学生感受到数学学习的乐趣。

五、课堂总结

你们这节课学到了什么？关于时间的知识，还想了解什么？

结束语：时间里面有很多规律，也有很多内容等待我们去研究，希望你们能够提出更多的问题，研究更多的问题，也去解决更多的问题。

【设计意图】引导学生归纳所学知识，培养学生不断提出问题、解决问题的数学学习习惯，激发学生对时间知识的探究热情，为后面的学习打下基础。

教学反思

在变化中寻找不变的本质

1. 立足学生的经验，在知识体系中发现变化的关系。

《看日历》是北师大版数学三年级上册第七单元教学内容，本单元属于数与代数领域"常见的量"中的内容。时间单位是抽象的计量单位，是小学数学"量与计量"六大体系中特殊的一个。大到重要节假日、小到自己的生日，学生每天都在体验、运用时间单位，已经积累了相关的生活经验。要充分挖掘学生已有的有关年月日的知识，暴露学生原有知识的不准确性、不系统性。

在"暴露原有经验"环节中，给学生创设了自由表达的空间，让学生说一说"自己了解的时间单位，它们之间有什么关系？"学生调动原有知识经验，归纳出了60秒是1分，60分是1小时，24时是1天，7天是1周，四周是1月，12个月是1年，100年是1世纪，1个月有28天、29天或30天、31天，梳理了比较完整的时间体系。

通过提问激活学生脑海中各种关于时间的经验，比如日、时、分、秒的知识来自学生的学习经验，而月、年、世纪的相关知识则来自学生的生活经验。在发言中，学生的困惑点逐渐明晰：其他相邻时间单位的关系都是确定的，而月与日的关系却是不确定的。

2. 立足学生的探究，在资料研究中探究变化的规律。

基于学生的困惑，采用资料研究法让学生开展探究活动。两名同学结成一个小组，然后给每组同学提供了一张一年的日历、一张记录表，一只记号笔。为了保证数据的多样性，教师准备了2009～2017年的日历，随机发放。

探究活动明确要求：

（1）两人一小组，观察日历卡。

（2）把日历卡上各月份的天数记录在表格中。

学生在记录时，教师巡视，让写的不同年份的同学把记录单贴到黑板上。

为什么让学生把记录单贴到黑板上呢？仅仅从一年的日历很难确定哪个月是31天、哪个月是30天，这是一个特殊现象，不能推出规律。要有一个用不同年份探究的过程，有一定数量的积累，才能经历从特殊到一般的认知过程。

在探究和交流活动中学生观察发现日历中大月有 31 天,小月有 30 天,天数虽有变化,但大月的 7 个月和小月的 4 个月是固定不变的。2 月的天数会发生变化,但每四年出现一次 29 天的规律是固定不变的。在"变"与"不变"的辨析中,大月、小月、平年、闰年的规律逐渐清晰。

3. 立足学生的思维,在问题解决中明晰变化的本质。

在教学中要立足和尊重学生的思维,给予学生思考和发现的大空间。关注学生的思维过程是教学的关键。在拓展提高活动中,潜移默化渗透思维的多样性,提倡问题的多角度思考,有助于培养学生发散性思维。学生运用本节课生成的年月日知识和时间知识网络,通过从 12 个月中寻找连续的 2 个月的总天数,辨析不同的月份累加得到的结果是不同的,有效加深了学生对年、月、日关系的理解,调动了学生的思维,进一步发展了学生的时间观念。

本节课四个环节——暴露原有经验、碰撞生成经验、提升再生经验、运用新的经验,层层递进,把最核心的知识和经验通过探讨、交流的活动过程逐渐呈现。四个环节,让模糊的知识变得清晰,让片面的知识变得完善,让错误的知识变得正确,让零散的知识变得结构化。

《三位数减法练习课》

——二年级　杨美洁

教学目标

知识目标：通过大量练习，使学生能够正确、熟练地进行三位数减法的计算，并认识三位数数字黑洞"495"。

能力目标：通过本课，提高学生发现规律和提出问题的能力，使学生初步感悟猜想、验证、尝试等探究方法，培养学生主动探索数学问题、发现规律的意识。通过独立计算、小组观察和讨论、教师总结等环节，培养学生使用猜想、验证、尝试的方法去探究数学问题的能力。

情感目标：通过本课，让学生体验探索数学和合作学习的乐趣，充分感受数学的神奇与魅力，增强学生学习数学的勇气和解决数学问题的自信心。

教学重点：通过做大量的练习去复习和巩固三位数减三位数的计算方法，引导学生使用猜想、验证、尝试的方法去探究数学问题。

教学难点：培养学生使用猜想、验证、尝试的方法去探究数学问题的能力，并在一定的题量的基础上，提升数学思维含量，激发起学生学习、探究数学的兴趣，进而提升学生自主练习的积极性。

教学过程

一、课前活动

1.教师：数字城堡是智慧老人的家，有一道带着锁的大门。同学们，你们可以根据提示信息，打开它吗？来试一试吧！

11. 数字城堡是智慧老人的家,有两道带密码锁的大门。你能打开它们吗?算一算,说一说。

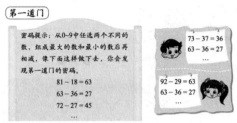

2. 教师小结:学生根据提示信息,任选两个不同的数字组成最大数和最小数,然后做两位数减两位数的减法,一直按照这样的规则进行下去,准确地计算就能够得到这座大门的密码"9"。

【设计意图】此环节的设计目的是让学生在解大门密码的过程中,初步感悟猜想、验证、尝试等探究方法。此环节的设计还能够复习两位数减两位数的计算方法和计算原理,以及前面所学的"神奇的数字9"的知识。此环节的设计需要学生小组讨论,合作探究学习。

二、创设情景,提出问题,进入主题

1. 教师:"六一"儿童节,爸爸想带佩奇来北京参观世博园,于是就送给了佩奇一个带有三位数密码锁的密码旅行箱,佩奇很喜欢这个漂亮的密码箱,想立马就给它设个密码。可是这时佩奇犯了难,她怕自己忘记了密码。爸爸说:"不用怕,我来帮你,我们玩个有意思的小游戏,你只要按照我的指示,你就知道用什么做密码即使忘记了也不用怕。"同学们,你们想不想知道什么游戏有这样的魅力?我们和佩奇一起来玩这个游戏好不好?

【设计意图】在本节课伊始,创设了一个接近学生生活的教学情境以激发学生的学习兴趣,同时提出了一个问题:如何给旅行箱设一个不怕忘记的三位数密码?这个问题的提出既是为本节课要做的计算练习做铺垫,同时也是为接下来学生使用探究方法和小组讨论及合作探究学习做好准备。

三、练习计算,自主探索,发现规律

链条一:学生独立计算,思考,暴露、激活原有经验。

1. 课件呈现主题图：

2. 教师提问：你们看看这个密码箱上的密码是由几位数字组成的？（展示密码锁图片）

3. 教师：同学们，请在你的学习单上写出三个不同的数字。说说你写的是什么数字。

预设学生回答1：我写的是1，2，3。

预设学生回答2：我写的是1，0，3。

教师提问：可以吧？有同学写的是：3，6，12，这样写行不行？

预设学生回答：不行。

教师提问：为什么不行？

预设学生回答：12是由两个数字组成的，这样就是四个不同的数字了。

（若学生回答不出来，则改为教师总结）

4. 教师提问：我们一起来看看佩奇写的数字，他写的数字是4，7，5。佩奇的爸爸接着说：你用这三个数字，组成一个最大数。大家一起说说这几个数字组成的最大数是多少？最小数是多少？

预设学生回答：754，457。

教师总结：组成最大数就是把三个数字按照从大到小排序，组成最小的数就是把三个数字按照从小到大排序。

教师：然后用最大数减最小数，我们一起来算一算（一起说）。得到的结果是不是又是三个不同的数，2，9，7，是不是又能组成最大的数和最小的数，再用这两个数相减，是不是又能得到三个不同的数呀？那我们是不是一直写下去呀？我们来试试（教师演示竖式减法）。大家看明白这个规则了吗？这是个什么样的规则？

预设学生回答：这个规则就是写三个不同的数字，然后组成最大数、最小数，然后再相减，得到新的三位数，再把这三个数字组成最大数、最小数，一直这样做下去……（若学生回答不出来，则改为教师总结）

请同学们按照这样的规则，把你所写的那三个数字所组成的数，一步一步地计算下去。咱们来比一比，看谁在规定时间内写的算式又准确又多，又快又好。选一个同学在黑板上写。

【设计意图】 此环节的设计既暴露了学生原有的计算习惯、经验，同时又为激活学生的新经验做了铺垫。但学生由于自身已有知识、经验的局限，在做计算活动时，常表现为照本宣科，浅尝辄止，通常学生会一直算下去，而并不在乎写的式子是不是已经存在了。解决这个问题需要教师适时的引导，让学生意识到"回头看"的重要性，进而为发现"神奇的495"埋下伏笔。

链条二：学生小组合作，交流、碰撞发现问题。

1. 教师引导：同学们，我们一起来检查黑板上的算式。

教师选一个同学的进行展示。

预设展示学生的情况：最后有重复的竖式。

若无此情况，教师可设计一个这样的情形。

2. 教师提问：

（1）他选的是哪三个数字？

（2）我们来检查检查他算得对不对。

（3）后面这些重复的竖式有没有必要一直写呢？

同学们，你们在计算的过程中，遇到了哪些问题？

预设学生回答：算了半天，就是那几个数字，来来回回的。

教师：大家都是这样吗？

预设学生回答：对，都这样。

教师：这些同学非常好，他们没有重复写一个算式，很好，他们思考了，我们给他们鼓鼓掌！

教师引导：同学们，我们想想，为什么会写重复呢，是因为只顾着低头往后算，却没有抬头往回看，所以才白费了力气。有时候，我们不能只是低头走路，还要抬起头看看，回过头看看。老师想告诉大家一句话。（板书：千金难买回头看）

我们一起来读一下这句话。谁来说说这句话的意思？

预设学生回答：千万两黄金都买不来回头看看。

教师：他说的真对。这说明回头看看太有价值了。

3.教师提问：你们刚才为什么都停笔不写了？

预设学生回答：总是495！

教师：我们也来回头看看，请大家两人一组，互相交流讨论一下，说说你们的发现。

预设学生回答：我觉得每位同学写的数字不一样，但算出的结果却都一样，都是495。

若学生不能说出来，可以适当加以引导。

【设计意图】学生已经经历了独立计算的过程，特定情境下原有的经验已经被激活。此时，有的学生能够正确地发现这一数学现象，有的学生则不能，有的学生想把自己认为正确的方法介绍给大家，有的学生存在困惑想向别人请教。此环节既给学生自主交流的空间，达到学生间互相检查、相互督促发现数学问题的目的，同时还能够培养学生遇到自己不能解决的问题时，要寻求与同伴合作的意识和能力。

链条三：教师引导梳理、归纳、积累再生经验。

1.教师提问：同学们，你们都得到495了吗？你用了哪几个数字，用了几步算出来的？

学生会有个性化的回答。

教师提问：同学们，我们回头看看这些算式，你有什么发现吗？

预设学生回答：我发现每个算式中得数中间都是9。

教师提问：同学们都认可有这样的规律吗，得数的十位数都是9。为什么？

预设学生回答：被减数和减数中间的数字都是一样的。

预设学生回答：被减数的个位一定比减数的个位小。

预设学生回答：三个不同的数字，组成最大的和最小的数，被减数的个位一定是减数的百位，所以被减数的个位一定比减数的个位小，并且他们中间的数又相同，个位不够减，向前一位借一。像14-5=9，13-4=9，那么差的中间都得9。

预设学生回答：我还有与他相关的问题。我猜想被减数和减数的数字中间不能有0。

教师提问：有哪位同学在举例时，三个不同的数字选到0了？（有位同学选的是9，0，1）

展示练习本：901-109=792，972-279=493，943-349=594，954-459=495

教师提问：他的结果也是495。刚才那位同学是怎么猜想的？

预设学生回答：刚才我说的可能不够严谨。我是说个位不能有0。

教师提问：我们一起来看看，刚才那位同学所举的例子。他所举的数901是不是最大的数？

预设学生回答：不是。

教师提问：最大的数应该是910，那么最小的数呢？最小的数可以是109，019也是可以的，这两个数老师都算过，都是可以的。但我们现在的问题是，他这里写错了，为什么还可以得到495呢？

预设学生回答：他的列式中间数都是0，所以他也算出495。

预设学生回答：被减数个位数比减数个位小，十位是一样的，所以也得出了495。

若学生不能发现这样的规律，那么教师就应当引导学生发现，但是教学重点环节是学生们自主思考，讨论为什么有这样的规律。

2. 教师总结：通过计算和观察，我们发现：

（1）虽然我们选的数字不同，但最后一个算式的结果是495；

（2）前一个算式的结果是594；

（3）再前一个算式的结果是693。

【设计意图】在探究数字黑洞"495"时，通过教学情景设计，引导学生迫切地想要知道答案，让他们进入一种火热的思考状态。这时，我们再对所写的一系列算式加以探究。通过"回头看"，运用猜想、验证、对比等方法，帮助学生找到不同算式之间的联系和区别，加深学生对于关键问题和难点问题的理解。

链条四：学生自主总结，发现、积累更新经验。

教师：下面小组交流一下，在计算多位数减法时，要特别注意什么？

预设学生回答1：相同数位对齐。

预设学生回答2：从个位算起。

预设学生回答3：退位减时不要忘记退位点。

【设计意图】数字黑洞495仅仅是本课的一个重要线索，练习课最终的落点还是在于巩固旧知识，设计这样一个环节，一方面缓解学生们长时间思考的疲劳，另一方面也是真正点破这个神奇现象的根本，那就是减法借一当十的算理。

四、总结延伸，拓展思维

1. 大家知道黑洞吗？它是一种质量很大的天体，最小的也有太阳的几十倍！其实，"495"这个神奇的数还有一个名字，就是"数字黑洞"。

2. 通过这节课，我们已经了解了三位数数字黑洞，请同学们再想一想，有4位数的数字黑洞吗？有5位、6位的吗？这些问题就留给同学们课下思考。

【设计意图】这节课我们探究了三位数数字黑洞495，但是数学问题不是单一的，它是延展的，我提出了新的问题，意在让学生迁移今天课堂所练习的减法的计算方法，进一步训练学生的思维方式，使他们能真正将所练应用到日后的学习中。

教学反思

"千金难买回头看"
—— 数学练习课的三个教学关键点

1. "教学目标"为数学练习课指明方向。

"神奇的495"是北师大版二年级下册教材第五单元"加与减"练习四中的第11题，这一素材结合充满数学奥秘且有趣的数字黑洞的活动，帮助学生进一步巩固三位数减法的计算，感受数学的魅力与神奇，激发学生学习数学的兴趣，增强学生学习数学的信心。

基于这一素材的背景，我制定了本节课的知识目标、能力目标、情感目标。以上三方面教学目标都指向学生猜想、验证、尝试的数学方法的经验积累。知识上指向三位数减法的运算算理，以及对数字黑洞"495的认识"；能力上指向让学生在设计的活动中体会猜想、验证、尝试的数学探究方法；情感、态度、价值观着眼于让学生体验数学的神奇与奥妙，意在提高数学学习的兴趣和培养数学思维。

2. 链条结构让数学练习课"教学过程"层层深入。

为了在教学中帮助学生做减法练习并且积累数学活动的经验，我在教学活动上设计了四个链条。链条一：学生独立计算，思考，暴露、激活原有经验。链条二：学生小组合作，交流、碰撞发现问题。链条三：教师引导梳理，归纳、积累再生经验。链条四：学生自主总结，发现、积累更新经验。在本节课中，链条一是指呈现问题情境，让学生独立做计算练习，调动学生三位数减法的运算经验。链条二是指通过学生与学生之间的交流、分享，使学生自主发现数字黑洞这一神奇的数学现象，从而让学生在原有的经验基础上都有新的经验生长出来、积累起来。链条三是指通过教师引导学生"回头看"，运用对比的方法，帮助学生找到不同算式之间的联系和区别，发现规律，从而将学生的感性经验提升为理性经验。链条四是学生自主总结算理，新的经验进一步得到提升。

3."教学策略"为数学练习课增添光彩。

（1）情境设计成就"火热的练习课课堂"。

练习课的价值在于巩固所学的知识，形成一定的技能，发展学生的思维，激发起他们进一步学习的兴趣。因此，一节练习课肯定需要一定量的练习。可是，衡量一节练习课上得怎样就是看练习题的数量吗？要真是那样，"熟能生巧"的同时也就"熟能生厌"了。那么，练习课的质量究竟取决于什么？在一定题量上，关键看思维的含量，看学生自主练习的积极性。因此，我想，数学教学中的练习不能仅仅关注"熟能生巧"，而更多地要设计"急中生智"。要让学生在情境中解决问题，迫切地想要知道问题的答案，在解决问题的过程中运用所学的知识和技能，催生智慧，激发出爱数学的情感。我们老师所需要修炼的功夫，是艺术地把学生带入情境之中。

在教学策略上，我不是直接给学生布置练习题，而是设计了一个情境，让学生自主做练习，自主探究。数学问题多种多样，解决数学问题的关键在于数学思维的训练。教师必须以学习者的角色去读懂学生。只有知道什么知识是学生所需要的，才能为学生提供他们所需要的知识；只有了解学生学习的最佳方式，才能找到最佳的教学方式。数学不仅仅是科学的皇后，还是人类的一种文化，然而这种文化的传承在表面上是符号、公式、定理和抽象的证明，尽管魅力无穷，却也让人感觉触不可及，是一种"冰冷的美丽"。我们的数学教学，除了解决生活中的实际问题，还应当引导学生自主探究、猜想、验证数学规律，将课本上"冰冷的美丽"转化成课堂上"火热的思考"。

（2）"超越一节练习课之外"。

其实，二年级上册的教材中在100以内数的减法的单元练习中曾经出现过"神奇的9"的素材（如下图）。

在上册的教学过程中，我们只是将它作为一个需要练习或者思考的题目进行处理，并没有做深入的讲解与探究，教参中也明确指出："这是一道拓展题，不要对全班做统一要求。"

但是，在二年级下册的课本里，这道题目却成了一个基础的铺垫素材，并明确提出对于三位数数字黑洞495的教学建议。那么，如何衔接好不同年龄段面对同一素材之间的不同要求，这是一名数学老师应当思考的问题，也是需要花大功夫去解决的问题。

作为一名数学教师，我切实的体会是，数学课不同的课型所起到的作用是不可替代、同等重要的，所以我们应当对每一种课型做合理的设计，安排合适的课时。更多的时候，我们老师会把关注点放在新授课上，在公开课的安排中，新授课占比不少。老师们聚焦新授课，不断研究，对于教学水平的提高，教学方式多样化的改进，以及教学工具的开发的确是有益的。但是，有时候教师在新授课上不但要讲新知识，还要做习题，甚至更进一步，要做思维训练，这就未免有些"增长过速""负担过重"了。作为一名数学教育工作者，我认识到了这样的问题。

之所以设计这样的一堂课，是因为我深深地觉得，对于学习数学的人来讲，任何时候，他都需要具备探究能力，而在我们的教学中，应当渗透给学生这样的一种学习数学、研究数学的方法。所以，我以书本中所给的数字黑洞的素材作为贯穿这节数学课的大线索，意在通过素材情景的引入，培养学生们一种主动探究的思维方式，在这样的方式下做练习也就不那么枯燥无趣了。而且，从长远角度来讲，三位数减法的巩固练习也为后续多位数减法的学习打下坚实的基础。

　　未来科学奖获奖者、当代著名数学家许晨阳说，数学研究不仅仅只是一个职业，而是和人性结合在一块。学数学可以增长人的勇气，让人不再害怕遇到的各种问题。我由衷地崇敬许老师，也真切地觉得无论是学生学习数学，还是老师教授数学，除去学习新知识以外，还有能力、思维上的训练与提高，后者的实践并非一蹴而就，而是通过时间慢慢训练出来的。思维和能力的提高不仅能使学生的知识结构更加清晰、有逻辑，更能提升学生的综合素质。通过对数字黑洞495的探究，学生们收获了新知识，更收获了一种思考问题的角度（猜想、探究、验证）。这节课不仅仅是一节练习课，同学们所获得的延展超越了这节课本身。

《淘气的作息时间》

——二年级　郭慧敏

教学目标

知识目标：通过对吃饭时间的计算，使学生在认识时、分、秒时间单位的基础上，体会时间与经过时间两者之间的区别、联系，会根据钟面得出简单的经过时间。

能力目标：通过对淘气吃饭时间的计算，使学生体会时间的计算方法及方式的多样性，培养学生运用多种方法解决问题的意识。通过观察、讨论、合作学习等活动，培养学生学会用多种思路、多种方法解决实际问题的能力。

情感目标：通过探究活动，使学生体验探索和合作的乐趣，充分感受数学与生活的密切联系，培养学生用多种思路方法解决问题的思维习惯。通过对经过时间的求解，发展学生的时间观念，逐步形成遵守作息时间的好习惯。

教学重点：掌握经过时间的多种求法，能正确计算经过时间，并能解决实际问题。

教学难点：正确计算经过时间，体会解决方法之间的联系，明确时间与经过时间的区别、联系，发展时间观念。

教学过程

一、复习旧知，导入新课

1. 出示课件：

> 拨一拨，填一填。
> 钟面上有___个大格，___个小格。
> 时针走1大格是___时。
> 分针走1小格是___分，走1大格是___分。
> 时针走1大格，分针正好走___圈。
>
> 1时=___分

2. 学生利用时钟边操作边讲解，复习时分秒知识点。

【设计意图】这些知识点是本单元第1课的学习内容,每节课让学生将这些内容进行复习,可以增加知识的复现率,使知识滚动起来,有利于学生的巩固与识记。时间内容具有抽象性,学生掌握起来有难度,课前复习,有了这些基础,学生便能更好地探索经过时间的求法。

二、自主探索,探究解法

链条一:学生独立思考,暴露原有经验。

1. 课件呈现主题图:

●淘气吃早餐用了多长时间?

2. 通过看图你知道了哪些信息?

3. 你认为关于淘气吃早餐用了多长时间这个问题,哪个内容对于解决此问题来说非常重要,需要提示同学们注意?

预设学生会提出的重要信息:

(1)图中的两个时钟上的时间要认读准确,注意时针、分针所指的数字和位置。

(2)想要知道淘气吃早餐用了多长时间就需要知道时间变化了多少。

(3)想要知道经过时间就要弄清楚时针、分针是如何变化的。

4. 关于此问题的信息,我们就先了解到这,相信有了大家的提示,同学们对这个问题有了更深的了解。接下来请同学们试着独立分析解答此题目,课件出示活动要求:

(1)完成学习单①上的内容。

(2)在学习单②上把你的解决方法,用你喜欢的方式(画一画或写一写……)表示出来。

（3）过程清晰，字迹清楚。

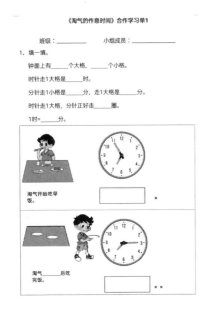

为了方便你们探索经过时间的求法，老师为你们准备了钟表，可以先拨一拨，找到关键点再去写一写或画一画。

教师巡视，发现学生在独立解决此问题过程中的优点和不足，但此过程教师不予解答。

【设计意图】 在此环节中，重点是要学生暴露出原有的知识经验，教学设计时安排学生先进行钟表认读，复习旧知，同时对题目进行梳理，提出数学问题。这样的设计既暴露了学生的原有基础，同时又为后续的学生活动和学习新经验做铺垫。准确读出淘气开始吃早餐的时间和吃完的时间是活动的基础，是合作讨论得以进行的前提。学生在之前课程的基础上，对时间的认读方面问题不大，根据数学信息提出有价值的数学问题也没有问题。但经过时间的求法是本节课的重点和难点，也是学生容易出问题的地方。而解决这个问题需要教师适时引导，通过钟表实物来寻找更多的解决方法，能使学生更好地理解抽象的时间。

链条二：学生小组合作，碰撞生成经验。

1. 刚才同学们用自己喜欢的方式，独立对问题进行了分析和解答，接下来就请同学们两人一组在组内交流分享你的解题方法。

课件出示小组活动要求：

（1）轮流发言，说清自己的方法，让同伴听懂，倾听者认真听。

（2）观察方法之间有什么联系。

（3）小组共同决定一种方法进行班级分享。

教师巡视，发现并回应、解答学生在合作过程中遇到的问题。（学生如有问题，教师巡视时给予解答，适当引导）

【设计意图】此时学生已经经历了独立思考解决问题的过程，对于经过时间的求法，原有经验已经暴露出来。此时学生有的已经可以用画一画和写一写的方式解决问题，有的还不能用多种方式，甚至有的学生还没有想法。此环节的设计可以让学生有自主交流的空间，培养合作学习的能力和意识。

2. 刚才同学们已经在组内分享了自己对经过时间的解决方法，接下来请每个组准备全班汇报，课件出示汇报要求：

（1）将你们小组的方法画或写在汇报板上，要求展示一种方法。

（2）讲清你们小组的方法和其他小组方法之间的联系。

（3）一人汇报，一人操作或随时记录。

（4）发言者声音洪亮，倾听者认真倾听。

（5）如果有疑惑或补充建议，要在汇报结束之后举手提出。

教师巡视，发现并回应、解答学生在记录汇报板时遇到的问题。

【设计意图】在探究经过时间的方法时，让学生用自己喜欢的方式（画一画或写一写、算一算）来记录过程。每个学生至少写出一种方法，小组交流时将双方想法互相沟通，达到了进一步学习的目的，即二次学习。梳理自己小组的方法，并决定将一种进行分享，将方法呈现在汇报板上，这是三次学习。在全班分享时学生在脑海中已经将知识循环了三次，对课程内容有了一个更深刻的理解和记忆。

链条三：学生班级汇报，积累再生经验。

刚才同学们已经在组内分享介绍了自己的解决方法，各小组也认真地准备了要全班分享的内容，接下来就请同学们进行汇报。

展示小组汇报板，教师辅助进行板书或讲解。

学生汇报1：

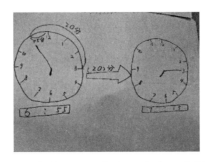

学生：我用画图的方式将分针的变化表示出来，分针从指向11到指向3，中间经过了4个大格。分针走4个大格是20分钟。所以淘气吃早餐用了20分钟。

学生汇报2：

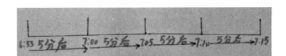

学生：可以以5分钟为一次变化来看。从6时55分到整时7时需要5分钟，从7时开始5分钟后是7时05分，从7时05分开始5分钟之后是7时10分，从7时10分开始5分钟之后是7时15分，加起来就是20分钟，可以利用之前学过的数线图表示。所以淘气吃早餐用了20分钟。数线图不仅可以表示数之间的关系和变化，同样也可以表示时间的关系和变化。

教师：这种方法其实就是把第一种方法拉直，把钟表上的一圈数和格子拿下来，拉成直线，然后进行计算。钟表图的时间是有时针、分针指示的，而数线图表示时刻只需要找出一个点即可。

学生汇报3：

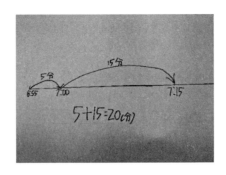

学生：利用数线图计算时间还可以这样，因为第一个时间是 6 时 55 分，第二个时间是 7 时 15 分，属于跨时的情况，所以我们先找到整时，让时间先经过整时，之后过了多少分再加就是了。也就是说，从 6 时 55 分先到整时 7 时，是 5 分钟，然后从 7 时到 7 时 15 分，是 15 分钟，加起来一共是 20 分。所以淘气吃早餐用了 20 分钟。

教师：这个方法其实就是"凑整法"，与上一个数线图不一样的是在时间的变化上，上一个是 5 分钟一次，这个是先找整时，再加剩下的分钟。与第一种方法之间，其实就是把钟表盘变直。

学生汇报 4：

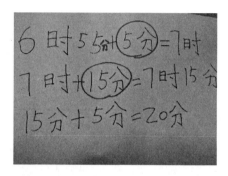

学生：这种方法和第三种方法一样，都是先找到整时，然后再加剩下的分钟，只是这个方法只需要直接列式思考即可。

学生汇报 5：

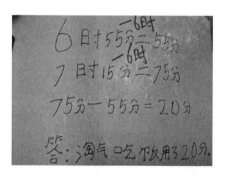

学生：淘气开始吃饭是在 6 时 55 分，吃完饭是在 7 时 15 分，如果都从 6 时开始的话，那 6 时 55 分就剩下 55 分，7 时 15 分就剩下 1 时 15 分也就是 75 分，用吃完饭的时间减去开始吃的时间就是中间的经过时间，所以 75 分减 55 分等于 20 分。

教师：这种方法是让时间都从一个时刻开始，也就是从6时开始。同样是列式，之前的几种方法都是从开始时间到结束时间，而本组方法是用结束时间减开始时间，剩下的就是经过时间。

小结：淘气吃早餐用了20分钟。我们可以利用画钟表图、画数线图和直接列式的方法解决此问题。同时，有两种思路可以使用，一是从开始时间到结束时间变化了多少，即开始时间加多少等于结束时间；二是从结束时间往回退到开始时间变化了多少，即结束时间减开始时间等于多少。

【设计意图】此环节安排学生进行全班分享，在分享前已经让学生准备好汇报板。学生通过独立思考、小组交流、全班分享，将自主探究的成果在脑海中反复循环三次，有了深刻的印象。此环节重点让学生建立起画钟表法和数线图以及列式这些方法之间的联系，让抽象的时分秒变得更容易理解和记忆。教师在此环节中适时停顿，让学生充分感受各方法之间的相同与不同，重点理解"化曲为直"的思想，为之后计算经过时间打下良好基础。

链条四：学生自主梳理，积累更新经验。

刚才同学们已经将本组的解决方法进行了分享，也讲了本组的方法与其他组方法的联系，即相同与不同。那你能将这些方法分类吗？

1. 学生汇报：按照方法来分类，第一种钟表法为一类，两个数线图为一类，两个列式法为一类。

（教师适时引导，提醒学生除了方法的不同之外，还可以关注思维的顺序）

2. 学生汇报：将钟表法、数线图和第一种列式法分为一类，这些方法是从开始时间到结束时间；将最后一种列式法分为一类，这个方法是从结束时间到开始时间。

【设计意图】本环节意在深化总结归纳意识。总结归纳是一个必不可少的步骤，也是解决问题中重要的思维策略。学生通过分类，可以将方法的呈现方式进行分类，理解"化曲为直"，将数线图和算式与钟表图结合在一起，更好地理解经过时间的求法。学生通过分类，还可以将方法中隐含的思路进行分类，经过时间可以从开始时间到结束时间，也可以从结束时间到开始时间。教师帮助学生理清思维顺序，更好地认识经过时间。

三、总结巩固，拓展思维

到此为止，本节课即将结束，谁来说一说上了本节课之后你们有什么感受？

结束语：今天，我们学习的求淘气吃早餐用了多长时间这个问题是一个如何求经过时间的问题，其实经过时间的计算，只需要想清楚开始时间和结束时间之间的变化时间是多少，这个问题就能迎刃而解。这节课我们用我们的智慧解决了它，而且找到了很多种方法，还找到了几种方法之间的联系，希望同学们以后再遇到问题时也能积极地寻找解决办法。

时间虽然是一个很抽象的东西，看不见摸不着，但是时间是一直不停地走着，它不会等着我们，我们只有不浪费每一分每一秒才能与时间同行，才能走向真正的成功，希望我们都能做懂时间的知心人，珍惜时间。

教学反思

合作学习，积累数学基本活动经验

1. 明确教学目标，为积累数学基本活动经验打下良好基础。

《淘气的作息时间》是北师大版二年级下册"时、分、秒"单元中的第三课时，通过讨论淘气的作息时间，解决其中淘气吃早餐用了多长时间的问题，让学生学会用多种方法解决经过时间问题，体会到时间的宝贵。

基于上述对本节课所要落实的数学基本活动经验的思考，明确了本节课的教学目标，包括知识、能力、情感三方面的目标，意在让学生明确时间与经过时间之间的区别与联系，让学生感受得出"经过时间"的探索过程。

2. 思考层层递进，用"链条结构"积累数学基本活动经验。

在教学中为了帮助学生更好地积累数学基本活动经验，需要设计有条理、结构清晰的教学环节。在本节课中，链条一是指呈现问题情境，让学生独立思考，解决"怎样求经过时间"的问题，调动学生时分秒的认识和关于时间的生活经验。链条二是指通过学习单和钟表等学习工具，小组交流求经过时间的方法，使不同方法的经验互相碰撞，观察方法之间的联系，找到解决方法的共通性，让不同水平的学生在原有的知识基础上都有新经验生成。链条三是指通过学生班级汇报展示交流，教师引导学生学会观察方法之间的联系，帮助学生找到时间与经过时间的区别与联系，找到不同方法之间的区别与联系，将学生自主探究的经验提升层次。链条四是指学生已经找到画钟表图法，数线图法，直接列式的方法来解决经过时间的问题，通过将方法进行分类，引导学生自主梳理、归纳，更新经验，提升经验。

3.一个任务导向，为学生积累数学基本活动经验预留空间。

任务导向就是教学中教师将课程的重难点综合到一个问题或一个任务上呈现出来，而这个问题或任务是学生有能力做到但又需要进一步思考的，这样有助于培养学生思考问题的习惯和能力。

例如在教学"链条二：学生小组合作，碰撞生成经验"时，教师首先给学生一个主要任务，出示活动要求和活动建议，学生按照出示的要求进行活动。学生通过完成任务，积累了活动经验。

4.汇报接力发言，为积累数学基本活动经验提供良好环境。

在数学课堂中，合作交流的互动方式经常使用，但交流之后，学生在脑海中能留下多少又各不相同。有的学生在别人汇报时不认真听讲，往往关键点容易被忽略。面对这种情况，需要教师调整策略和改变学生的意识。本节课，教师尝试让学生在班级汇报环节中采取接力发言的形式，对前一个组的内容进行质疑或补充，大大调动了学生参与的主动性和积极性，效果显著。

小组交流的好处是让学生在独立思考外再一次进行思考，寻找方法之间的联系与区别，而在班级汇报中，学生在听其他组的方法时要同时思考自己的方法与其他方法的区别与联系，以便补充或质疑。本节课，教师关注了学生的呈现方法，考虑到了展示的先后顺序，先直观后抽象，先是钟表图、数线图、再是算式。

此环节的重点是让学生建立起画钟表法和数线图以及列式这些方法之间的联系，让抽象的时分秒变得更容易理解和记忆。教师在此环节中巧妙安排顺序，适时停顿，让学生充分感受方法之间的相同与不同，重点理解"化曲为直"的思想，为之后计算经过时间打下良好基础。

教学中需要让学生亲身经历学习过程，获得最具数学本质的、最具价值的数学基本活动经验。通过合作学习的方式，积累数学基本活动经验，需要经过"独立思考、小组交流、准备汇报、全班分享"的过程。我们的教学目标不能仅限于一节课，应有更长远的眼光，立足于让学生终身受益。

《物高与影长》

—— 六年级 丁凤良

教学目标

知识目标：明确测物高的原理：在同一时刻，同一地点，同一光源的前提下，物高与影长成正比，即 $\frac{杆高}{影长}$ = 比值（一定）。

能力目标：通过杆高与影长的实验，培养学生动手操作的实践能力，小组合作交流总结结论的能力，以及利用结论解决实际问题的能力，加深学生对实验的理解，体会误差产生的原因以及减小误差的方法。

情感目标：使学生体验成功，在体验过程中学会一分为二地看问题，培养学生敢于向习惯思维挑战，敢于向权威提出质疑的思维方式。

教学重点：思维方式的培养、体会误差产生的原因以及减小误差的方法。

教学难点：培养学生敢于向习惯思维挑战，敢于向权威提出质疑的思维方式。

教学用具

扑克牌、蜡烛、橡皮泥托、吸管（每组三根长短不一）、支架、火柴、刻度尺（至少20厘米）、记录表格、正四面体的小模型、计算器、多媒体课件（硬盘或光盘）、卷尺（家用）。

教学过程

课前谈话

师：咱们班有人会玩扑克牌吗？

（学生举手）

师：这么多！那我就请大家思考一个有关扑克牌的问题：一副扑克牌，准备将它垒成塔形，而且垒得越高越好，怎么垒？

（事先每个小组已经准备了一定数量的扑克牌，如果需要的话，可以以组为单位共同来解决）

（小组共同讨论，动手操作）

师：请最先垒出的组介绍他们的想法。

生：把扑克牌折一下，它就可以站住了。

师：现在我非常想知道没有垒成的组是怎么想的？

生：只想到了越垒越高，底层的支架没有垒好。

师：为什么你们没有垒成？原因非常简单：关键是你们没有打破常规思维对你们的束缚，在学习数学的过程中更是如此，只有敢于向常规挑战，才能创造性地解决问题，老师真诚希望同学们能将这种开放的思维方式带到本节课的学习当中，可以吗？好，我们开始上课。

前面我们已经学习了和比例相关的知识，今天我们就来利用比例解决一些实际问题。（板书：比例的应用）

一、创设情境，提出问题

首先，我们一起来看几幅图片，看看这些地方，你们都认识吗？如果认识就请你大声地说出来。

看完这几幅图片之后，你们有什么样的感受呢？我们一起来交流一下。

除了刚才所提到的，你们还有没有想要问的问题呢？（建筑物的高是多少？）

要想测量并得到以上建筑物的高，你们有什么好的办法吗？（测量影长）

不能直接去测量建筑物的高，我们可以换个角度思考问题，转而去测量它们影子的长度，这个同学堪称是本节课中向常规思维挑战的第一人。

二、合作实验，发现规律

为了能使同学们深入地体会物高与影长的变化规律，下面请同学四人一组来共同进行一项实验。

实验要求：请同学充分利用所提供的工具，以组为单位共同探讨"物高与影长"的变化规律，并将其记录在表格中，分析后得出结论。

杆高与影长的统计表

项目 名称	杆的高度（厘米）	影子的长度（厘米）	杆高与影长的比值（保留一位小数）
甲			
乙			
丙			

观察数据后你发现了什么？

学生汇报交流结论，师板书：$\dfrac{杆高_甲}{影长_甲}=\dfrac{杆高_乙}{影长_乙}$

条件：在同一时间、同一地点、同一光源。

三、运用规律，解决问题

在同学们的共同协作下，我们一起得出了"同一时间、同一地点、同一光源，物高与影长的变化规律"，下面就让我们再回到课的开始所提出的问题：

在一个阳光明媚的下午，丁老师带着六（3）班的同学实地测量中央电视塔的塔高。请同学们思考，如果要是你们也来解决同样的问题，你们需要收集哪些数据？

同学们都说得非常好，下面我们就去看一看他们所收集的数据（读一读）：

丁老师：身高1.8米，同一时刻自己的影子长30厘米，中央电视塔的影子长63米；

杨阳（女）：身高1.5米，同一时刻自己的影子长30厘米，中央电视塔的影子长76米；

张尉天（男）：身高1.7米，同一时刻自己的影子长33厘米，中央电视塔的影子长79米；

你可以自由选择其中的一组数据来试着计算出中央电视塔的高度：

   30厘米=0.3米

解（1）：设中央电视塔高为 x 米。

   $1.8:0.3=x:63$

$x=380$

答：中央电视塔高约为 380 米。

解（2）：设中央电视塔高为 x 米。

$1.5:0.3=x:76$

$x=378$

答：中央电视塔高约为 378 米。

解（3）：设中央电视塔高为 x 米。

$1.7:0.33=x:79$

$x≈407$

答：中央电视塔高约为 407 米。

小结：为了验证我们此次实验是否成功，我们也查到了一些数据：中央电视塔的准确高度是 386.5 米，和我们测量并计算得到的数据进行对比，发现哪一位同学的非常接近？熊唯伊同学（女）380 米；丁老师紧随其后 378 米；徐佳文同学（男）差距比较大，大约是 407 米（406.96……保留整数）。这说明了女同学非常细心，也说明了实验的误差是可以通过认真、规范的测量减小的。

四、拓展思维，情感升华

关于这个问题我们先告一段落，其实测建筑物高的问题并不是现代人才遇到的，早在古埃及时代就已经出现了，你们想知道他们是怎样测量的吗？好，就让我们一起走进古埃及时代，请看大屏幕。（播放动画片）

动画片放完了，问题也就随之出现了，如果是你，有哪些办法可以得到金字塔的高呢？同学可以以组为单位共同商量一下。

同学们的方法都非常好，那你们的想法是否和古埃及的智者一样呢？让我们继续看动画片。

第一遍放映后，请同学交流观后感：你们觉得泰勒斯的方法怎么样？

第二遍放映时，请同学带着问题边看边思考，泰勒斯的方法是否也存在一定的问题呢，有没有可以改进的地方？

你们能列出相应的比例式吗？（配抽象变化图）

（板书：$\dfrac{塔高}{可见影长+覆盖影长} = \dfrac{身高}{身影}$）

通过前后两次观看动画片,你们得到什么样的启示?

小结:我们应该一分为二地看问题,我们既应该看到优点,也应该看到不足,我们需要做的就是学习优点,改正缺点,不迷信权威。

一位伟大的智者固然可敬,但他的方法并非十全十美,无懈可击,而同学们能通过自己仔细思考、认真观察,从而发现不足、改进方法,我觉得我们的同学同样可敬!

希望同学们能将两个"敢于"——敢于向常规思维挑战,敢于向权威提出质疑——带到日常生活和学习的每一天,我相信你们将终生受益。

教学反思

关注"过程",让学生在体验"过程"中真正发展

"关注人的发展已经成为数学课程标准中的根本指导思想,数学教育应该培养人的更内在、更深刻的东西——数学素质",由此出发,数学课程构建的各方面都要关注学生的发展,它事实上已成为贯穿课程各环节的主线。作为数学教师,我们应充分尊重学生的主体性,应着眼于学生未来的发展,在每一节课都尽可能为学生营造和谐、宽松的体验氛围,为学生的创造与发展提供空间。

基于以上教学理念,我设计并实践了"比例的应用"一课。

1. 课前谈话,引发思考。

本节课有一条主线贯穿始终:在学习数学的过程中,只有敢于向常规挑战,才能创造性地解决问题。在教学活动中,要创设情境,使学生经历"打破→建立"的过程,获得积极情感体验,从而形成敢于打破常规的思维方式,创造性解决问题的思维方式。

课前活动,利用学生再熟悉不过的扑克牌,提出问题:"一副扑克牌,准备将它垒成塔形,而且垒得越高越好,怎么垒?"激发学生解决问题的兴趣。学生经历垒的过程,从而深切体会到不打破旧有思维方式的限制,就不能解决问题;只有敢于向常规挑战,才能创造性地解决问题,从而为后面的教学打下基础。

2. 创设情境,提出问题。

本环节体现了生活中会遇到各种各样的问题,如高大建筑物的高度如何

来测量的问题，遇到问题怎么办？我们必然会想办法解决，但是想到的办法也许可行，也许不可行，我们仅仅凭直觉来判断是否可行，是远远不够的，我们必须用科学而严谨的态度来面对，从而产生实验的需要。

不能直接去测量建筑物的高，我们可以换个角度思考问题，转而去测量它们影子的长度，这种方法是否真的可行？为了能使同学们深入体会物高和影长的变化规律，四人一组共同来进行实验。

3.合作实验，发现规律。

（1）发现问题，主动思考。

在产生实验的需要后，学生以组为单位协作进行实验。在实验过程中，老师及时发现学生实验过程中的问题，并提醒学生思考。如：有的学生手拿蜡烛，他极力地想保持蜡烛不动，但蜡烛仍旧在晃动，这样进行实验是否会影响实验结果？有的学生在实验过程中提出，蜡烛本身也在燃烧，它的高矮也在发生变化，这会不会影响到光照射的角度，从而影响到实验的数据？还有的学生提出，测量影长的起点从哪开始是否也会影响到数据的准确？以上这些问题都是学生在实验过程中产生的，试想如果不为学生提供实验的机会，不为学生创设实验的空间，不为学生提供展示的平台，学生是否能提出如此有价值的问题？教师又如何去了解学生在学习过程中的思维过程以及他们遇到的困难？

（2）观察数据，总结规律。

第一组数据如下：

杆高与影长的统计表

项目 名称	杆的高度（厘米）	影子的长度（厘米）	杆高与影长的比值 （保留一位小数）
甲	5	4.5	1.1
乙	4	3.6	1.1
丙	3	2.7	1.1

观察数据后你发现了什么？

生：我们发现了每个杆的高度与影子的长度的比值相等。

第二组数据如下：

杆高与影长的统计表

项目 名称	杆的高度（厘米）	影子的长度（厘米）	杆高与影长的比值 （保留一位小数）
甲	4.3	2.6	1.7
乙	3.6	2.3	1.6
丙	2.4	1.3	1.8

观察数据后你发现了什么？

生：在相同位置，杆高和影长的比值基本一样。

第三组数据如下：

杆高与影长的统计表

项目 名称	杆的高度（厘米）	影子的长度（厘米）	杆高与影长的比值 （保留一位小数）
甲	3	4	0.8
乙	4	5.7	0.7
丙	5	6.5	0.8

观察数据后你发现了什么？

生：杆高和影长的比值约是0.8，它们是正比例关系。

以上数据均是学生的真实记录，包括对数据的分析语言均未加修改，我想这更有说服力。在进一步观察数据的基础上，学生提出问题，每一组的数据大致相同，有的甚至完全一样，但为什么有的又存在细微差距？在学生讨论的基础上，在老师的帮助下，学生自己得出结论，这个差距就是误差，之所以产生误差与我们的测量过程有密切的关系，与测量的很多细节不准确有关。

在此基础上，学生一致得出结论，并由学生与教师共同完成板书：

在同一时间、同一地点、同一光源：$\frac{杆高}{影长}$ = 比值（一定）

4.运用规律，解决问题。

本环节的设计表面上看是运用规律解决简单的实际问题，但实际本环节中还蕴涵着前一环节悬而未决的问题——误差是产生了，我们能否有办法减小误差呢？如果有办法，具体应该怎样做呢？本环节呈现三组数据：

类别＼姓名	丁老师	张尉天	杨阳
身高	1.8 米	1.5 米	1.7 米
身影长	30 厘米	30 厘米	33 厘米
塔影长	63 米	76 米	79 米
塔高			

先由学生分别计算得出中央电视塔的大约高度，教师提问，看到计算出来的结果，你们是否发现问题？从而由学生自己提问：都是中央电视塔的高，怎么会不一样呢？这一问题，学生较易解决：是因为测量的过程中存在误差。老师再提出问题：为了验证我们此次实验是否成功，我们也查了一些数据，中央电视塔的准确高度是 386.5 米，和我们测量并计算得到的数据进行对比，发现和哪一位同学的非常接近？这又说明了什么问题？通过这几个问题，学生深切体会到误差是可以通过科学、规范的测量尽量减小的，但是要想完全避免误差是非常困难的。

5. 拓展思维，情感升华。

动画片是学生最喜欢看的，通过动画片提出问题：金字塔是盖好了，它到底有多高呢？有谁能测出大金字塔的高度？

学生展开讨论，在讨论的过程中，学生的方法层出不穷，各有特色。

生1：做模型，量出高，再乘缩小的倍数，还原回去就是金字塔的高。

生2：利用勾股定理，用斜边的平方减去底边一半的平方就等于高的平方，再开方。

生3：在塔尖横一根水平的杆子，在杆子的一端垂下一条绳子，绳子的长度就是塔高。

生4：数砖头，用一块砖的高度乘块数。

生5：做一个直角三角形的木架，使木架的斜边与金字塔顶点到底边中点的长度相等，木架较长的直角边的长度就是塔高。

生6：利用杆高和影长的比例关系测塔高。

正是因为为学生提供了充分的思考空间，学生才想到了各自独特的方法；正是因为有了在过程中体验的机会，学生才能亲身经历"遇到问题→讨论解决策略→初步排查是否可行→重点研究可行性较强的策略原理→对比优化策略"这样的过程；正是因为有了提出方法、互相评价、不断完善的过程，学生的思维品质才得以进一步的提升和发展。

本环节突破了只能在杆高与影长相等时才能测量的限制，利用杆高和影长的关系随时都可以测量。这是学生进一步挑战原有思维限制的成功体验，这是学生敢于向权威提出质疑的成功体验，同时也向学生渗透了一分为二看问题的辩证思想。

图形与几何领域

《平移和旋转复习》

——二年级 丁凤良

教学目标

知识目标：结合学生的生活经验和实例，感知平移和旋转的现象，并会正确区分两种常见的现象或物体的运动方式。

能力目标：在具体的生活情境中，让学生经历区分、判断的过程，简单说明这种运动的特点是什么。在此过程中，培养学生观察、分析能力以及有条理叙述的能力，并在探索物体或图形的运动的过程中发展空间观念。

情感目标：学会用数学的眼光去观察、认识周围世界，使学生感受到数学就在身边，体会到数学的应用价值，从而激发学生对数学的兴趣。

教学重点：准确区分生活中平移和旋转现象。

教学难点：应用平移和旋转的知识，找出规律，解决简单的问题。

教学过程

一、判断现象，梳理特点

同学们好！前面，我们已经学习了平移和旋转的相关知识。今天，我们一起来上一节"平移和旋转的复习课"。

生活中，同学们的玩具中有平移和旋转的现象，人们的日常用品中有平移和旋转的现象，科技领域研发的成果中有平移和旋转的现象……从小到大，由近及远，从低到高，处处都有平移或旋转的现象存在。

1.出示图片，请同学们判断以下生活中的现象（或物体的运动方式），哪些是平移,哪些是旋转?

旋转的风车

滑梯中的小朋友

旋转的陀螺

拉动的抽屉

小朋友荡的秋千

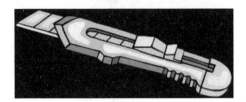
推出的裁纸刀刀片

小朋友正在玩的跷跷板

在公路上行驶的汽车

正常走动的钟表指针

运行中的电梯

打开中的水龙头手柄

正在吊起的集装箱

转动的齿轮

上升的热气球

运行的观览车

奔驰的火车

飞行的飞机

上升的火箭

【设计意图】通过对生活中物体运动方式的判断，帮助学生回忆什么是平移，什么是旋转。此部分的判断，学生感觉有困难的包括：一是滑梯中的小朋友，二是小朋友荡的秋千，三是正在吊起的集装箱。另外，运行的观览车要注意是看坐在缆车厢内的人还是缆车厢，人和缆车厢围绕观览车的中心在做旋转运动，而车厢和人自身是在做平移运动。在公路上行驶的汽车一定要强调是在平直公路上行驶的汽车。

2.平移现象有什么样的特点？

形状和大小没有变化，只是位置发生变化。不仅上下移动，左右移动，还可以斜线方向移动。

3. 旋转现象有什么样的特点？

围绕一个固定的点或轴旋转，旋转的角度可大可小，也可以旋转一圈或者多圈。

【设计意图】通过对生活中物体运动方式的判断，帮助学生梳理平移和旋转的特点，对比归纳，加深学生的印象。在此过程中，一定强调用学生自己的语言来描述，不苛求文字的规范，意思表述准确即可。

二、找出规律，解决问题

1. 借助平移和旋转的知识，找出规律，并完成填空。

（1）⇒ ⇑ （⇐） ⇓

（2）▦ （▦） ▦ ▦

2. 请同学们说一说图形中阴影部分位置变化的规律是什么？

【设计意图】将平移和旋转的知识与寻找规律相结合，并完成填空。学生要在对平移和旋转的特点了解掌握的基础上来完成，是对平移、旋转和规律的综合运用。

三、数学故事，拓展思路

1. **数学故事**：古罗马时期的凯撒密码。

传说在古罗马时代，发生了一次战斗。正当敌方部队向罗马城推进时，古罗马皇帝凯撒向前线司令官发出了一封密信：VWRS WUDIILF。这封密信的内容被敌方情报人员得知，他们翻遍英文字典，也查不出这两个词的意思。

古罗马军队司令官却很快明白了这封密信的含义，因为古罗马皇帝同时又发出了另一个指令："前进三步。"司令官根据这个指令，很快译出了这封密信的实际意思。

你知道那封密信到底是什么意思吗？

2. 解析：

密码：VWRS WUDIILF

字母表：

ABCDEFGHIJKLM

N O P Q R S T U V W X Y Z

译文：STOP TRAFFIC（停止运输或停止交通）

（翻译时需要将密码中每一个字母的位置向前平移三步）

【设计意图】首先是激趣，以故事的形式吸引学生积极参与到本环节中来。其次是应用，应用平移的知识解决密码规律的问题。第三是拓展，结合故事拓展学生的知识面和视野。

四、课后作业，动手实践

请同学们自选基本图形，如椭圆形、三角形、长方形、平行四边形、五边形等，借助所学平移和旋转的知识，设计美丽的图案。

学生作品展示：

教学反思

感悟运动本质　发展空间观念

《平移和旋转》是新课程实施后新增设的内容之一，主要是让学生通过观察大量实例，感悟平移和旋转现象，并能正确区分两种现象。同时，向学生初步渗透变换的数学思想方法。

本节课是在已经教授平移、旋转相关知识的基础上的一节复习课。复习课最重要的是找准定位。本节课的定位是复习平移和旋转的相关知识，主要是区别生活中平移和旋转的现象。在此基础上，激发学生兴趣，拓展学生的视野，让学生感受到数学好玩。

平移和旋转是学生第一次接触有关图形变换的内容，如何从一开始就让学生学进去、感兴趣，是教师在备课时要考虑的问题。另外，本节是在新授课基础上的复习课，复习到什么程度也是教师备课时要考虑的问题。平移和旋转两个内容一起复习，采用对比的方式有助于学生加深理解，尤其是二者的区别和联系。一节数学课如果只教授知识，少了数学方法和思想的传递和渗透就会显得单薄，因此本节课还需要结合教学内容，在数学文化渗透方面进行挖掘。

此外，二年级学生主要以形象思维为主，需要借助生活中的数学问题为载体来展开教学活动，这也是教师要考虑的。因此，在教学过程中我重点关注了三个方面。

1. 注重对比，在对比中明确区别和联系。

本节课所要复习的内容是如何判断并区分平移和旋转两种运动方式，在设计这节课的时候，我首先想到的是要对比，通过对比强化学生对两种运动方式特点的认识，通过对比确定运动现象所属运动方式的根据是什么。每判断一种现象之后，都要求学生说出判断的理由。

2. 注意激趣，在激趣中促使学生自主学习。

因为是二年级的学生，在进行教学设计的时候，一个很重要的思考点就是如何调动学生的学习积极性。而调动学习积极性最重要的是让学生感兴趣。在这方面，我做了如下几项设计：一是在选取生活中平移和旋转现象的时候，注意选取二年级学生感兴趣的内容，同时在色彩上尽可能选取鲜艳、容易引起学生注意的颜色。二是注重环节设计的挑战性，比如本节课设计了四个环节，第一是直接判断生活中的平移和旋转的现象，第二是寻找规律、运用规律解决简单问题，第三是运用平移的知识分析规律，解决古代密码问题，第四是请同学们自选基本图形，运用平移和旋转的知识制作美丽图案。四个环节层层深入，尤其到最后一个环节，作业设计开放性加强，有助于激发学生的创作性。

3. 关注渗透，让学生体会到数学文化的气息和味道。

数学课堂教学中，知识性的内容是要教授给学生的，要让学生有最基本的知识、概念等的积累，这是学好数学的基础。还有一些内容是方法层面的，需要学生在体验的过程中，在教师和同伴的帮助下感悟、理解，这是学生学会学习的重要途径。还有一些内容是数学思想文化层面的，需要在教学环节中进行渗透。就本节课而言，平移和旋转的内容很简单，如何渗透数学的文化历史，是我在备课过程中一直思考的。

一个偶然的机会，我看到了史宁中教授在新课标的解读中提到的古罗马皇帝凯撒为军队情报加密的故事。这个故事中恰恰利用了字母的平移进行加密和解密。这样和数学有关的历史故事应该让学生知道和了解，这里所说的知道和了解定位于向学生渗透。之所以说是渗透，就是不要求所有学生一定掌握，而是为学生提供了解的机会，至于能掌握多少，要看学生自身的条件和兴趣。其实，我们是在为学生提供一种可能，为学生将来的可能而设计。

《长方形的面积》

——三年级　张亚杰

教学目标

知识目标：引导学生探索长方形面积计算公式，初步理解长方形面积的计算方法，正确计算长方形的面积。

能力目标：在实践操作、验证猜想等活动中，积累活动经验，培养学生的空间观念和几何直观能力。

情感目标：经历探究的过程，学习探究的方法，体验探究的愉悦。

教学重、难点：初步理解长方形面积的计算方法。

教学过程

一、交流辨析，度量面积

1. 教师手拿 1 平方厘米的正方形卡片，问：如果用这张卡片的大小表示 1 平方厘米，那么你觉得 3 平方厘米是什么样子？

学生用教师已准备好的若干张 1 平方厘米的小正方形卡片在黑板上把所有可能的 3 平方厘米摆出来。

预设生成：

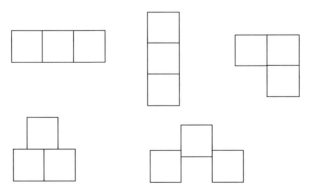

2. 教师追问：最后一种摆法为什么也能表示 3 平方厘米？

3.教师小结：已知 1 张小正方形卡片的面积是 1 平方厘米，要想表示 3 平方厘米，只要将 3 张小正方形卡片挨在一起摆放，就能表示 3 平方厘米。

【设计意图】面积作为一种量，可以用相应的面积单位去度量，从而得到度量结果。从 3 平方厘米的各种不规则摆法中，学生体会到求一个图形的面积只要看它包含了几个面积单位即可，激活了学生对于面积度量的原有经验，为探究新知长方形面积的计算奠定基础。

二、操作探析，领悟本质

活动：探究 2019 年园艺博览会发行的邮票的面积。

学具准备：1 平方厘米的小正方形纸若干、带有刻度的直尺、学习单。

链条一：学生独立思考，暴露、激活原有经验。

1. 你们知道最近举办的世界园艺博览会吗？为了纪念这次活动，中国邮政于 4 月 29 号发行了纪念邮票。邮票上有北京的市花——月季花，还有闻名世界的长城。课件呈现主题图（邮票长 4 厘米、宽 3 厘米）：

2. 出示独立思考的要求：

你们知道这张邮票有多大吗？你们能解决这个问题吗？

这张邮票的面积是多少？你是如何得到的？

【设计意图】此环节是为了充分暴露学生原有的度量经验，教学设计时让学生独立思考，用自己的方法得到邮票的面积。这样的设计给予学生足够的活动空间。学生在计算邮票面积的过程中，可以用不同的方法。比如用 1 平方厘米的小正方形去度量，在度量的过程中分别又有铺满度量、未铺满度量的方法。还有的学生知道长方形面积计算公式，可能会用刻度尺去测量邮票的长和宽。这样，学生原有的度量面积的经验被暴露，思维从直观形象层面上升到空间想象的阶段。

链条二：学生小组合作，交流、碰撞生成经验。

1. 刚才同学们用自己喜欢的方法，独立对问题进行了分析和解答，接下来就请同学们以 4 人小组为单位在组内交流分享你的解题方法。

课件出示小组活动建议：

（1）请同学们以 4 人小组为单位在组内交流分享你的方法。

（2）小组成员轮流发言，说清自己的方法。

（3）小组成员都发言后，共同商量确定一种方法，准备全班分享。

2. 学生以组为单位交流自己如何得到邮票的面积。教师巡视，发现并回应、解答学生在合作过程中遇到的问题并且适当引导。

预设生成 1：用小正方形纸全部铺满邮票，最后数一数一共用了多少小正方形纸，根据 1 张小正方形纸的面积是 1 平方厘米，就可以算出邮票的面积是 12 平方厘米。

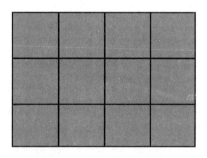

预设生成 2：用小正方形纸分别沿着邮票的长和宽铺满，可以看出每行铺了 4 张小正方形纸，铺了 3 行，由乘法可以得到，一共铺了 12 张小正方形纸，根据 1 张小正方形纸的面积是 1 平方厘米，就可以算出邮票的面积是 12 平方厘米。

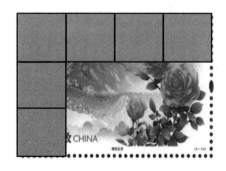

预设生成3：用小正方形纸不铺满邮票，依据对应关系，最后算出一共用了多少张小正方形纸，根据1张小正方纸的面积是1平方厘米，就可以算出邮票的面积是12平方厘米。

预设生成4：学生用刻度尺量出邮票的长是4厘米，宽是3厘米，而邮票是长方形，又知道长方形的面积=长×宽，所以邮票面积是4×3=12（平方厘米）。

【设计意图】学生已经经历了独立解决问题的过程，学生对于此问题的原有经验已经被激活。此时，学生有的能够正确解答，有的不能正确解答，有的想把自己认为正确的方法介绍给大家，有的存在困惑想向别人请教。此环节既给学生自主交流的空间，达到学生间互相启发解决问题的目的，同时还能够培养学生遇到自己不能解决的问题时寻求与同伴合作的意识和能力。学生在交流、碰撞的过程中，在辨析其他同学方法的过程中，进一步明确不同方法之间的联系，为理解长方形面积计算公式奠定基础。

链条三：教师引导梳理、归纳、积累再生经验。

1.刚才同学们已经在组内分享介绍了自己求得邮票面积的方法，接下来就请小组代表到前边来介绍你的方法。

（1）用小正方形纸铺满邮票：学生一边在黑板上用小正方形纸铺，一边给同学们讲解。

（2）用小正方形纸分别沿着邮票的长和宽铺满：学生一边在黑板上用小正方形纸铺，一边给同学们讲解。

（3）用小正方形纸沿着邮票的长和宽不铺满：学生一边在黑板上用小正方形纸铺，一边给同学们讲解。

（4）用学习单展示：学生用刻度尺测量出邮票的长和宽，根据已经知道的长方形面积公式，得出邮票的面积。

2.现在看同学们介绍的这些方法，对比它们的联系和区别。

小结：前三种方法都是用小正方形纸度量的，只是第二种比第一种用的小正方形的个数少，第三种又比第二种用的小正方形的个数少，最后都能转化为每行有 4 个小正方形，有 3 行。前三种方法都是通过算出小正方形的个数，转化得出邮票的面积。第四种方法用刻度尺测量长和宽，测出长 4 厘米、宽 3 厘米，对应每行有 4 个小正方形，有 3 行，能够发现长方形的长和每行小正方形的个数，以及宽和行数之间的联系。

长是多少厘米，即沿长可以摆几个，宽是多少厘米，即沿宽能摆这样的几行，因此"长 × 宽"等于"每行摆的面积单位的个数 × 行数"，等于"长方形包含的面积单位的个数"，等于"长方形的面积"。所以四种方法结合起来，能进一步解释"长方形的面积 = 长 × 宽"背后的道理。

教师在小结的基础上梳理：长方形的面积 = 长 × 宽。

【设计意图】在全班学生分享交流的基础上，引导学生沟通上述方法之间的联系。在比较的过程中，逐步理解长方形面积为什么等于长乘宽。通过对比，学生的思路逐渐清晰并且顺利地沟通了一维空间和二维空间之间的内在联系，从而突破了本节课的难点。

链条四：学生自主解题，发现、积累更新经验。

1.出示主题图：

在园博园中有一片面积为 20 平方米的长方形月季花圃，你能猜一猜，这个花圃的长和宽会是多少？

2.学生汇报：

（1）由长方形的面积 = 长 × 宽，就想（　）×（　）=20，所以可能长是

10米，宽是2米。

（2）可能长是20米，宽是1米。

（3）可能长是40米，宽是0.5米，这样面积也是20平方米。

（4）可能长是80米，宽是0.5米的一半。

……

3.学生由长方形的面积＝长×宽，很容易想到前两种可能，但由于学生局限在整数范围内，所以后两种可能需要教师稍做等待后，学生才会想到长和宽还可能是小数。想到第四种可能时，学生会说，还能继续写下去，会有无数种可能。

【设计意图】本环节是在学生经历长方形的面积公式内涵探索之后，再运用新经验自主解题的过程。题目没有设计成已知长和宽，直接运用公式求长方形的面积，而是已知长方形的面积，猜想长方形的长和宽。通过让学生猜想面积为20平方米的长方形的长、宽可能是多少，既巩固了本节课的长方形面积的计算，又突破了以整数个面积单位计量的常规思维，同时渗透了极限思想。学生在自主解题中，发现、积累新经验，对长方形面积的理解更为深入。

三、拓展延伸，渗透思想

1.教师借助几何画板，让学生感受点动成线、线动成面的过程。

这是一个点，想象一下，这个点往右移动，它走过的轨迹是什么图形？

预设生成：一条线段。

如果这条线段向上平移，它走过的轨迹是什么图形？

预设生成：一个长方形。

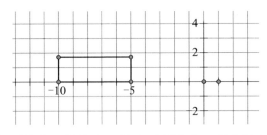

如果这个长方形的宽不断缩小，长也不断缩小，那么长方形怎么变化呢？

预设：长方形的长和宽都变短，长方形逐渐变小，最后又变成点了。

如果这个点再同时向两边一起移动，它可能会形成什么图形？

预设：点会移动成线段形成长和宽，形成长方形，并且长方形逐渐变大。

2.通过刚才几何画板的演示，我们发现长方形的面积会随着长和宽的变化而变化。长和宽都增加时，长方形的面积也会随着增加；长和宽都缩小时，长方形的面积会随着减小。

【设计意图】通过几何画板的动态演示，让学生经历点动成线，线动成面，再回到点的连续、完整的过程。通过长方形面积增加与减小的过程，初步感受了长方形的长和宽会影响长方形的面积，渗透了函数思想。这个过程对于学生理解长方形的面积计算有很大的帮助。静态与动态的演示，离散与连续的衔接，实现了学生的空间想象从有限走向无限的结构化生长。

教学反思

让"道理"的种子生根发芽

综观每个版本的小学数学教材，都把长方形的面积计算作为面积学习的基础内容，其重要性可见一斑。我们把它摆在重要位置上并不等于我们已经重视它，相反，更有可能熟视无睹。比如，一个平面图形的面积是这个图形所围成的区域的测度，长方形的面积等于"长 × 宽"。这些大家都知道，会觉得这是天经地义的知识，但这个公式是怎么来的？为什么要用公式计算而不采用直接测量的方法？这样计算是人为规定，还是有算理在其中？长方形的面积计算作为教学内容来说，它的学习价值只是让学生知道公式吗？种种问题需要我们进一步厘清才能更好地教学。

对学生而言，能计算出长方形的面积不难，难的是明白"长方形的面积 = 长 × 宽"背后的道理，所以我将本节课的教学目标定位在理解"长方形面积 = 长 × 宽"的实质意义，进而培养学生的空间观念和几何直观能力。

1.于知识本源处寻理。

数学教学不仅要向学生展示既定的学科知识，而且要揭示其中的道理。面积作为事物的一种属性，和长度一样，是可以度量的。对一个二维图形的表面进行度量以后，用一个"数"表示它的大小，就是该图形的面积。长方形面积的本质在于度量。

我们知道，在测量时先要定义一个基准单位，然后再用它去测量被测对象。比如要测量一条线段的长度，我们先定义长度为 1 个单位的线段作为基准，然后用它去测量被测线段，所得到的数量就是这条线段的长度。对于平面图形来说，基准单位是边长为 1 个单位的正方形面积，用它去测量正方形或者长方形，所得到的数量就是这个正方形或者长方形的面积。

基于以上的测量经验，本课中我先用 1 平方厘米的小正方形作为面积单位，让学生用这个面积单位去表示 3 平方厘米。通过学生不同的表示方法，让学生感受 3 平方厘米的不规则图形，打破学生思维定势，促使学生明白求面积是用面积单位铺摆图形；接着不断变化长方形的呈现方式，让学生直观感受，反复悟理，深刻理解求长方形面积就是求该图形中含有几个这样的面积单位这一知识本质。

2. 在知识联结处讲理。

从"量"到"算"的发展，意味着知识的发生，可以摆脱直接经验的局限。对于长方形的面积来说，从"量"发展为"算"的过程是通过空间推理得到的。我们可以通过空间对应关系，将一维的线段长度与二维的单位面积个数之间建立量的对应关系，从而推理出长方形面积的算法。

长方形面积 = 单位面积的个数 = 每行个数 × 行数（每列个数 × 列数），而每行个数对应长的厘米数，行数对应宽的厘米数。所以本节课围绕"面积单位和面积的关系""行、列格子数和面积的关系""长、宽与行、列的对应关系"，立足学生已有关于乘法意义的认知基础，唤醒学生丰富的生活经验，创设富有张力的问题情境。通过度量邮票面积，在全班学生分享交流的基础上，引导学生沟通不同度量方法之间的联系。

通过对比，学生的思路逐渐清晰——长是多少厘米，即沿长可以摆几个，宽是多少厘米，即沿宽能摆这样的几行，因此"长 × 宽"等于"每行摆的面积单位的个数 × 行数"，等于"长方形包含的面积单位的个数"，等于"长方形的面积"。在比较的过程中，促进学生对知识的深层思考，自然地沟通了一维空间和二维空间之间的内在联系，逐步清晰理解长方形面积为什么等于长乘宽，从而获得对知识本质的理解。

3. 在思维深刻处悟理。

史宁中教授认为："智慧并不表现在经验的结果上，也不表现在思考的结果上，而是表现在思考的过程中。"从长方形面积计算公式的算理形成来看，在教学时要有关键点渗透，关键点往往就是学生数学思维提升之处。

比如，本节课中一个很重要的关键点就是引导学生发现长和宽与单位面积个数的对应关系，这种对应关系反映了一维线段的长度与二维面积个数之间存在着"量"的对应关系。对应是一个重要的数学思想，它通过一定的关系在原本相对独立的两个集合之间建立了意义联系。长方形的面积公式是一个函数关系式，长、宽、面积三个量之间存在着相互关联的对应关系。这种函数关系在教学过程中的学生自主解题和拓展延伸两个环节都进行了进一步的渗透。这样的渗透让学生的思维更加全面、深入。在离散和连续、数与形之间自如地进行沟通和转换，有效地提升了学生的数学思维。

总之，我们应该明白数学有理可依，课堂有理可循，多给学生说理的机会，会有意想不到的收获。课堂教学，不是创造新的数学概念，而是创造学生对数学的理解，用不同的方式来说明数学的内在道理。只要我们的课堂肯讲道理，会讲道理，朴素的课也会有力量。

《三角形的内角和》

——四年级 王雅娟

教学目标

知识目标：探索、发现并验证"三角形内角和等于180度"，并能应用规律解决一些实际问题。

能力目标：让学生在动手操作的活动过程中通过探索、实验、讨论、交流掌握知识，积累数学经验，同时发展空间观念和推理能力，不断提高自己的思维水平。在探索过程中培养学生的动手实践能力、协作能力及创新意识和探究精神，同时使学生养成独立思考的习惯。

情感目标：在活动中，让学生体验主动探究数学规律的乐趣，体验学数学的价值，激发学生学习数学的热情，感受生活中处处有数学。

教学重点：让学生经历"暴露、碰撞、提升、运用"等活动经验的全过程，探索并发现三角形内角和等于180°，并能应用规律解决一些实际问题。

教学难点：掌握探究方法，培养学生的动手实践能力、协作能力及创新意识，学会用"转化"的数学思想探究三角形内角和。

教学过程

活动一：交流分享，暴露经验。

比一比，猜一猜：

1. 出示两个三角板，提出问题，三角形家族的成员们来参加我们这节课的学习，同学们，你们看这两个三角形都是什么三角形？（直角三角形）

利用我们上学期学过的知识，说一说它们的三个内角分别是多少度？

学生汇报：第一个三角形的三个角为90°、60°和30°，第二个三角形的三个角分别为90°和2个45°。

2. 介绍内角。

刚才你们说的这些角都叫什么角？（它们都是三角形的内角）

3. 请你仔细观察这两个三角形，你发现了什么？（内角和都是180°）

请全班同学一起来算一算,看看这两个三角形的内角和到底是多少。

90+60+30=180

90+45+45=180

引出课题:这节课我们就一起来研究三角形的内角和。(板书课题)

【设计意图】提出一个问题比解决一个问题更重要。教师借助多媒体技术创设问题情境,架起数学学习与现实生活、抽象数学与具体问题之间的桥梁。在复习三角形已学知识后,引导学生认识三角形的内角,提出有关三角形的新问题,激发了学生的学习兴趣。由于学生在平时使用三角板时已经有了特殊的直角三角形的内角和是180°的认知,因此本环节要求学生算一算三角形的内角和是多少,以激发学生已有知识经验,同时也为推理验证的引出做必要的铺垫。

活动二:合作学习,生成经验(探索、验证三角形内角和)。

1.辨一辨。

出示一个钝角三角形和一个锐角三角形(课件),三角形家族的其他两个成员也来凑热闹了。钝角三角形说:"我的三个内角之和一定比你大。"锐角三角形不服气地说:"是这样吗?"到底谁的内角和更大呢?

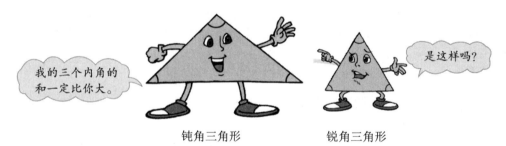

钝角三角形　　　锐角三角形

先辨一辨:谁的内角和更大呢?

预设1:我觉得钝角三角形的内角和更大。

预设2:三角形的内角和都是180°,所以它们俩的内角和一样大。

2.既然很多同学都认为三角形的内角和是180°,那么我们就要验证一下同学们的结论是否正确。

小组活动:想办法验证任意三角形的内角和都等于180°这个结论。

活动要求:

(1)先独立思考,想一想怎样能得出三角形内角和的结论;

（2）小组同学之间互相交流验证方法，看是否能得到组内同学的认可；

（3）看看哪组想到的方法最多。

3. 小组汇报。

方法一：（测量法）学生汇报测量结果并计算出三角形的内角和。

还有哪组也运用这个方法，你们跟他们的结果一样吗？

如果出现不一样的情况，教师追问学生，为什么同学们最后计算的内角和结果不一样？

提出测量存在误差的观点。引导学生讨论怎样减少测量中的误差。

方法二：（拼凑法）把三个内角撕下来，顶点对齐，正好拼出一个平角。

方法三：（对折法）把三角形的三个角对折到一起，正好能拼出一个平角。

……

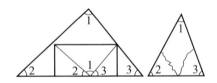

最后得出结论：三角形内角和等于180°。

【设计意图】验证猜想为学生提供了"做数学"的机会。猜测后先独立思考验证的方法，再进行全班交流，给了学生充分的活动时间和空间；让学生动手操作，使学生在量、剪、拼、折等一系列操作活动中发现了三角形内角和是180°这个结论。

活动三：解决问题，提升经验。

1. 猜三角形。

（1）露出60°和40°的角，这是一个什么三角形？

思考：你是怎么判断的？

学生汇报：由于三角形的内角和是180°，所以用180-60-40=80，这样三个角的度数都小于90°，因此这是一个锐角三角形。

（2）露出一个60°的角，可能是什么三角形？

小组交流判断方法。

方法一：180-60=120，剩下的两个角可能都是锐角，比如，两个60°的角，所以这是一个锐角三角形。

方法二：剩下的两个角可能有一个是90°，另外一个是30°，所以这可能是一个直角三角形。

方法三：还有可能有一个角是100°，另外一个角是20°，所以这可能是一个钝角三角形。

结论：只根据一个角（90°除外）并不能判断这是一个怎样的三角形。

2. 拼三角形。

给出12个角的度数：60°，110°，20°，30°，90°，60°，50°，70°，80°，50°，40°和60°，这是四个不同三角形的度数，一位同学不小心把它们撕掉了，请同学们试一试，你能把这4个三角形还原吗？

小组合作：思考哪三个角可以组成三角形。

学生汇报：（1）60+60+60=180
　　　　　　　90+40+50=180
　　　　　　　30+70+80=180
　　　　　　　110+50+20=180
　　　　　（2）60+60+60=180
　　　　　　　110+30+40=180
　　　　　　　80+50+50=180

90+70+20=180

……

思考：在拼的过程中，你有什么新发现吗？

学生总结：答案不唯一。只要能保证每个三角形内角和都是180°就行。

【设计意图】猜一猜、拼一拼等活动，让学生根据三角形的内角和来计算看不见的那个角的度数，根据角的度数来拼凑三角形，都是为了巩固三角形的内角和等于180°的结论。活动充分体现了学生利用新知解决问题的能力，较好地巩固了所学知识内容。

3.验证四边形的内角和。

出示长方形和正方形，计算它们的内角和。

得出结论：它们的内角和都是360°。

出示一个不规则的四边形，它的内角和是多少呢？想办法验证结论。

生1：用量角器量，计算他们的内角和。

生2：画对角线，变成两个三角形，因为180+180=360，所以四边形的内角和是360°。

生3：把四个角撕下来拼凑在一起，正好拼成一个周角，所以得出结论。

【设计意图】让学生根据三角形内角和的度数，推导出四边形内角和的度数，为后续学习多边形的内角和打下良好的基础。学生能够运用所学知识解决实际问题，学生在展示过程中，充分交流和讨论实验中各自使用的方法和发现，教师要对学生的闪光点及时进行表扬和鼓励。围绕基本活动经验的链条，提升学生运用经验的能力，利用转化的思想，进一步研究多边形的内角和。

活动四：结合实际，运用经验。

1.体育节的时候，同学们都设计了体育节会徽，有一位同学想画一个正六边形的会徽，可是怎么画都画不好。你能用今天学的知识，给这位同学出出主意吗？

2. 这节课，你学到了什么？

生总结：

三角形的内角和是 180°。

四边形的内角和是 360°。

……

关于图形的知识，我们还有很多需要探究的话题，期待同学们以后更加深入的研究。

【设计意图】引导学生将探究学习活动中所获得的经验和方法运用于解决简单的实际问题。组织学生参与具有趣味性、操作性和开放性的练习活动，在巩固练习中培养学生动手能力、实践能力和创新思维。围绕学校体育节活动，让学生利用所学知识解决更多的问题，感受学习数学的重要性，体验到数学给生活带来的乐趣，激发继续学好数学的欲望。

教学反思

知其然更要知其所以然

《三角形的内角和》是北师大版四年级下册第二单元《认识三角形和四边形》的第三课时，三角形的内角和为 180° 是三角形的一个重要性质，它有助于学生理解三角形三个内角之间的关系，也是学生下一步学习三角函数的基础。通过课前的摸底，我发现大多数学生对三角形的内角和是 180° 是知道的，但都没有仔细研究过。学生有了这样的基础之后，对教师来说，要展开教学还是有困难的。怎么样才能让学生在整堂课中有所收获呢？本节课让学生动手操作，通过一系列活动得出"三角形的内角和等于 180°"这个结论，由浅入深，循序渐进，引导学生观察、猜测、实验，总结，逐步培养学生的逻辑推理能力。由此我制定了本课的教学目标，并设计了适合学生的教学环节。

1. 重视问题的提出。

根据教学内容和学生实际，我精心设计开头环节，不仅复习了三角形的相关知识，为接下来的学习做好准备，而且创设情境让学生感觉三角形就是自己的朋友，由此来激发学生的学习兴趣，让学生主动地投入学习。在认识了内角、内角和的概念之后，鼓励学生对内角和大胆质疑，猜想内角和是多少度，这些环节的设计都极大地激发了学生探究的欲望，学生以浓厚的兴趣投入到接下来的探究之中。"问题的提出往往比解答问题更重要",其实三角形内角和是多少,大部分的学生已经知道了这一知识,所以很轻松地就可以答出,但是只是"知其然而不知其所以然",所以我特别重视问题的提出,再让学生各抒己见,畅所欲言,鼓励学生倾听他人的方法。

2. 知其然更要知其所以然。

任何一项科学研究都要经历从猜想到验证的过程。"是否任何三角形内角和都是180°?"这个猜想如何验证?本课的重点就是要让学生"知其然还要知其所以然"。所以在第二个环节里,鼓励学生亲自动手操作验证猜想。为此,我设计了小组活动,让学生量一量、剪一剪、折一折、拼一拼、撕一撕等,让学生自主完成知识的验证过程,从而体验到成功的喜悦。我还制作了动画课件,发挥多媒体的教学辅助作用。

在用"折"的方法验证三角形内角和是180°时,虽然发言的学生边说边演示,但大多数学生在实际操作时,还是没有成功。准确地找到三角形的中位线,是折纸的关键,但对于学生来说,先找中位线,再进行对折,再验证三角形内角和是180°,却不是一件容易的事,因为学生对中位线的概念没有准确的认识。因此,我选择不用语言讲解,而是利用多媒体直观演示,给学生操作以正确的指引,让学生在仔细观察、用心感悟的基础上动手操作,保证学生体验成功,提高了教学效率。然后通过猜一猜,拼一拼等活动巩固学生所学知识,并延伸让学生计算四边形的内角和,为以后学习多边形的内角和奠定基础。最后结合学校体育节活动,让学生联系实际,运用所学解决问题,感受数学离不开生活,学习数学的重要性。

3. 为学生创设情境,更好地获得所学知识。

学习知识的最佳途径是由学生自己去发现,因为学生自己探究而获得的知识,学生理解最深刻,最容易掌握。因此,在教学中,我给学生提供自我探索、自我思考、自我创造和自我表现的机会,使学生最大程度地投入到观察、思考、操作、探究的活动中。在学生猜测的基础上,再引导学生通过探究活动来验证自己的观点是否正确。当学生有困难时,教师也参与学生的研究,适当进行点拨,并充分进行交流反馈。给学生创造了一个宽松和谐的探究氛围,有效地利用课堂生成资源,尽力做到"为学生的发展而教"。

为了有效地上好课,教师无疑应当根据教学目标和课程内容,精心地设计教学过程。但是,这种设计不应当限制教师的教学,课堂上的教学操作也不应当是"教案剧"的照本上演。教学面对的是一个个活生生的、富有个性、具有独特生活经验的学生。课堂总是处于一种流变的状态,课堂上教学的情境无时不在变化,学生学习的心态在变化,知识经验的积累状况也在变化,因此,在备课的过程中,教师要充分预计学生已有的知识水平,站在学生的角度来思考:如果自己是学生,我已懂了哪些知识?还有什么问题?教什么和怎样教?做到以"学"定"教"。在具体实施过程中,教师要充分运用自己的教育机智,仔细倾听学生的发言,开放地吸纳各种信息,捕捉教育契机,及时调控自己的教学行为,坚持做到"为学习而设计""为学生的发展而教",在这样的课堂中,学生就会感到学习的乐趣。

这节课,我最有感触的就是,我们要学会放手,放手让学生自己去思考去做,哪怕他想错了做错了,只有这样他们才有机会知道自己错了,错在哪儿,给他们更自由更广阔的发展空间,也只有这样才能唤起他们思考的欲望,也只有这样才能扬起他们创造的风帆!

《图形中的规律》

——五年级 贾立萍

教学目标

知识目标：经历直观操作、探索的过程，多种角度观察和寻找关系，尝试找出图形中的规律。

能力目标：丰富对现实空间及图形的认识，建立空间观念，发展形象思维和归纳能力。积累探索规律及解决问题的经验，增强解决问题的策略意识。

情感目标：能积极参与数学学习活动，对数学有好奇心与求知欲，形成敢于质疑和独立思考的习惯。

教学重点：经历探索的过程，体验发现图形规律的方法。

教学难点：发展抽象概括能力，感受模型思想。

教学过程

一、暴露原有经验

1. 同学们，用小棒摆过三角形吧？（摆过）摆1个三角形需要几根小棒？（3根）今天这节课咱们通过摆三角形来研究图形中的规律。（板书课题）

2. 小组合作摆6个三角形。

二、碰撞生成经验

1. 摆6个三角形至少需要几根小棒？

【设计意图】问题的呈现是探究活动的起点，有了问题，学生才会努力去寻找答案，解决问题。但探究问题的过程不应是杂乱无章的，教师必须帮助学生构建探究学习的框架，引导学生进行探究。

2. 学生自主研究：摆6个三角形至少需要几根小棒？

3. 小组交流。

4. 用磁条在黑板上摆三角形并汇报交流。

预设一：3+2（n-1）

学生讲解：

（1）在第一个三角形的基础上，每多摆一个三角形就增加2根小棒。

（当摆到第二个连续的三角形时，教师可追问：小棒增加了几根？用算式怎样表示摆2个三角形用了几根小棒？ 3+2=5）

（2）摆到第三个三角形同样追问：小棒又增加了几根？（板书：3+2+2）

（3）教师：接着往下摆，摆到第5个三角形时，你又发现了什么？

（每多摆一个三角形就增加2根小棒。板书：3+2+2+2+2）

（4）简化算式。怎样把这算式写得更简单些？学生：3+2×4。

（5）用同样的方法验证规律：如果摆10个三角形需要几根小棒？可以怎样列式？（3+2×9）

（6）小结规律：排到第 n 个时，怎样列算式？ 3+2（n-1）

预设二：1+2n

第一个三角形由1根小棒增加2根组成，每增加一个三角形就增加2根小棒。

（1）学生分工介绍、摆图形，展示摆的过程和所得规律。教师根据学生的描述板书算式 1+2+2+2……

（2）将算式简化成 1+2n，理解算式中各数字及算式的含义。重申发现的规律。

（3）引导用此方法验证规律。

（4）小结规律：排到第 n 个时，怎样列算式？ 1+2n。

预设三：3n-（n-1）

学生讲解：

（1）将第二个独立三角形与第一个三角形连接，去掉共用的一根小棒，同样得到每增加一个三角形就增加2根小棒。

（2）（重点展示）将两个独立的三角形连起来，有共用的边，需要去掉，即先用3根，去掉多余的一根，只用两根，列式：3×2-1=5。

（3）摆第三个三角形时先有3个独立的三角形，然后有两条共用的边，需减掉2根。列式：3×3-2=7。

（4）用此方法推算6个三角形需要小棒的根数，列式：3×6-（6-1）=13。

理解算式并验证。

（5）小结：排到第 n 个时，怎样列算式？ $3n-(n-1)$ 。

简化算式：$3n-(n-1)=2n+1$

教师：（1）摆成线形的需要 13 根，$1+6×2$（每个三角形都有 2 根磁条，第 1 个多 1 根，这样摆 10 个三角形呢？ 15 个呢？ n 个呢？

公式：$2n+1$（板书）

（2）运用大家探索出来的公式，如果告诉你这样连续摆三角形，一共用了 37 根磁条，你知道摆了多少个三角形吗？ 49 根呢？

预设四：

学生直接用小棒拼摆，摆成包含 6 个三角形的正六边形需要 12 根。

对比：为什么同样摆 6 个三角形，这种方法用的磁条少呢？（第一种方法省了 5 条公用边，第二种方法省了 6 条公用边）

小结：也就是说，想节省磁条根数，就得增加公用边，公用边越多，用的磁条根数就越少。

（3）观察两种摆法，你有什么大胆的猜想吗？

【设计意图】 学习数学本质上是学习思维方式。培养孩子数学思维，可以从猜想开始。猜想是学生凭自己的感觉，对错都有可能，问题的最终判断还要靠逻辑思维，但猜想的过程有其独特的不可替代的意义，可以让孩子发展直觉能力，有很多猜想是半猜半推理的，当猜想与归纳、类比、演绎等逻辑思维方式结合在一起，最终才能发展成解决实际问题的全面的思维方式。

三、提升再生经验

1. 摆 4 个连续的三角形至少用几根小棒？

自主研究——小组交流——全班汇报

预设一：线形摆法需 9 根。

预设二：三棱锥 6 根，还是 4 个三角形，只需 6 根小棒，因为所有的边都是公用边了。（学具演示）

2. 摆 4 个正方形至少需要多少根小棒？（$1+3n=1+3×4=13$）

磁条的根数还能不能再少呢？（摆田字型 12 根）

3. 摆 6 个正方形至少需要几根小棒？

线形是 19 根；平面图形是 17 根；立体图形正方体是 12 根。

【设计意图】在"做"中学习数学,应用数学的思维观念和习惯,体验空间维度的内在联系性,才能真正获得研究问题的方法和经验。教学中,学生通过最简单的三角形摆一摆,数一数,记一记,从中观察寻找规律,激发兴趣。当学生发现线形规律之后,顺势迁移到平面,继而拓展到立体空间。问题一个推一个,引导学生在一次次挑战中探究数学的本质。

四、运用新的经验

1. 观察、欣赏生活中有规律的事物。
2. 在今天的数学实践活动中,你有哪些收获?

【设计意图】让学生走出教室,走进自然,鼓励他们去探寻自然中的数学,使他们体验到生活离不开数学,意识到生活中数学的广泛应用,激发他们探究数学的潜能。

教学反思

尝试启迪智慧,猜想锻炼思维

《图形中的规律》是安排在北师大版五年级上册综合实践活动《数学好玩》里的第二课。在生活和数学中,存在着大量有规律的事物,以及事物变化趋势的问题。这些问题的解决没有现成的固定的方法,更多的是要通过探索、归纳、猜想、解释、验证得到结果。《数学好玩》这一综合与实践活动,重视激发学生学习数学的兴趣,体会数学思想,锻炼思维能力,拓展学生的视野,发展学生综合运用所学知识分析和解决问题的能力。

《图形中的规律》作为一节数学实践活动课,以数学活动为线索安排教材内容,充分体现学生自主活动、实践探究、合作交流的学习方式。因而在本节活动设计中,通过让学生用小棒操作、列表、观察与发现、交流与讨论等活动,引导学生从不同角度探究图形规律,体验探究的方式和方法,积累探究的经验与感受,享受数学活动所带来的学习乐趣。探索规律是实验教材新增的内容,也是教材改革的新变化之一。它蕴含着深刻的数学思想,能对学生进行思维训练,是学生今后学习、生活最基础的知识之一。

《课标(2011)》中指出,学生的数学学习内容应当是现实的、有意义的、富有挑战性的。这些内容要有利于学生主动地进行观察、猜测、操作、实验。本节课主要探究线形摆法的规律,既使学生体验到了数学知识的实用性,又增加了数学学习的趣味性,为新知的有效探究奠定了良好的心理基础。通过用小棒摆三角形,寻找所摆三角形个数与所需小棒根数之间的关系,鼓励学生从图形、数等多种角度寻找关系,并将这一关系用含有字母的算式表示出来。学生在具体的操作中,初步建立了图形排列的规律模型,为更深入的研究提供了依据。在获得三角形和正方形排列规律后,在操作方法和互动方式上进一步开放,为学生获得充分的活动经验和总结解决问题的策略提供了素材。这包括以下七个方面:

(1)感受数字的规律。课的导入部分,通过让学生回顾已有知识经验激发了学生探索规律的欲望。

(2)引导学生运用数学知识和技能理解问题、分析问题、解决问题。在教学过程中,我先提出问题让学生通过小组活动操作再讨论、发现规律。在操作的过程中,我引导学生按照从三角形到正方形的探究顺序,使学生的认识逐步从感性认识走向理性认识。其中重点突出了三角形排列规律的探索和研究,引导学生使用记录表、图形等工具。

(3)引导学生在学习过程中使用不同的策略。这一点在教学中是重点也是难点,这节课着重引导学生想出多种方法。学生想出了三种摆法并能择优运用,这也是本节课的一个亮点。

(4)合作交流帮助解决问题。整堂课我只是起到引导的作用,把主动权交给了学生,让学生在小组中获得成功的体验与享受,小组中互相帮助解决了本节课的重点。

(5)探索摆三角形的规律时,用了三种不同的方法:小棒摆一摆;每次增加2根计算法;公共边减少计算法。为了不束缚学生的思维,我给予学生最大的思考空间,并且让学生充分地合作和交流,对学生的思维方式及时地评价和引导,起到了顺学而导的作用,体现了解决问题的方法多样化的数学思想。

(6)当探究了摆4个三角形需要小棒的根数之后,没有扩展到摆 n 个三角形需要多少根小棒,这也体现了数学综合实践活动的特点。因为实践活动重在实践,是要让学生经历一个探究的过程,获得"基本活动经验"。

(7)拓展应用环节,我出示了一道摆正方形的应用题,目的是让学生利用所积累的摆三角形的经验,观察、分析、推测摆正方形的规律。学生们借助已有经验验证摆正方形的规律，进一步体会模型思想。

  本节课意在让学生经历一个直观操作、探索发现的过程，体验发现规律的方法，综合运用所学知识，解决简单的实际问题。总之，本节课充分体现了新课改所提倡的"数学学习不是一个简单的、被动的接受过程，而是学生自己操作、体验、探索、时间活动的过程"这一理念，课堂上学生的个性特长和学习优势得到充分的发挥，学生真正体验到了数学的神奇和学习数学的快乐，从而产生自主探究数学知识的欲望。有效的数学活动意味着教师需要唤醒、引导、促进和激励学生学习的"主动性"，不断引发学生学习的内在需求，让学生亲身经历"用具体形象表示—用数学语言描述—用数学模型表示"这一逐步符号化、形式化的过程，不断提升学生的"数学化"水平。

《认识图形》

——一年级　高婷婷

教学目标

知识目标：在操作活动中认识长方形、正方形、三角形和圆，体会"面在体上"。能辨认长方形、正方形、三角形和圆。

能力目标：培养初步的观察、比较和动手操作能力，培养初步的空间观念。

情感目标：体会长方形、正方形、三角形和圆在生活中的普遍存在，体会数学与生活的密切联系。能在具体的活动中，将图形进行分类、对比。

教学重点：认识长方形、正方形、三角形和圆等平面图形。能辨认长方形、正方形、三角形和圆。

教学难点：体会"面在体上"，能从物体表面抽象出平面图形，并在具体的活动中，将图形进行分类，对比。

教学过程

一、课前小游戏

同学们，课前我们先来一起听一首好听的音乐，来猜一猜今天我们学习什么新知识。播放儿童歌曲《形状变变变》。随着音乐的播放，老师在黑板上贴出本节课要研究的几种图形：圆形、长方形、正方形、三角形。

【设计意图】此环节的设计目的在于以一首欢快的儿童歌曲《形状变变变》引入，引起学生的注意，激发学生学习兴趣。歌词内容为本节课所要学习的图形，老师随着音乐的播放贴出基本图形，引出本节课要研究的问题，继而引出课题。

二、创设情境，独立思考，暴露原有经验

（出示课件）下雪了，雪花纷飞，几只可爱的小动物在雪地里欢快地奔跑

着,雪地上留下了一串串美丽的小脚印。今天老师请来了4位小客人,它们也想留下自己的脚印,我们来看看都有谁。

出示实物正方体、长方体、圆柱和三棱柱(简单介绍)

【设计意图】此环节的设计目的在于以学生熟悉的生活材料为载体,联系数学学习内容,激发学生的兴趣。兴趣是最好的老师,以动画的形式播放,将学生熟悉的课文作为创设情境的材料,激发学生学习的主动性,为后面学习新知识做好铺垫。

三、讲授新课,合作交流,碰撞生成经验

为了让学生在本节课能够亲历数学知识的形成过程,为学生提供了多种丰富且便于操作的材料,有助于学生理解数学知识。本节课设计了五个基本活动,从操作、观察、感知、创造到最终回归生活,让学生在操作中感悟数学知识形成的过程。

活动一:帮四个朋友留脚印——操作。

让学生想办法帮立体图形留下脚印。

1. 实践活动的要求:

同桌一起合作,保持安静。要求动脑、动手、不动口。每个图形只留下一个小脚印。活动时间为3分钟,音乐声落,活动结束。

2. 小组合作:两人为一小组,共同完成学习任务。

3. 组内交流:两人互相说一说,组织好语言,为全班交流做好准备。

4. 全班交流:给出语言模板"我们小组采用了哪些方法……其他小组补充并给予评价"。

小结:刚才同学们通过小组合作,帮助把这些平面图形的家安到纸上。

【设计意图】此环节通过具有挑战性、探索性,同时又有操作性的问题来发展学生的创新能力和解决实际问题的能力。学生在操作过程中积累数学活动经验,学会有序发言、学会分享交流、学会合作,也为后面的探究做好铺垫。

活动二:认识平面图形——观察。

学生通过第一环节的操作,得到几种平面图形。老师从一个图形入手,追问:从哪个立体图形上得到的三角形?指一指这个面,让学生摸一摸这个面,问学生有怎样的感觉?

接下来由学生按照此模式分别介绍圆、长方形和正方形来自哪里,摸上

去的感觉如何。

【设计意图】 根据学生的思维特点，采取"先扶后放"的策略，给学生足够的时间，希望他们能够通过动脑、动手、动口来亲身体验"面在体上"，从而突出本课的重点。

活动三：了解平面图形特征——感知。

1. 认识平面图形特点。

回忆刚才得到的这些小脚印。

（1）观察交流：请你们仔细看黑板上这些图形，想一想它们都有哪些特点？

（2）你能根据自己的理解把它们分类吗？分类之前，好好观察每个图形的特点，确定一个分类标准，想一想为什么要这样分。

（3）全班汇报交流。

在学生表达的过程中及时给予肯定："大家都是善于观察的孩子，在分类过程中更清楚地认识了这些平面图形。"

【设计意图】 在分类的过程中，学生就不得不观察这些平面图形具体长什么样，真正地把活动引向深入。分完以后追问为什么这样分，引导学生把相似的或反差大的图形放在一起对比。儿童化的表达自然，有趣，直指图形的本质特点。学生之间的交流，让思维产生共鸣，认知进一步内化。

针对学生观察比较的结果，有效组织，让学生学会寻找知识间的共性和不同。

活动四：在点子图上画图形——创造。

选择一个你自己喜欢的图形，利用点子图创造一个图形，互相欣赏并交流。

【设计意图】 此环节的设计目的在于让学生把刚认识的图形从大脑中调出来，再次直观呈现，强化学生对这些图形的记忆。

活动五：生活中的平面图形——回归生活。

提出问题"生活中你在哪里还见过这些立体图形呢？"先让学生自由发言，接着出示生活中的一些图片，让学生先观察再来说一说。

【设计意图】 结合一年级学生的认知水平和年龄特征，通过找图形让学生体会到这些图形在生活中的广泛应用。为了体现数学与生活有着密切的联系，数学就在我们身边，我把学生引入到现实情景当中，实现生活经验数学化。

四、巩固练习，引导提升再生经验

第一题：猜一猜，藏着什么图形朋友。

老师事先准备一个大信封，里面装有本节课所认识的几种基本图形，出示图形的部分，由学生猜测是什么图形。学生们认真观察，根据老师出示的图形的基本特征辨别是哪种图形。当猜到长方形时，学生经历了猜测长方形、正方形再到长方形的过程，感受到了长方形边长的变化，正方形也是一种特殊的长方形，三角形与长方形、正方形都有"尖尖的角"等特点。

第二题：我说你辨，出示大箱子。

通过这道题目进一步让学生体会"面在体上"。大箱子里放着长方体、正方体、球、三棱柱等立体图形，由一个学生先上来面向大家、背对着大箱子摸一摸，把感受说给大家听，接着另一名学生根据他的描述猜测这是什么立体图形。

【设计意图】结合前面的五个活动，此环节设计趣味性游戏活动，既可以检验学生学习的效果，也能够将学生的思维引向深处。练习是学生掌握知识、形成技能、发展智力的重要手段。在这里我设计了不同层次的两道练习题，以游戏的形式进行，既有趣味性又可以起到复习温故的作用。

五、总结提升，解决问题运用新的经验

让学生自己来设计活动，并采用自己喜欢的方式活动，在相互参观的基础上，进行自评互评，并让学生来说一说用了什么图形，拼成了什么图案。

【设计意图】学生的数学学习活动应该是一个生动、活泼、主动和富有个性的过程，这样才能培养学生的创造力。

教学反思

借助已有经验　发展几何观念

《认识图形》是《有趣的图形》这一单元的起始课，是在第一册认识了立体图形的基础上，让学生初步认识平面图形，为以后学习更深层的几何知识打下基础。为此，在课堂教学中，通过印、拼、摆、画等活动让学生直观感知长方形、正方形、三角形、圆等平面图形的特征，培养学生初步的观察能力、动手操作能力和用数学交流的能力。

在教学中，我努力体现自主探索、发展学习、不断创新的教学思想，比如，借助学生已有的生活经验，让学生在"印一印"和"画一画"的操作活动中，动口、动眼、动手，初步感知这些实物（模型）的表面，获得对平面图形长方形、正方形、三角形、圆的感性认识，为学生在下一个环节的学习中更好地体验"面在体上"做了很好的铺垫。

通过提问"在生活中，你在哪儿见过这些平面图形"，创设问题情境，让学生把所学的新知运用到现实生活中，使学生觉得学习数学有用，数学与生活有着密切的联系，增进了学生对数学的价值和作用的认识，激发了学生学习数学的热情。

在教学中，也存在很多的不足之处：

（1）学生对教学用具——积木的兴趣极大，在后续的教学时间中很多学生管不住自己，经常会去摆弄积木，因而导致后续教学中学生的注意力不够集中。对此，以后在教学中如果出现新鲜的教学工具，一定要让学生自己事先进行摸索，避免在课堂中因为过于新奇而忽略了课堂教学。

（2）课堂的表扬方面还有所欠缺。对于学生的回答能给予反映，但是表扬的语言过于匮乏，对学生的表扬没有真正让学生从心里深深地感到欣喜。以后的教学中要进一步加强对学生的表扬。

（3）教学活动的安排有些满，活动之间应该有所取舍，以使教学更高效。

统计与概率领域

《平均数》

——四年级　张亚杰

教学目标

知识目标：结合解决问题的过程，了解平均数的大小与一组数据中的每个数据有关系，作为一组数据的代表来反映问题，会求简单数据的平均数（结果为整数）。

能力目标：经历统计数据的过程，产生数据代表的需求，并且通过直观操作和平均分计算的过程理解平均数的统计意义。

情感目标：在轻松愉快的活动中体会运用知识解决问题成功的愉悦，增强数据分析观念。

教学重点：经历统计数据的过程，产生数据代表的需求，并且通过直观操作和平均分计算的过程理解平均数的意义。

教学难点：了解平均数的大小与一组数据中的每个数据有关系，作为一组数据的代表来反映问题。

教学过程

一、创设统计过程，产生数据代表

活动一：经历统计过程。
1.问题情境，激趣导入。
最近有一档益智类综艺节目引起了大家的广泛关注。你知道是什么吗？

在第四季中，有一期节目特别考验选手的记忆能力，我们一起来看看。（播放选好的 2 分 6 秒的视频）

【设计意图】播放《最强大脑》节目片段，视频中选手的超强记忆力让学生感到震撼，充分调动了学生的学习热情，从而也为学生接下来的"小试牛刀"做好铺垫。

2. 介绍比赛规则。

视频中选手们用那么短的时间记住那么多信息，看来他们的记忆力真好。老师这里正好有一个记数字的比赛游戏，敢不敢接受挑战？

（1）每 3 秒呈现 10 个数字，等数字消失后马上记录到学习单活动一中，每次有 10 秒的时间记录。

（2）共进行 5 次，核对完之后数一数每次记住数字的个数，并填在活动一的表格中。

（3）尊重事实，遵守规则。

学习记录单

姓名：_____

比赛规则：每 3 秒呈现 10 个数字，共 5 次，看谁记的数字多。按顺序写下每次记住的数字。

第 1 次：

第 2 次：

第 3 次：

第 4 次：

第 5 次：

次数	第1次	第2次	第3次	第4次	第5次
记住数字的个数					

3. 游戏开始，教师指导第一次。提醒学生等数字消失了开始记，而不是一边看一边记。

【设计意图】教师创设真实的问题情境，让学生挑战"最强大脑"记数字，测试自己每次记数字的个数，亲自经历统计过程，经历数据产生和收集的完整过程，也为数据代表的产生做好铺垫。

二、对比中认识平均数

链条一：学生独立思考，暴露、激活原有经验。

你每次能记住几个数字？用哪个数来代表你 3 秒内对数字的记忆个数最公平合理？并说明理由。

预设 1：五次中出现次数最多的作为自己 3 秒内能记住几个数字是最公平合理的。比如，每次记住数字个数分别是 6、7、5、7、8，则自己 3 秒内能记住 7 个数字是最公平合理的。

预设 2：五次中数字最大的作为自己 3 秒内能记住几个数字是最公平合理的。比如，每次记住数字个数分别是 6、7、5、7、8，则自己 3 秒内能记住 8 个数字是最公平合理的。

预设 3：取五次记忆数字的个数的平均数作为自己 3 秒内能记住几个数字是最公平合理的。

【设计意图】在经历了统计的过程后，教师提出问题：用哪个数来代表你 3 秒内对数字的记忆个数是最公平合理的？给学生创设自主探究的空间，在学生独立思考的过程中既激活了学生原有的统计知识和经验，同时又为平均数产生的必要性做了铺垫。

链条二：学生小组合作，交流、碰撞生成经验。

活动二：初步感受平均数。

1. 小组合作，探究数据代表。

小组活动建议：小组中每位同学说出自己的方法，由大家共同探究方法的可行性，最后确定出公平合理的方法。

2. 对比中认识平均数。

在学生的学习单中选择 4 组数据进行展示：

（1）5 5 8 7 6　　用众数 5

（2）3 6 4 8 5　　用最大数 8

（3）4 7 6 9 5　　用中间数 6

（4）5 1 7 8 9　　用平均数 6

小组交流以上 4 组数据。

（1）用众数表示。讨论：用出现次数多的数做代表合不合适？

预设：其他大部分都在 5 以上，选择 5 不合适。

（2）选取一组数据中的最大数或中间数为什么不行？

活动三：在计算平均数中再体会平均数的意义。

教师用刚才的第4组数据5、1、7、8、9，引导学生思考：平均每次记住6个数字是怎么得到的？让学生用自己的方式写一写，画一画进行说明，然后在小组内交流自己的方法。

【设计意图】 学生在经历了独立思考后，每个学生的原有统计经验被激活。此时，学生有的能够正确解答，有的不能正确解答，有的想把自己认为正确的方法介绍给大家，有的存在困惑想向别人请教。此环节既给学生自主交流的空间，达到学生间互相解决问题的目的，同时还能够培养学生遇到自己不能解决的问题时要寻求与同伴合作的意识和能力。学生在交流碰撞的过程中，在辨析其他同学方法的过程中，进一步明确公平合理的方法。

链条三：教师引导梳理，归纳、积累再生经验。

1. 运用移多补少和除法计算，体会平均数的意义。

（1）你是怎样想到的？移多补少后得到的是什么？

（2）除法计算后得到的是什么？两者有联系吗？

（3）6是哪一次的记数字个数？它到底是什么意思？

板书：移多补少 总数÷份数（经统计而得）

小结：6个数字是同学记数字的整体水平，不是某一次实际记数字的个数，是几次"匀"出来的，代表此同学记数字的平均水平。

2. 现在知道你3秒钟能记住几个数字了吗？你们还有什么问题吗？

预设：学生计算的结果有的可能不是整数。

教师举例，启发学生思考其中的道理，进一步认识平均数。

教师通过直观操作"移多补少"，演示剩下的数继续平均分的过程。

小结：原来余下的3也要平均分到5份中去，这样才能让本来不等的这一组数据变得相等，这相等的数才叫平均数。

【设计意图】 教师通过提供给学生质疑的空间，引发学生深入讨论平均数的意义，在此基础上，教师进一步明晰平均数是几个数"匀"出来的，它是一组数据平均水平的代表。学生在对比自己原有数据代表的基础上，体会到用平均数作为数据代表的合理性，进一步明确平均数的意义。

链条四：学生自主运用，发现、积累更新经验。

1. 生活中哪里见过平均数？

如：平均分、平均气温、平均身高。说说它们的含义。

2. 我国对学龄前身高不足 1.3 米的儿童实行免票乘车，你知道这个数据是怎么得到的吗？谈谈你的理解。

【设计意图】本环节学生运用新经验，在自主解题中进一步积累数据分析经验，同时再次感悟平均数的意义。

三、回顾总结，借人喻数

通过本节课的学习，你觉得平均数是个怎样的"人"？

预设：代表性的"人"，小气的"人"，精细的"人"，一丝不苟的"人"，多面的"人"，神奇的"人"，幽默的"人"等。

【设计意图】借物喻人是写文章常用的方法。尝试着用"借人喻数"，学生表达起来欲罢不能，进而帮助学生加深理解平均数的意义。

教学反思

创设·经历·积累

我们知道，现在教学"平均数"，应该是重视其统计意义的理解而非仅仅会算。那么，要想理解统计意义，如果不经历统计过程，那么统计意义就无法彰显。本节课我设计了有效的统计活动，将具体的学习内容与有效的数学探究活动相结合，帮助学生经历完整的统计过程，并且进行了收集数据、整理数据以及表示数据，帮助学生理解平均数，进而培养学生的数据分析观念。

本节课我设计了四个活动链条，即暴露——原有经验（独立思考学习）、碰撞——生成经验（小组合作学习）、提升——再生经验（教师引导梳理）、运用——新的经验（学生自主运用），使学生在充分的活动中积累、发展较为丰富的统计活动经验。

1. 创设情境，产生需求。

平均数在我们的生活中应用很广泛，求平均数的方法并不难，理解平均数的意义应该是本课的重点。因此应该让学生首先产生对平均数的需求，在需求中展开进一步的学习。

本课以"如何评比学生记数字的能力"为任务展开教学，当教师提出问题：用哪个数来代表你3秒内对数字的记忆个数最公平合理时，学生已经从实际问题的困惑中产生了求平均数的迫切需求。学生寻找的是"能代表这5次记录数字的数"，任务一经布置，已然为学生初步体会"平均数是刻画、代表一组数据的整体水平"，为平均数具有"代表性"奠定了心理基础。

2. 经历过程，尊重需求。

在学生产生对平均数的需求后，经历平均数的产生过程就显得尤为重要。学生在经历过程中加深了对平均数意义的理解，同时求平均数的方法也在学生理解意义的过程中被发现。

教学过程中，教师创设真实的问题情境，既能激发学生的学习兴趣，又让学生亲自经历统计过程，经历数据产生和收集的完整过程，尊重学生学习平均数的需求。

3. 解决问题，积累经验。

平均数是为了解决问题而产生的，那么当学生理解了平均数的意义之后，就应该让学生应用所学的知识去解决身边的、生活中的实际问题，在充分的活动中积累、发展统计活动经验。

平均数的求法教学，依然融合于问题解决中。学生方法有二，一是"总个数÷次数"，二是"移多补少"。对这两种方法我是这样处理的，"除法求法"一带而过，侧重于"移多补少"这一方法的展开，借助直观展示，引导学生将5次个数进行移多补少。直观地介入，强化的仍然是平均数意义的理解，而非计算结果，从而实现了"算法"教学与"代表性"内涵理解的统一，促进学生更好地理解平均数的意义，积累统计活动经验。

《平均数的再认识》

——五年级 任莉

教学目标

知识目标：结合解决问题的过程，进一步认识平均数。

能力目标：能运用平均数解决简单的实际问题。

情感目标：在运用平均数的知识解释简单生活现象、解决简单实际问题的过程中，进一步积累分析和处理数据的方法，发展数据分析观念。

教学重点：用平均数的知识解决简单的实际问题。

教学难点：体会极端数据对平均数的影响。

教学过程

一、独立计算平均数，暴露原有经验

问题导入：本学期淘气、笑笑和我们一起学习了很多内容。

问题1：你能计算一下笑笑这学期前四个单元的单元测试的平均分吗？

问题2：是怎么计算的呢？

预设：移多补少变均等、将每一个数据都加起来再除以总个数。

问题3：这个平均数有什么意义呢？

预设生成1：代表这组数据的平均水平。

预设生成2：平均数是一个虚拟的数。

【设计意图】从学生最熟悉的数据入手，前面几次课学生制作过复式条形统计图和复式折线统计图，有一定分析数据的基础。本环节三个问题旨在唤起学生对已学过的平均数知识的回忆，包括计算方式和意义，暴露学生原有关于平均数的经验。

二、探究儿童免票标准，碰撞生成经验

● 根据有关规定，我国对学龄前儿童实行免票乘车，即一名成年人可以携带一名身高不足 1.2 m 的儿童免费乘车。

(1) 用自己的语言说一说，1.2 m 这个数据可能是如何得到的呢？

(2) **据统计**，目前北京市 6 岁男童身高的平均值为 119.3 cm，女童身高平均值为 118.7 cm。请根据上面信息解释免票线确定的合理性。

1. 儿童免票标准。

根据有关规定，我国对学龄前儿童实行免票乘车，即一名成年人可以携带一名身高不足 1.2m 的儿童免费乘车。1.2m 这个数据可能是如何得到的呢？

预设生成：可能是各个省市的一些 6 岁儿童的平均身高。

2. 探究儿童免票标准。

这是一位老师早些年在某个地区抽样 100 位 6 岁儿童的身高情况，绘制成这两张样本容量各为 50 的统计表。请大家根据上面的信息来解释一下免票线确定的合理性。

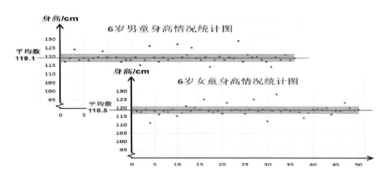

（1）出示要求：先独立观察、思考，然后在小组内说一说你的想法。

（2）学生独立观察、分析数据，组内交流。

（3）汇报交流：6 岁男童身高平均数是 119.1cm，6 岁女童身高平均数是 118.5cm。6 岁男童身高和 6 岁女童身高都有高有低，但是有一个共同的特征：身高数据比较集中，在 1.2m 以下一点，而且数据多集中在平均数附近；一般儿童的身高要么比平均数多一点，要么比平均数少一点。所以儿童免票标准

1.2m 是参考 6 岁男童、女童的平均身高来制定的。

（4）小结：之前我们知道平均数代表了一组数据的平均水平，这里我们又发现平均数反映了这组数据的集中趋势。因为大多数 6 岁儿童的身高集中在 120 cm 以下，6 岁男童平均身高为 119.1cm，6 岁女童平均身高为 118.5cm，所以 1.2m 这个身高线基本可以涵盖 6 岁及以下儿童，制定为免票标准是很合理的。

3. 免票标准变化原因。

（1）有没有细心的同学发现，现在北京公交车上的免票线已经不是 1.2m 了，你知道是多少吗？为什么？

（2）学生经过观察、小组讨论，全班交流，得出结论：现在北京公交车上的免票线不再是 1.2m，而是 1.3m。现在学龄前儿童的平均身高比以前有大幅增长，不再是 1.18m 或 1.19m，而是达到了 1.3m。基于这个身高平均数的变化，免票线也发生了相应变化。

（3）小结：1.2m 已经不能代表学龄前儿童的身高，因为现在大多数四五岁的儿童都已经不止 1.2m 了，所以必须做出调整。数据为政策制定提供了依据，相关政策要根据最新数据的变化及分析进行调整。

【设计意图】在探究过程中学生明确免票身高的合理性。真实存在的问题容易引起学生的关注，让矛盾激发学生思考，用数据说服学生，使他们在直观感受中体会概念。免票线问题贴近学生生活，让学生进行有价值的讨论和探索，使学生深刻感受到数据在实际问题中的重要性及应用。

三、不同样本数据进行对比，提升再生经验

1. 分析数据是一件非常有意思的事情，下面我们来看看单元测试情况。哪位同学看懂了，帮大家解读一下。

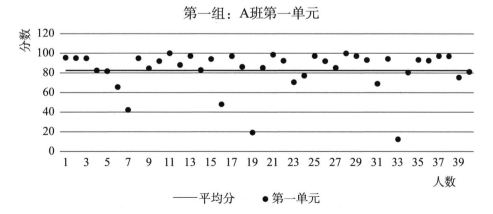

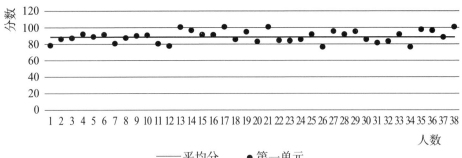

第二组：B班第一单元

2.学生观察后汇报：在两组数据中，略粗的线是平均分，一个个小圆点就是不同学生的分数。第一组A班的平均水平低于第二组B班的平均水平。两组数据都在平均分周围，也就是说平均分反映了数据的集中趋势。

3.极端数据影响。

（1）提问：第一组数据都在平均分周围吗？

学生观察后发现不是，第一组数据大多数在平均分上面，只有少数数据在平均分下面。

继续追问：为什么大多数数据在平均分上面，只有少数数据在平均分下面？这个平均分还是平均数吗？

学生进一步思考：这几个出现在平均数下面的数据，与其他数据相差很大，对平均数的影响也很大，计算出的平均数仍然是第一组的平均分。

（2）提问：你们观察到的这种情况说明什么？

学生思考：第一组数据的平均分不能反映这组数据的集中趋势。

（3）提问：为什么第一组数据的平均分不能反映这组数据的集中趋势？

小组讨论并集体交流。

在生生互动，师生互动中，得出结论：因为第一组内低分的同学比较多，拉低了平均分，而平均分受这些特殊分数的影响，显得略低。这些数据不具有代表性，属于个别现象，却对平均分影响很大，所以第一组数据的平均分不能反映第一组数据的集中趋势。

（4）小结：在统计中，我们把像"低分"这样和组内其他数据相比差距特别大的数据叫作极端数据。因为平均数受组内每一个数据的影响，任何一个数有变化，平均数都有反应，平均数很灵敏，也就意味着它会受到极端数据的影响。

很低的分数是极端数据,极端数据还可能是什么样的分数?

学生推理出:不仅很低的分数是极端数据,特别高的分数也是极端数据。

【设计意图】经过思考、辨析,明确平均数灵敏的特点,在一组数据中任何一个数有变化,都会影响平均数。让学生了解极端数据,感悟极端数据对平均值的影响。

四、联系实际,运用新的经验

1. 出示"新苗杯"少儿歌手大奖赛的成绩统计图,请学生算一算选手得分。

	评委1	评委2	评委3	评委4	评委5	平均分
选手1	92	98	94	96	100	
选手2	97	99	100	84	95	
选手3	90	98	87	85	90	

(1)计算选手平均分。

学生独立计算选手平均分。

(2)交流中寻找极端数据。

学生展示交流选手平均分,不同学生出现了不同平均分结果。

为什么计算的平均分不一样?找一找有没有极端数据?

选手2的84,选手3的98都是极端数据,要去掉这些极端数据算平均分才能让平均分代表选手真实水平。

(3)明确极端数据对平均分的影响。

就理论而言,你们都对了,但是如果某某(同学名字)是选手1,某某是选手2,某某是选手3,请问只去掉选手2的极端数据84分、选手3的极端数据98分,你们心里觉得平衡吗?

学生认为只去掉某个选手的最低极端数据或者某个选手的最高极端数据,这样操作不公平。

(4)制定合理计算平均分的规则。

怎么做才能保证公平公正?

全班交流得出结论:每名选手的最低分和最高分都去掉,然后再计算平均分比较合适。这样一是保证没有极端数据,二是保证对每个人都公平公正。

2.运用课堂生成经验，重新计算平均分。

（1）学生尝试去掉每名选手的一个最低分和一个最高分，计算出每位选手的平均分。

（2）全班交流。

（3）小结：去掉每名选手的一个最低分和一个最高分，这样计算出的平均分才更具代表性。

3.出示实际比赛记分规则。

在实际比赛中，通常都采用去掉一个最低分和一个最高分，然后再计算平均数的记分方法。

【设计意图】学生进一步了解平均数，感受极端数据对平均数的影响，学生经历从分析特殊事件数据到一般事件数据的分析过程，进一步培养了分析数据能力和概括能力。生活中有数学，但生活中的数学和理论数学不一样，学生感受到在生活中应用数学知识，不仅仅是套用，还要根据实际情况做出调整。

五、课堂总结

学生归纳梳理本节课内容。

预设生成1：平均数反映了一组数据的集中趋势。

预设生成2：应当去除极端数据后再计算平均数，这样更具有代表性。

预设生成3：平均数在实际应用中，例如求比赛平均分的情况，要灵活分析数据，去掉一个最低分和最高分后算出的平均分才公平。

预设生成4：应当及时分析数据的变化，进行相关政策的调整。

小结：当你们搜集到一组数据想要进行处理分析时，记得先看看有没有极端数据。课后大家可以多思考思考，比如，我们计算了自己这学期七个单元的平均分，我们得到了哪些信息，根据这些信息，你打算做出什么改变？或者你还需要哪些信息？比如班级某个单元的平均分、班级的最高分等等。当然，每个人需要的数据都是不一样的，因为每个人的目标不同。我们不仅要学会分析数据，还要学会利用数据所带来的信息做出合理的判断和决策，这才是我们学习统计处理数据最重要的目的。

【设计意图】在全课回顾的过程中，学生反思计算平均数前应先判断是否有极端数据。提出一些根据平均数不能得到的信息问题，引导学生再思考还需要哪些统计量，为后面其他统计量的学习做好铺垫。

教学反思

立足真实问题，发展数据分析观念

《平均数的再认识》是北师大版五年级下册第八单元《数据的表示和分析》中的第三课内容。学生在具体的情境中经历和体验数据的收集、整理和展示的过程，体会数据中蕴涵的信息，发现和提出有价值的平均数问题，了解平均数在现实中的作用。

就平均数而言，它是使误差平方和达到最小的统计量，也就是说利用平均数代表数据，可以使二次损失最小。最初学习的计算公式只是数学上的算术平均数，在应用统计的广阔天地里，还有各种为了解决实际问题而存在的加权平均数、调和平均数等等。因此平均数作为一个常用的统计量，学生不仅仅要知道如何计算一组数据的平均数，还要从统计量的角度理解平均数的意义。

1. 立足生活，凸出平均数的重要性。

学生在生活中经常会遇到乘车、游览等购票问题，对儿童免票身高线有丰富的感性认识。免票线的制定来源于生活中的身高平均数。平均数对实际生活中政策的制定有重要影响。创设儿童免费乘车的情境，让学生感受到平均数不仅仅存在于书本之中，而是和我们日常生活有很大关联。

我国对学龄前儿童实行免票乘车的规定，即身高不足 1.2m 的儿童可在成年人的带领下免费乘车。这里学龄前儿童是指 0～6 岁的儿童，其中 6 岁儿童的身高最具有代表性，需要了解 6 岁儿童的身高情况，以此来探究 1.2m 这个数据是如何得到的及数据的合理性。在出示的图中，学生发现有的身高在 1.2m 以上，有的身高在 1.2m 以下，无法确定一个准确的数值。因此通过计算这些数据的平均数来解决问题，也就是用经过调查的所有儿童的身高之和除以调查的儿童人数，即儿童的平均身高，这个平均身高就是儿童免票线的由来。

课堂上以生活中真实存在的免票问题引起学生的关注，让问题激发学生思考，让学生感受到平均数与生活紧密联系，并且用数据说服学生。学生直观体会，更有利于他们理解平均数的重要性。

2. 立足数据，凸出平均数的代表意义。

在统计上，平均数常用于表示统计对象的一般水平，能够代表一组数据的平均水平；同时平均数是一个集中量数，具有反应灵敏、计算简单的特点。

在本课中，平均数既能体现出学龄前6岁儿童的平均身高，也能反映出班级单元测试集中分数段，还能代表选手的演唱水平。在不同的情境、不同事物中，大数据统计下的平均数总是能代表事物的整体水平，具有代表性。通过三个情境的徐徐展现，平均数的代表性也逐渐清晰明了。在前一阶段明了概念、体会重要性的基础上，学生进一步感受到平均数的数学本质特点。

3. 立足分析，凸出平均数的应用价值。

在解决"新苗杯"少儿歌手大奖赛的问题时，采用计算平均数的形式算出每名选手的平均分。图例以直观形式让学生感受到极端数据对平均分（平均数）的影响，过小或者过大的数据都影响到了平均分，造成平均分不具有代表性，从而理解比赛中去掉一个最低分和一个最高分的合理性。

学生通过观察数据活动，已经发现极端数据对平均数的影响很大。为了使平均分（平均数）不受极端数据的影响，更能反映真实情况，学生进一步思考、讨论后得出结论：对这些极端数据，可以去掉一个最低分和一个最高分，然后再计算平均数，这样就避免了平均数受极端数据（个别数据偏小或者偏大）的影响。把最低分和最高分去掉后，再求平均数就更具有代表性。这样的意义在于，平均分更能代表这一组数据的集中量数，或者说更能体现选手的表演水平。平均数很重要，在生活中的运用更需要综合考虑，结合实际情况进行应用。数学来源于生活，更要创造性地应用于生活。

本节课，学生在已经了解平均数的基础上，立足生活问题，立足真实数据，通过交流、碰撞，经历解决问题的全过程，深刻感受到平均数的重要意义、数据分析的复杂性与创造性，积累了处理和分析数据的方法，进一步发展了数据分析观念。数据分析是一个既有条理又复杂的过程，教师立足真实问题创设一系列探究活动，既能锤炼学生的数学思维，又能培养学生的数据分析观念，更能发展学生的数学应用意识。

《单式折线统计图》

——四年级 张亚杰

教学目标

知识目标：了解单式折线统计图的特点，能根据一组相关数据绘制折线统计图，能从折线统计图上获取数据变化情况的信息并进行简单预测。

能力目标：引导学生独立思考、认真观察、合理想象，培养学生的观察能力、通过数据图获取信息的能力和初步的抽象概括能力，并能与同伴交流思维的过程与结果。

情感目标：感受数学与科学的密切联系，从而激发学生学习数学的兴趣。

教学重、难点：学生能从折线统计图中获取数据变化情况的信息，并能进行简单预测。

教学过程：

一、创设情境，导入新课

1. 出示图片，谈话引入。

师：我们学过测量物体的重量、长度，测量过自己的身高，得到了许多的数据，知道了许多知识。今天让我们再来了解一组关于南极深海的数据，借助我们学过的数学知识，共同来解读数据的奥秘。

【设计意图】创设学生感兴趣的情境，激发学生的学习兴趣。在本节课的伊始，选择孩子们感兴趣的生物方面的内容，吸引学生的注意力，并且回忆学过的相关知识。

二、引导探究，了解图表

链条一：新问题里的旧知识，暴露学生原有经验。

1. 出示南极磷虾图片。

师：磷虾是一种生活在海洋中的浮游生物，它的数量惊人，通常是数亿只聚集成群，在海洋中漂浮。

2. 出示统计表。

磷虾活动情况统计表

时间（小时）	深度（米）
12：00	80
14：00	78
16：00	75
18：00	70
20：00	35
22：00	22
24：00	20

师：请大家观察统计表，我们把时间和深度的数据排列在一起，你能知道什么？

（引导学生在统计表中通过数据发现水深及所对应时间，以及数据的变化）

如果我们将数据转化为图表，又能看出什么？

3. 出示条形统计图。

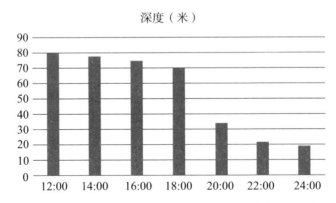

师：你能一眼看出什么？你是从统计表中看出来的还是条形统计图中看出来的？

【设计意图】此环节由浅入深，帮助学生充分暴露原有经验，先出示本节课的主要研究对象，吸引学生的注意力，接着通过统计表提供数据，为发现规律做铺垫，然后引导学生发现统计图比统计表更直观，为学生后面生成新的经验做好铺垫。

链条二：学生独立思考，交流、碰撞生成经验。

4.将数据制成折线统计图。

师：你又能看出什么？请同学们带着下面的三个任务先独立思考，然后再两人一组小声讨论。

（1）统计图中每小时记录一次磷虾的活动。

（2）说一说从12时至24时磷虾活动的总体变化。

（3）你还能提出什么问题？

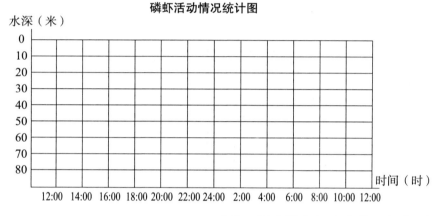

（注：图中横坐标改为每2小时一标注）

5.你能预测磷虾后12小时的活动趋势吗？

【设计意图】创设问题情境，让学生带着问题主动去独立思考、自主探究、悟出特点、得出结论。设计的问题主要突出折线统计图中的点是统计的依据，以及折线统计图的"折"的特点。问题层层递进，从学生的原有经验出发，一步步引导学生深入探究，从而进入本节课的重点内容。

链条三：学生动手操作，师生交流，积累再生经验。

6.绘制磷虾后12时活动折线统计图。

（1）出示磷虾活动统计表。

2:00	30
4:00	35
6:00	70
8:00	75
10:00	78
12:00	80

（2）出示磷虾活动的折线统计图。

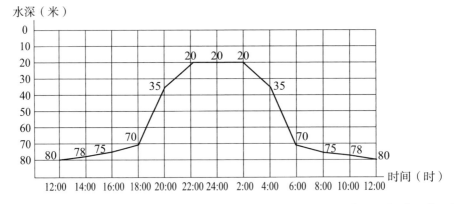

（3）你又发现什么？为什么会这样活动？如果继续观察24小时，你预测一下，磷虾的活动轨迹会是什么样的？能用身体语言表达吗？

（4）小结。

师（结合课件演示）：从统计表中我们对数据进行了整理、分类；从统计图中一眼看出了水深水浅；从折线统计图中看出了磷虾活动变化的趋势，即磷虾活动深浅变化的趋势（教师手势辅助说明）。

【设计意图】沟通表图与数据之间的联系。运用三个图做小结，即前12时折线统计图、24时折线统计图、多天的折线统计图，可以看出磷虾一天活动的趋势，两天的活动变化，从而预测出磷虾许多天后的活动规律。

链条四：学生自主解决新的问题，发现、积累更新经验。

7.绘制鲸鱼活动统计图表。

时间（小时）	水深（米）
12：00	0
14：00	0
16：00	0
18：00	20
20：00	0
22：00	20
24：00	0

（1）出示鲸鱼活动数据统计表。

（2）画折线统计图：

·师生共同找一个点。

·剩下的部分学生自己找点。

·连线。

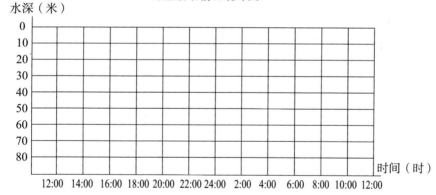

（3）读图。

·鲸鱼从 16 时至 24 时这一段怎样活动？分析原因。

·估计一下，之后 12 小时鲸鱼会怎样活动？你能描述它的活动情况吗？

·你能预测鲸鱼未来的活动趋势吗？

小结：鲸鱼一天的活动趋势是这样（手势辅助说明），两天呢？许多天呢？通过折线统计图我们发现了鲸鱼活动的规律。

8. 将磷虾和鲸鱼的活动统计图合在一张图中，观察两种动物的活动轨迹，寻找联系。

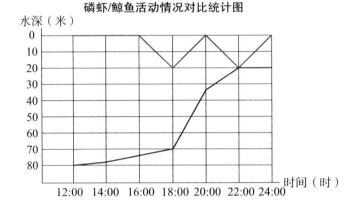

小结：傍晚时分，当磷虾上升到水下20米时，鲸鱼正潜到水下20米，为了吃磷虾。正是折线统计图的帮助使我们发现了两种水下动物之间的关系，使我们清楚地看出它们的活动趋势，预测出它们未来的活动规律。

师：回忆刚才你们的研究过程，你们把数据从统计表转化为折线统计图，又创造性地把磷虾与鲸鱼的活动轨迹合在一起，非常大胆、非常有创意的想象。科学家正是用了和你们同样的方法发现了规律。

【设计意图】本活动是一个完整的探究过程，出示统计表，让学生自主经历绘图、思考、分析、获取信息并预测未来的完整过程，在情境中学习新的知识，也在新的情境中完成知识的输出，保证了学生在课堂上有充分的时间参与学习，并且尽可能让学生人人动脑思考、人人动口交流、人人动手绘图，真正参与教学活动。

三、总结延伸，拓展思维

1. 统计图赏析。

2. 教师小结：生活中我们处处用到不同形式的统计图，它们有着各自的用途。希望同学们运用所学过的统计知识，收集你感兴趣的数据，通过整理、分析、制图，你会发现更多数据背后的秘密。

教学反思

"点""线"背后的真实世界

1. 学生的"全面发展"依托于"课堂目标"的落实。

单式折线统计图是北师大版四年级上册第八单元的内容。通过将统计知识的学习与处理实验数据的过程进行有机结合,让学生体验、探索知识产生和发展的过程,感悟数学的魅力。

学生从一年级到四年级,共进行了五次有关统计图表的认识学习,对收集整理数据、读图等方面都比较熟悉,生活中也常见折线统计图,所以学生对折线统计图有一定的认识。

基于上述对本节课所要落实的数学基本活动经验的分析,确定了本节课知识、能力、情感三个方面的教学目标。

三方面教学目标都要求学生在实际情境中积累经验,知识方面指向如何从单式折线统计图中获取信息;能力目标要求学生必须有经历具体情境、分析获取信息、解决问题的经验;情感目标着眼于让学生体会数学与科学的密切联系,指向数学学习的兴趣培养和价值体验。

2. "链条结构"让探究路线清晰可见。

为了帮助学生更好地体验数学与科学的联系,本课教学在教材原有基础上进行拓展,以科学领域中有关磷虾和鲸鱼的活动规律为背景,设计了有结构、有条理的教学活动。链条一主要是呈现教学背景,通过统计表和条形统计图的展示,激发学生关于统计图表的原有经验。链条二是通过精准设问,启发学生思考,激发学生探求活动变化规律的热情,推动教学的进一步深入,从而让学生在原有经验的基础上,生长出新的经验。链条三是让学生在动手实践中积累经验,在讨论交流中碰撞出新的经验。链条四是在新的问题情境中,运用已经获得的知识经验,突破过去仅仅对一类数量进行分析的课路,在两类看似不相关的量之间找到联系,通过"比"的形式,引导学生进行深入的观察,让学生的思考到达新的高度。

3. "科学背景"与"课程目标"相结合让探究活动落在实处。

教材的编排中安排了两个活动:栽蒜苗(一)、栽蒜苗(二)。学生将在处理数据的过程中体会不同统计图的特点。栽蒜苗(二)中的折线统计图是在学生的预测中引入,在教学中请学生猜一猜这些蒜苗的长势,然后再共同讨论折线统计图的特点和制作方法。但是,在调查中发现,有78.3%的学生不喜欢课本的例题,因此在保留教材知识框架的同时,结合城市学生知识面宽的特点,以科学领域中有关磷虾和鲸鱼的活动规律为背景,激发学生探求活动变化规律的热情。在链条二和链条三中,每一个问题的探索都能落在实处。沉浸式探索让思考真实发生,并且更容易走向深处。比如:

师:你能预测磷虾后12小时的活动趋势吗?
生1:继续上升。
生2:根据前面的数据规律,磷虾可能下降。
生3:先上升,再下降。
再出示磷虾活动的折线统图:
师:你又发现什么?为什么会这样活动?

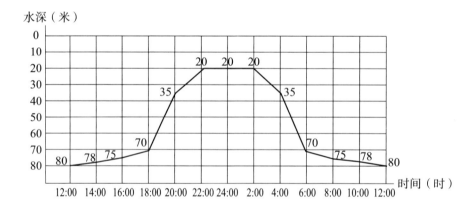

生1:磷虾活动是有规律的。
生2:它活动的轨迹是对称图形。
生3:磷虾这样活动可能与它的生活习性有关系。
生4:它可能受温度、时间、阳光的影响……

整节课都是在问题情境中,让学生带着问题主动去独立思考、自主探究、悟出特点、得出结论。鼓励学生独立思考,敢于和善于质疑问难,自主解答,培养学生的创新精神。

4. "真实规律"让学生在数学中看见世界

以磷虾和鲸鱼的活动规律为背景，不仅激发了学生探求活动变化规律的热情，也突破了过去仅仅对一类数量进行分析的课路，在链条四的环节，把两个看似不相关的事物放在一起，学生在不断的"比"中读图、联想，比如：

师：当我们观察到磷虾和鲸鱼的活动情况后，它们之间有联系吗？怎么看出来？用什么办法？你们有什么新的发现？

学生小组小声讨论。（随着声音的减弱，学生脸上洋溢出灿烂的微笑）

生1（举着两张折线统计图纸，无比兴奋）：我们发现它们相遇了！鲸鱼可能在吃磷虾。

其他学生纷纷点头说："我们也发现了。"

通过两张图的衔接，启发学生思考、寻找规律，最后发现秘密——生态世界中适者生存的规律，也让学生在数学学习中体会"比"的数学思想的内涵。学生在单式折线统计图的基础上，接触到了复式折线统计图。在正式学习复式折线统计图（五年级下学期）之前，学生在生活中碰到复式折线统计图都可能引起他们的注意、思考和探究。

《复式折线统计图》

—— 五年级 赵伟

教学目标

知识目标：引导学生经历复式折线统计图的产生过程，了解其特点，并能在教师指导下绘制复式折线统计图。

能力目标：能根据复式折线统计图对数据进行简单分析，并能做出合理推测，发展学生的统计意识，提高学生的统计能力。

情感目标：使学生进一步感受到统计带给人们的帮助，提高学生参与统计的兴趣。

教学重点：能根据复式折线统计图对数据进行简单分析，并能做出合理推测，发展学生的统计意识，提高学生的统计能力。

教学难点：能根据数据进行简单分析，并能做出合理推测。

教学过程

课前谈话

我们已经学过了哪些统计图？（学生回答）

老师这里有几个统计图，我们一起来看一下。

1. 单式条形统计图。

这是条形统计图。它表示的是 2020 年 5 月北京的天气情况。

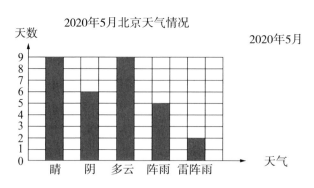

要表示数量的多少，用条形统计图是比较方便的。

2. 单式折线统计图。

这是折线统计图。它表示的是第9届至第14届亚运会中国获金牌的情况。

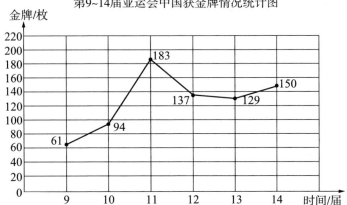

折线统计图不仅可以表示数量的多少，还能体现数量的变化趋势。

3. 复式条形统计图。

这是复式条形统计图。它表示的是同学们投球的情况。

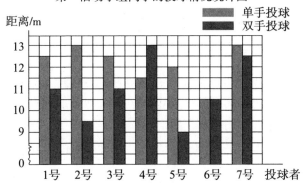

复式条形统计图便于进行数据的比较。

【设计意图】此环节的设计目的在于使学生通过复习所学过的统计图，回忆统计图的特点，唤起学生的统计意识。

一、创设情境,导入新课

我们学校这段时间在进行 1 分钟跳绳比赛,其中有两个小朋友已经比了 7 天了。老师把他们的成绩画成了两张折线统计图,我们一起来看一下。(课件出示两个折线统计图)

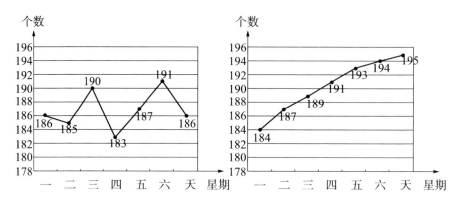

请你判断一下,经过这 7 天的比赛,张明和王伟到底谁获得了胜利?

预设:由于是两张统计图,不方便进行比较。

【设计意图】通过学生熟悉的问题情境,让学生体会到单式折线统计图不方便数据的比较,需要采取新的方法,为引入复式折线统计图做铺垫。

二、自主探索,引出复式折线统计图

链条一:学生独立思考,暴露、激活原有经验。

1. 请比较一下,在 7 天的比赛中,张明哪几天获得了胜利?
2. 请比较一下,在这 7 天的比赛中,星期几他们的成绩相差最大?

预设:学生分析,张明获得了胜利。

3. 如果他们俩在下个星期再比 7 天,谁获胜的可能性比较大?(课件出示问题)

这个问题要重点分析两人的进步趋势,不能只依靠总成绩进行推测。

通过比较这两条折线,发现了两人成绩的变化趋势,然后进行了预测。可是这两条折线在两张统计图上,左看右看感觉好像很不方便。

预设学生提出把两张统计图合并成一张统计图。

【设计意图】通过分析,学生体会到单式统计图的不足,引导学生想办法,让大家能更方便地比较两人成绩的变化趋势,从而引出复式折线统计图。

链条二：学生小组合作，交流、碰撞生成经验。

1. 学生小组合作制作复式折线统计图，老师巡视指导。

2. 反馈。

预设：

（1）没有数据的。（提示要标清数据）

（2）用同一种颜色画图但是不注明姓名的。（提示要注明姓名）

（3）用不同颜色画的。

展示用两种颜色画的，如果没有，教师展示自己准备的。

（4）解决图例问题。

用不同颜色表示时，我们还要在统计图的右上角画一个图例进行说明（板书：图例）。（教师补充展示学生画好的）实际上以前学复式条形统计图时，我们已经用过这样的方法了。

（5）介绍其他方法。

除了用不同的颜色区分，有时也可以用实线和虚线进行区分。老师这里就有一张用实线和虚线区分的统计图（出示制作好的统计图）。

（6）像这样在一张统计图中表示两组不同数量的折线统计图，我们数学上把它叫做复式折线统计图。（板书补充完整）

3. 课件完整演示制作过程。

【设计意图】 教师出示学生创作的统计图，引导学生梳理复式折线统计图的画法，加深学生对复式折线统计图的印象，提升学生对数据分析严谨性的认识。

链条三：教师引导梳理，归纳、积累再生经验。

1. 统计图分析：

（1）现在再来看一下，在这 7 天中，谁的进步趋势更加明显？

看来复式折线统计图便于我们比较两组数据的变化趋势。

（2）变化趋势看起来明显了。那我们刚才比较的张明在哪几天获胜、两人差距最大是在什么时候，现在是不是比起来也方便了呢？

复式折线统计图同样也便于我们比较数量的多少。

2. 总结：

我们以前曾经把两个条形统计图合并在一起组成复式条形统计图，今天我们又把两个折线统计图合并在一起组成复式折线统计图，它们的原理是一样的，都是为了便于分析和比较两组数据。但是复式折线统计图更加有利于比较两个数据，而且可以用来推测分析数据。

【设计意图】进一步分析复式折线统计图，加深学生对复式折线统计图的认识，明确复式折线统计图的优势与特点。让学生感受到推测数据的意义。

链条四：学生自主解题，发现、积累更新经验。

1.刚才我们已经发现了复式折线统计图便于比较的优点。老师这里有张统计图，请你来分析一下。

某地区 7～15 岁男生、女生平均身高的变化情况统计图。

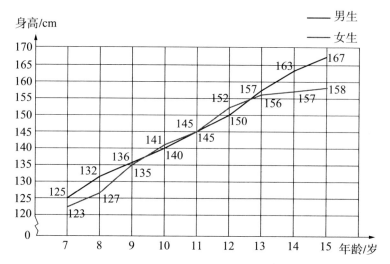

请你用刚才学到的知识简单分析一下男、女生的身高发展趋势。

请你把自己的身高和这张统计图反映的信息对比一下，看看自己现在的身高标准吗？你估计再过一年你的身高会是多少？

【设计意图】本环节意在让学生通过自己熟悉的生活环境，利用复式折线统计图解决实际问题，并且能过统计图尝试进行分析、预测，培养学生的数据分析能力及统计意识。

三、总结延伸，拓展思维

本节课即将结束，你们有什么感受？

结束语：今天，我们学习的复式折线统计图在生活中应用十分广泛，同学们要善于观察、积累、分析，养成良好的统计意识，这会让你们受益终生。

教学反思

在"体验创作"中培养统计意识，积累数学活动经验

本节课是北师大版教材五年级下册第八单元《数据的表示和分析》的内容。教学目标是让学生能根据复式折线统计图对数据进行简单分析，并能做出合理推测，发展学生的统计意识，提高学生的统计能力。

为了培养学生具有从纷繁复杂的情况中收集、处理数据，并做出适当的选择和判断的能力，本节课教学中我力求做到让学生在生活的情景中认识复式折线统计图，会制作复式折线统计图，会分析复式折线统计图。

本节课，我努力让学生充分感受到"体验式学习"的乐趣，具体做法如下：

1. 正确分析学生原有的体验。

以本课为例，课前学生回顾旧知，完成两个单式折线统计图的绘制。由于学生有制作复式条形统计图的经验，因此他们都能正确把两个单式折线统计图合并在一起，但是，学生对复式统计图中的两种线条、图例等了解不清楚。学生的已有基础，正是我们制定教学目标、有针对性地展开教学的逻辑起点。

2. 合理设计"体验创作"的教学。

如果以前的体验非常深刻，那么在教学设计上就可适当淡化，甚至不需要再设计教学环节进行体验。如果内容是需要加深体验的，那就需要必要的刺激来激活旧体验。教学时用贴近学生生活的问题、激动人心的视频、回顾金牌数量等环节，在学生的回忆、复习、观察、对比活动中，激发学生的学习热情。在问题设计上注意层层递进，让学生在独立思考、合作讨论中发现解决问题的办法。充分利用多媒体课件的优势，动态演示"二表合一"的过程，引导学生进一步理解复式折线统计图的特点，并能对数据进行简单有效地分析和预测，使学生感悟到数学就在我们身边，它源于生活。让学生学习大众的数学，学习生活的数学，这是新课程理念下的数学观。

对于"体验式"教学，在教学中可以做到以下几点：

（1）体验的过程可以简洁一些。

如教学"复式折线统计图"时，学生通过两个单式折线统计图比较起来很不方便，我提问："怎样处理两个单式折线统计图，能使我们一下子就比较出两个国家的金牌情况？"学生基于已有的体验，说"可以合并"，我就直接演

示合并了。这样的方式，简洁有效。

（2）体验的重点可以调整。

"创作体验"时，要对比分析之前的体验，找到不同时期的体验着力点，保证教学目标的达成和教学重点的突破。在引导学生将两个单式统计图合并在一起时，要依据纵轴、横轴的意义来解释为何可以合并，怎么合并。所以，在本课中，我通过各种形式让学生反复体验复式折线统计图的优点。

统计活动的过程不仅包括收集、整理和描述数据，而且包括分析数据以及根据分析的结果作出简单的判断和预测。而其中的最后一个环节对于增强学生的统计观念、发展学生的统计能力是非常重要的。所以在教学中，我一方面注意突出复式折线统计图的特点，引导学生进行思考；另一方面还启发学生根据自身的生活经验，结合有关的复式折线统计图，谈体会、说感受、提建议，让学生在分析和交流中，进一步加深对复式折线统计图的认识，逐步提高识图和用图的能力，进一步培养学生的统计意识。

综合与实践领域

《鸡兔同笼》

——五年级 丁凤良

教学目标

知识目标：学生掌握解决"鸡兔同笼"问题的三种列表方法，即枚举列表法、跳跃列表法和取中列表法。

能力目标：培养学生"有序"思考数学问题的思维方式，培养学生应用"如果……就……"即假设的数学思想来解决问题，提高学生运用估测、尝试、调整等办法分析问题、解决问题的能力。

情感目标：通过问题情境的创设，使学生感受到数学与生活的紧密联系。通过介绍《孙子算经》数学史，使学生感受到古代劳动人民的惊人创造力，进而激发学生学习数学的动力。通过问题解决的过程，使学生体会到学习过程是一个不断面对挑战的过程。

教学重、难点：以鸡兔同笼问题为载体，以列表举例为载体，培养学生多角度、有序思考数学问题的思维方式。

教学过程

咱们班有哪些同学喜欢玩电脑游戏，请举手？

今天我给大家带来一个小的游戏，一个和猜测有关的游戏，猜数字的游戏，估计你们都没玩过，有谁想试试吗？（电脑出示）

小结:玩中也有学问,要善于观察,要善于利用规则。我们不能盲目地尝试,应讲求策略和方法,即有序地尝试。怎样体现有序呢?可以先从中间尝试或先选定一个范围尝试。

一、情境引入 激发兴趣 有序猜测

1.电脑出示:鸡兔同笼主题图。

从这幅图中你看到了什么?(鸡和兔装在一个铁笼子里)

你能提出哪些数学问题?(鸡和兔一共有几只?鸡和兔各有几只?)

那鸡和兔究竟有几只呢?有人知道吗?(不知道,有树叶挡着)那好,这节课我们就来研究和鸡兔有关的数学问题。(板书:鸡兔同笼)

2.电脑出示问题:笼中共有鸡、兔8只,请问鸡、兔各有几只?

如果需要,你可以借助电脑来摆一摆有哪些情况。

(学生到台前操作电脑)

刚才同学已经演示了鸡兔只数的不同情况,一共有几种情况?

(老师板书,有序地书写)

鸡/只	兔/只
1	7
2	6
3	5
4	4
5	3
6	2
7	1

通过刚才的学习，我们发现有序的书写不仅便于记忆，而且可以使思路更加清晰。

二、尝试猜测 发现规律 寻找原因

师：看来只提供一个信息并不能知道鸡、兔的准确只数，下面老师提供第二个信息，看看你们这次能否确定。

电脑出示问题：笼中共有鸡、兔 8 只，鸡、兔腿的总数是 22 条。请问鸡、兔各有几只？

此时能否确定？你有哪些办法解决这个问题？请学生独立完成。

（有的学生说能确定，有的说不能确定；老师追问能确定的组，你们是怎样确定的，同时鼓励不能确定的学生尝试）

学生分别汇报：

方法一：（枚举列表）

如果是 1 只鸡，7 只兔，总腿数是 30 条。

如果是 2 只鸡，6 只兔，总腿数是 28 条。

如果是 3 只鸡，5 只兔，总腿数是 26 条。

如果是 4 只鸡，4 只兔，总腿数是 24 条。

如果是 5 只鸡，3 只兔，总腿数是 22 条。

如果是 6 只鸡，2 只兔，总腿数是 20 条。

如果是 7 只鸡，1 只兔，总腿数是 18 条。

教师归纳并板书：

头/只	鸡/只	兔/只	腿/条
8	1	7	30
8	2	6	28
8	3	5	26
8	4	4	24
8	5	3	22
8	6	2	20
8	7	1	18

方法二：也许会出现列式计算、假设法等。

可以肯定，但不在本节课重点研究范围之内，今后还会再进行研究。

师：看来在增加了第二条信息之后，鸡和兔的只数不仅都能够确定，而且同学们还找到了不同的确定鸡兔只数的方法，那在这些方法中你们觉得哪种方法更容易理解？可以进行现场统计，这样更具说服力。

小结：请同学观察板书上的列表，从这个列表中你能发现哪些规律？

学生汇报：

（1）鸡兔的总数是不变的，都是8。

（2）鸡的只数减少，兔的只数就增加。

（3）鸡的只数减少1只，兔的只数就增加1只。

（4）鸡的只数减少1只，兔的只数增加1只，总的腿数就增加2条。

小结：鸡兔的总数不变，但只要鸡的数量一变化，兔的数量也随着变化，进而引起腿的总数也发生变化。（连锁反应、牵一发而动全身，这个反应还是有规律的反应）

三、应用规律 尝试调整 优化列表

师：表格虽小，但它却能包含这么多的规律，看来列表法还真是不简单，那你们想不想自己独立利用列表的方法来解决一个和鸡兔有关的问题？

电脑出示问题：笼中共有鸡、兔36只，鸡、兔腿的总数是94条。请问鸡、兔各有几只？

请学生独立完成（在此过程中学生遇到新问题，数变大了，表格不够用了）

汇报要展示学生生成的资源，如果学生有逐个列表的一定要展示，进而引出学生的感受"太繁琐了""根本列不出来""不现实"，进而再引出"需要调整"，或"先估计大概范围，再列表"。突出估测的重要，突出调整的必要。

汇报1：采取先确定两头，然后再尝试、调整，逐步缩小包围圈的方法。即先两边后中间。（板书）

头/只	鸡/只	兔/只	腿/条
36	1	35	142
36	10	26	124
36	20	16	104
36	25	11	94

汇报2：采取先从中间入手的办法，然后再尝试、调整，即先中间后一边。（板书）

头/只	鸡/只	兔/只	腿/条
36	18	18	108
36	28	8	88
36	26	10	92
36	25	11	94

小结：到目前为止，通过同学们的亲自尝试和探索，已经发现了三种不同的列表方法。我想请问同学们：

（1）能不能给黑板上的三种列表分别起个名字？（逐一列表适合较小的数，遇到较大的数时，可以尝试先估计范围再列表或采用折中列表）

（2）以上三种方法中你更喜欢哪种方法？并简述你的理由。

四、跳出"鸡兔"应用列表 拓展思维

师：下面请同学们用自己最喜欢的一种列表方法来解决一个新问题，请看屏幕。

电脑出示问题：为了保护环境，学校环保小组成员收集废旧电池，一个星期收集五号电池和七号电池共28节，总重量为390克，五号和七号电池各多少

节？（五号电池每节 20 克，七号电池每节 10 克）

请学生独立完成。比一比，看一看哪位同学能用最短的时间，又用最少的调整步数解决这个问题。

学生汇报：

总数/节	五号/节	七号/节	总重量/克
28	1	27	290
28	5	23	330
28	8	20	360
28	11	17	390

或

总数/节	五号/节	七号/节	总重量/克
28	14	14	420
28	12	16	400
28	10	18	380
28	11	17	390

五、介绍历史 感受文化 引发思考

师：看来用列表的方法不仅可以解决具体的几个头几条腿的问题，而且还可以解决生活中的其他问题。那你们想知道古人——我们的祖先是怎样来解决鸡兔同笼这类问题的吗？我们一起来看一段短片，请看大屏幕。

早在1500多年前，我国古代数学巨著《孙子算经》就已经问世了。相传此书为《算经十书》之一，是一部在世界数学史上也占有显著地位的数学著作。著名的"鸡兔同笼"问题，就被收录于其中。原文如下："今有雉兔同笼，上有三十五头，下有九十四足，问雉、兔各几何？"在元代的《丁巨算法》一书中，记录了一种通俗易懂的算术解法，有人称为"砍足法"。思路新颖而奇特，令古今中外数学家赞叹不已。除此之外，为了解决这类问题，后人也想出了很多非常巧妙的方法，有鸡再生脚法、兔再长头法、兔子立正法等等。总之，每一种方法无不体现着古代劳动人民的聪明才智。

结束语：其实列表法的背后是一种"有序"思考问题的思维方式，老师真诚地希望你们每一个同学都能学会"有序"思考问题的思维方式，这样你们将会受益终身。

教学反思

思维在经历中"生长" 思维方式在体验中"转变"

1. 体验尝试过程，经历从无序到有序的过程。

课前的猜数游戏学生最初是盲目尝试，但随着尝试次数的增多，有的学生发现尝试和猜测并不是没有头绪，而是有策略的。无序到有序这个过程不是说教可以解决的，必须依靠学生亲自体验，经历这个过程。学生会将这种有序思考问题的意识放大，进而应用这种意识去解决更多的问题。引入环节的设计，使学生充分感受到有序思考问题的价值。这种有序思考问题的思维方式，只有学生亲身经历才会印象深刻。

2. 预设激发生成，经历方法在引导中深化的过程。

鸡兔同笼的问题，学生分别汇报了三种方法：

生1：列方程的方法。

解：设鸡有 x 只，兔有 $8-x$ 只。

$2x+4(8-x)=22$

$x=5$

$8-5=3$（只）

生2：列表法。

设鸡是 1 只，兔子是 7 只，总腿数是 30 条。

设鸡是 2 只，兔子是 6 只，总腿数是 28 条。

设鸡是 3 只，兔子是 5 只，总腿数是 26 条。

设鸡是 4 只，兔子是 4 只，总腿数是 24 条。

设鸡是 5 只，兔子是 3 只，总腿数是 22 条。

这一组是对的，鸡是 5 只，兔子是 3 只。

生 3：假设的方法。

假设全是兔子。

$4×8=32$（条）

$32-22=10$（条）

$10÷（4-2）=5$（只）

$8-5=3$（只）

生 4：和第三个同学的方法类似。

假设它们都削去一半的腿，兔子就只有 2 条腿，鸡就只有 1 条腿了，总共就只有 11 条腿。然后 11-8，又假设都是鸡，多出的 3 就相当于是兔子的数量，8-3=5 就相当于是鸡的只数。

师：你们觉得她的方法怎么样？

全体学生为第四名同学热烈鼓掌。

师：这个同学的方法非常巧妙，采用了砍腿的办法，当然是假的砍腿，不是真的。

以上前三种方法是老师预设的方法。学生可能会出现这三种方法，在分别出现相应方法后，老师都安排反馈，对三种方法的"群众基础"做到了如指掌。从录像推测，方程的方法有 5 人左右采用；列表的方法有 20 人左右采用，假设的方法有 10 人左右采用。这样的安排为下一步完成本节课的重点——列表法的学习做好了铺垫和准备。

值得一提的是第四个同学极具创意的削腿的办法。对这种方法老师在备课过程中有所了解，但预设是安排在本节课结束时在总结鸡兔同笼类问题解题方法时加以介绍。不成想学生的知识非常丰富，竟然在课的开始阶段就提出，而且还介绍得非常清晰、非常有条理，着实令老师吃惊！如果老师的预设可以激发学生生成的火花，这样的预设就是极具价值的预设。如果在学生产生火花的生成中老师能因势利导，这样的引导是极具价值的。预设终究是预设，老师的价值就在于引导，而且是基于学生生成的引导。

之后做了一个现场调查，让学生选择四种方法当中哪种方法最好理解。

大多数同学认为列表的方法有优势，这并不是老师强硬带领学生来学习，而是按照大多数学生的意愿来学习。我理解一节课之所以有生命力，最重要的一点就是能否使学生感受到学习这节课的价值，如果老师是领着学生走，忽视学生的需求而教学，毫无疑问是远离这个目标的。安排这个环节使学生感受到这节课的学习是"顺气"的！简而言之就是学生学习本节课内容的内驱力正在生长着！

3.发现蕴含规律，经历列表方法调试整理的过程。

请同学观察黑板上的列表，让他们从列表中发现规律，并以组为单位讨论。之所以给学生充分的时间和发言的机会，主要目的是为学生观察、感受表格丰富的规律提供空间，使学生感受到表格虽然很小、很不起眼，甚至被有些同学看不上，但是它蕴含的规律却很丰富。

列表法值得我们研究。我们要为学生进一步学习、探讨列表法做好必要的"规律"储备，因为列表法的难点就是如何调整列表，而调整的基础就是利用"规律"进行调整。因此花些时间既是必要的，也是必须的！

《烙饼问题》

——四年级　丁凤良

教学目标

知识目标： 通过对生活中烙饼问题的学习，使学生了解和认识到在既定规则下，烙饼最短时间与饼的张数和烙熟一面所用时间是有关系的、有规律的，帮助学生理解其规律。

能力目标： 通过对生活中烙饼问题的学习，使学生初步体会优化思想在解决问题中的应用，使学生经历解决问题的优化过程，培养学生运用优化方法解决问题的意识。通过观察、操作、比较、讨论等活动，培养学生用优化的方法解决实际问题的能力。

情感目标： 通过探究活动，让学生体验探索和合作的乐趣，充分感受数学与生活的密切联系，培养学生用优化的方法来解决问题的思维习惯。

教学重点： 烙饼最短时间与饼的张数和烙熟一面所用时间是有关系的、有规律的，帮助学生理解其规律。

教学难点： 培养学生用优化的方法来解决问题的意识和习惯，培养学生用优化的方法解决实际问题的能力。

教学过程

咱们班有哪些同学喜欢玩电脑游戏，请举手？

今天我给大家带来一个小的游戏，一个和猜测有关的游戏，猜数字的游戏，估计你们都没玩过，有谁想试试吗？（电脑出示）

小结：要想尽快猜到相关的数，需要找到策略。策略一：先从中间数开始试。策略二：如果信息提示大了或者小了，那我们就只猜另一部分即可，对已经提示大了或者小了的一方就不用再猜了，这样尝试猜数的次数可以大大减少。策略三：为了进一步减少猜的次数，重复以上两个策略即可。

【设计意图】此环节的设计目的在于使学生在游戏过程中，初步体验优化思考的价值和意义，为帮助学生解决本节课的难点提供支持和帮助。此环节设计需要安排一名学生做电脑录入员，安排一名学生现场记录学生猜数的过程，也就是将学生尝试猜的数留痕，便于后续观察、梳理、小结。

一、创设情境，导入新课

1. 师：在日常生活中我们经常能碰到一些数学问题，例如，煮熟一个鸡蛋要用 8 分钟时间，煮熟 5 个鸡蛋要用多长时间？

预设生成 1：一个一个地煮，一个 8 分钟，5 个要 40 分钟。

预设生成 2：把 5 个鸡蛋一起放进锅里面煮，要用 8 分钟。

2. 再次设问：为什么会想到一起煮呢？一起煮有什么好处？

3. 小结：锅如果足够大，就将鸡蛋放在一起煮，这样比一个一个地煮要节省时间和燃料，煮蛋的过程得到优化。生活中这类问题还有很多，我们就一起来研究其中的一个问题——也同样需要考虑策略和方法的"烙饼问题"。（板书课题：烙饼问题）

【设计意图】创设生活化的教学情境，激发学生的学习兴趣。在本节课伊始，从生活中"煮鸡蛋"的简单事例出发，调动学生已有的生活经验，引导学生回顾平时怎样合理安排操作能节省时间，为新知教学渗透优化的方法做好准备。

二、自主探索，探究烙法

链条一：学生独立思考，暴露、激活原有经验。

1. 课件呈现主题图：

2.通过看图你知道了哪些信息？

3.你认为这些信息中的哪些信息对于解决此问题来说非常重要，需要进一步明确提示同学们？

预设学生会提出的重要信息或问题：

（1）主题图中蕴含的数学信息包括：一共要烙3张饼，每次只能烙2张饼，两面都要烙，每面要3分钟。

（2）每次只能烙两张饼是什么意思？（引导学生认识：每次只能烙两张饼指的是锅里面最多能同时放下两张饼。如果只有一张饼时也可以只放一张。）

（3）两面都要烙是什么意思？（一张饼的正面要烙，反面也要烙。）教师强调：为了表达方便，我们可以把先烙的一面叫正面，后烙的一面叫反面。

4.请同学们试着独立分析解答此题目，你可以选择你喜欢的方法来说明和解答此问题。

教师巡视，发现学生在独立解决此问题过程中的优点和不足，但此过程中教师不予解答。

【设计意图】为了充分暴露学生原有的认知经验，教学设计时安排学生分析题目相关信息，同时对题目重要信息进行梳理。"每次只能烙两张饼，两面都要烙"是活动的基础，是操作活动得以进行的基点和前提。但学生由于自身已有知识、经验的局限，在解读主题图时，常表现为照本宣科，浅尝辄止。解决这个问题需要教师适时的引导。通过对信息的解读，激活学生的原有经验，使学生透过文字的表面，深入理解关键信息，理解烙饼的规则。

链条二：学生小组合作，交流、碰撞生成经验。

刚才同学们用自己喜欢的方式，独立对问题进行了分析和解答，接下来就请同学们以4人小组为单位在组内交流分享各自的解题方法。

课件出示小组活动建议：

（1）请同学们以4人小组为单位在组内交流分享各自的解题方法。

（2）为了便于大家分享介绍，帮助大家理解烙饼的方法，老师为每个组准备了三张饼的学具，在透明的塑料袋里，如果需要可以拿来用。

（3）边分享边思考：怎样烙，爸爸、妈妈和我才能用最短的时间吃上饼？

学生可以借助学具按照操作要求动手实践，以组为单位合作探究3张饼的最优烙法。教师巡视，发现并回应、解答学生在合作过程中遇到的问题。（学生如有问题，教师巡视时给予解答，发现学生的问题可以适当引导）

【设计意图】学生已经经历了独立解决问题的过程，学生对于此问题原有的经验已经被激活。此时，学生有的能够正确解答，有的不能正确解答，有的想把自己认为正确的方法介绍给大家，有的存在困惑想向别人请教。此环节既给学生自主交流的空间，达到学生间互相解决问题的目的，同时还能够培养学生遇到自己不能解决的问题时寻求与同伴合作的意识和能力。

链条三：教师引导梳理，归纳、积累再生经验。

刚才同学们已经在组内分享介绍了自己对烙3张饼的思路，接下来就请同学到前边来介绍你的方法。

1.学生汇报，教师同时板书。

第一种：18分钟；第二种：12分钟；第三种：9分钟。

对照烙3张饼的三种方法，让学生仔细观察，并思考：都是烙熟3张饼，为什么会有9分钟、12分钟、18分钟三种时间？

2.学生汇报，教师同时选取重点进行板书。

18分钟：一张一张地烙。烙熟一张饼，一面需要3分钟，两面需要6分钟，3张共需要18分钟。列式：$6×3=18$（分）

12分钟：先2张一起烙，烙熟后再单独烙第三张饼。2张一起烙，只用了一个6分钟，第三张饼单独烙熟需要6分钟，共需要12分钟。列式：$6+6=12$（分）

9分钟：每一次锅里都是2张饼同时在烙，即两张两张地烙。具体如下：

1正　　2正　　　　　　　　　　　　3分
1反　　3正　（或者2反　3正）　　3分
2反　　3反　（或者1反　3反）　　3分

列式：$3×3=9$（分）

小结：这就是3张饼的最优（快捷）烙法。9分钟烙的时候，每次锅里都有两张饼在烙（资源被利用到最大化，器具和天然气没被浪费），只需要烙3次，所以节省了时间。

3.对照板书，看3张饼的不同烙法，对比它们的联系和区别。

18分钟：一张一张地烙，锅没有得到充分利用，而且是最浪费时间的一种方法；12分钟：先2张一起烙，烙熟后再单独烙第三张饼。烙第三张饼的时候，锅没有得到充分利用，也浪费了时间；9分钟：每一次锅里都是2张饼同时在烙，锅得到充分利用，而且是三次都得到充分利用，其节省时间的秘密也恰恰在此。

4.教师在小结的基础上，将2、3张饼的最优烙法简单梳理在表格中。

饼数（张）	烙饼的方法 （烙一次要3分钟）	烙的次数	所用最少的时间 （分钟）
2	两张一起烙	2	6
3	两张两张的烙	3	9

【设计意图】在探究3张饼的最优烙法时，安排学生用自己喜欢的方式记录烙饼的过程。借助学具动手操作、汇报直观演示等方式，让学生体验并发现：充分利用锅内的空间，使得每次锅里同时烙两张饼，这样最节省时间。通过运用分类、对比的方法，帮助学生找到不同烙法之间的联系和区别，加深学生对于关键问题和难点问题的理解。"如何尽快烙好2张饼和3张饼"是本课的关键点，如何尽快烙好3张饼也是本课的难点。本环节的设计将1张饼和2张饼的问题蕴含于3张饼的问题里解决，但是在汇报梳理时、在教师板书时要充分说明，这样会对后续4至10张饼的解决起到重要的铺垫作用。

链条四：学生自主解题，发现、积累新经验。

1.深入剖析，找到4、5、6、7、8、9、10张饼的最优（快捷）方案。

请联系刚才所得结论，以4人小组为单位进行研究：如果是4、5、6、7、8、9、10张饼，甚至更多张饼，怎样进行研究并得到烙饼的最优方案？

（1）教师在白色信封里准备了4、5、6、7、8、9、10张饼的学具，如果需要你可以使用。

（2）教师还准备了一张记录表格，如果需要你也可以使用。（课件出示表格）

2.学生汇报。

两种思路各选两个人或组进行汇报，一种思路是学生用学具动手操作，边操作边有思路（学具模拟组），另外一种思路是直接写在学习单上。

（1）先请学具模拟组一人或组进行汇报，请学生先说明选择的饼的张数（双数），之后进行演示。再选择学具模拟组的另一人或组进行汇报，请学生先说明选择的饼的张数（单数），之后进行演示。

（2）再请直接使用学习单的一人或组进行汇报：双数组都转化成了2张饼的问题，单数组转化成了2张饼和3张饼的问题。

师：是这样吗？我们验证一下：请同学任意说一个要烙饼的数量（单数或双数均可），我们试一试，利用刚才的结论，看是否成立？验证后，果然成立。

3. 完善表格，发现并总结表格中蕴含的各种规律，并建立规律间的联系。

饼数（张）	烙饼的方法 （烙一次要3分钟）	烙的次数	所用最少的时间（分钟）
2	两张一起烙	2	6
3	两张两张的烙	3	9
4	2+2	4	12
5	2+3	5	15
6	2+2+2 或 3+3	6	18
7	2+2+3	7	21
8	2+2+2+2	8	24
9	2+2+2+3	9	27
10	2+2+2+2+2	10	30

4. 小组交流汇报，师生小结。

在一口锅同时只能烙两张饼的前提下：

（1）当烙饼的个数是双数时，就2张2张地烙，当烙饼的个数是单数时，可以先2张2张地烙，最后3张按最佳方法烙，这样最节省时间。

（2）饼的张数和烙饼的次数相等。

（3）相邻的张数之间，所用时间都差3分钟。（原因是次数差1，每差1次，就差一个3分钟）

（4）每面烙饼所用时间 × 烙饼的次数 = 所用最少的时间（分）。

【设计意图】本环节意在渗透并应用化归思想。化归不仅是一种重要的解题思想，也是一种最基本的思维策略。所谓化归思想方法，就是在研究和解决有关数学问题时采用某种手段将问题通过变换使之转化，进而达到解决问题的一种方法。一般总是将复杂问题通过变换转化为简单问题；将难解的问题通过变换转化为容易求解的问题；将未解决的问题通过变换转化为已解决的问题。总之，化归在数学解题中几乎无处不在，化归的基本功能是：生疏化成熟悉，复杂化成简单，抽象化成直观。说到底，化归的实质就是以运动变化发展的观点，以及事物之间相互联系、相互制约的观点看待问题，善于对所要解决的问题进行变换转化，使问题得以解决。

三、总结延伸，拓展思维

谁来说一说上了本节课之后你们有什么感受？

结束语：今天，我们学习的烙饼问题是一个与时间有关的最优化问题，其实数学上还有一些与时间无关的最优化问题。例如：周长一定，围成怎样的形状能使得面积最大。公元前212～187年，古希腊数学家阿基米德就曾证明了已知周长，圆所包围的面积最大。这算是一个基本的最优化问题，相关知识我们在六年级会学到。

关于最优化策略和方法的研究，近二十年来发展十分迅速，将来你们还会接触到涉及更多因素的最优化问题，衷心希望同学们能将这种方法运用到今后的学习和生活中，它会带给你们更多惊喜。

教学反思

积累数学基本活动经验"四部曲"

1. "教学目标"让数学基本活动经验的积累"指向明确"。

"烙饼问题"是人教版四年级上册"数学广角——优化"内容的例2，通过讨论烙饼时怎样合理安排操作最能节省时间，让学生体会解决问题中优化思想的应用。基于此，本节课的教学目标包括三个方面，分别是：知识目标，能力目标，情感目标。三方面教学目标都指向学生统筹优化思考问题的思维经验的积累。知识目标指向烙饼的优化与哪些因素有关，有怎样的关系；能力目标指向让学生经历烙饼的过程，通过多种方式的活动体验，积累运用优化思路或方式解决问题的经验；情感目标着眼于让学生体验数学与生活的联系，指向学习数学的兴趣和思维方式的培养。

2. "链条结构"让数学基本活动经验的积累"层层深入"。

为了在教学中帮助学生积累数学基本活动经验，教学活动的设计一定要有结构、有条理。在本节课中，链条一是呈现问题情境，让学生独立解决"怎样烙饼"的问题，调动学生乘法、加法等运算经验和生活经验。链条二是借助烙饼学具交流、分享烙饼的三种烙法，使学生不同的经验互相碰撞，彼此启发，从而让不同的学生在原有的经验基础上都有新的经验生长出来，积累起来。链条三是通过教师引导学生"回头看",运用分类、对比的方法,帮助学生找到不同烙法之间的联系和区别,从而将学生的感性经验提升为理性经验。链条四是解决 4 至 10 张饼如何才能尽快烙好的问题,引导学生发现、归纳快捷烙法背后蕴含的规律,新的经验进一步得到提升。

3. 提"大问题"让数学基本活动经验的积累有"大空间"。

提"大问题"就是教师要把琐碎的问题用概括性较强的语句集中呈现,而这里的"概括"和"集中"又是学生可以接受的。这个"大问题"有助于学生整体思考,有助于培养学生"从头到尾"思考问题的能力。在教学"链条二:学生小组合作,交流、碰撞生成经验"的时候,教师首先以"大问题"的视角,出示了接下来的活动建议,学生参考活动建议来进行小组活动。

此环节既给学生自主交流的空间,达到学生间互相解决问题的目的,同时还能够培养学生遇到自己不能解决的问题时寻求与同伴合作的意识和能力。

4. "动态操作静态化"让数学基本活动经验的积累"有影可循"。

在数学课堂中,操作活动的方式经常会见到,但操作之后,学生能在头脑中留下的印记又会因人而异。面对这样的问题,教师需要有将动态的操作静态化的意识和策略。本节课,笔者尝试将操作活动中的关键环节和内容留存在黑板上,为学生积累数学基本活动经验留下"影子",收到很好的效果。

在本节课教学过程中,笔者借助板书帮助学生梳理烙饼用时 9 分钟、12 分钟、18 分钟三种情况,通过比较得出结论:18 分钟是效益最小的,进而把动态操作静态化。在对比的过程中,学生可以强烈地感受到 9 分钟烙饼的价值和意义,尤其是对怎样将锅利用得最充分、时间就会进一步缩短的经验得到了进一步积累和加强,这恰恰是优化的关键所在。

此外,在这个过程中,恰当的教学表达也体现出其自身价值。笔者通过 3 种过程表达和展示,即动态操作更具直观特点、列表画图更有静态特点和文字表示更显条理,让学生初步感受不同的方式方法,从而积累相关经验。教师在教学过程中逐渐地让学生意识到没有过程表达和展示,问题就不能很好地得到解决,这个经验的积累对于学生而言非常重要。

数学基本活动经验的积累,大致需要经过"经历、内化、概括、迁移"的过程。无论是生活中的经历,还是学习活动中的经历,对于学生基本经验的积累都是必需的。但仅仅经历是不够的,还需要学生在活动中充分调动数学思维,将活动所得不断内化和概括,最终迁移到其他的活动和学习中。

《猜数游戏》

—— 四年级　丁凤良

教学目标

知识目标：通过尝试猜数，让学生探索并感悟"折半查找"的优化策略，体会"折半查找"策略在生活中可以帮助我们解决实际问题。

能力目标：培养学生观察分析能力、逻辑推理思维能力，初步渗透逐步缩小范围解决问题的数学方法。

情感目标：让学生更多地了解课外数学知识，让学生感受到数学的有趣和神奇，进而喜欢数学并快乐地学习数学。

教学重点、难点：发现尝试猜数中的"折半查找"策略，并能运用此策略解决生活当中的实际问题。

教学过程

链条一：尝试体验，激活经验。

今天我给大家带来一个小的游戏，一个和猜测有关的游戏，猜数的游戏，有谁想试试吗？（电脑出示）

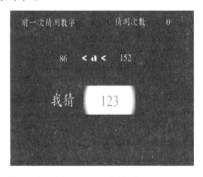

体验尝试，任意猜数，直至找到正确答案。

备注：以上猜数过程，请两名同学到台前，一名同学负责电脑录入，另一名同学负责在黑板上记录所猜测的数。

链条二：探究规律，碰撞经验。

毫无疑问，我们都想猜测的次数尽可能地少，尽快找到答案。那就猜测的次数而言，怎样才能尽可能地少呢？

接下来就请同学们两人一组来研究此问题，具体建议如下：

（1）两个同学先进行分工，一个同学心中确定"被猜"的"目标数"，另一名同学负责"猜数"。猜数一组完毕之后，两名同学可以互换角色。

（2）"被猜"的同学先把心中所想的"数"记录在表格的"目标数"一栏，然后沿着目标数右侧竖线向后对折，确保"目标数"另一名同学不能看到。

（3）"猜数"的人要使猜的次数尽可能少，"被猜"的同学将"目标数"依次记录在对应表格中，对"猜数"的同学只能提示"大了"或者"小了"。

"猜数"活动结束后，请同学仔细回想猜数过程并思考：怎样猜数，才能使次数尽可能地少，具体的策略是怎样的？最后，将你们的发现简单概括并记录在表格的空白处。

《尝试猜数》记录表

范围	目标数	次数											
		1	2	3	4	5	6	7	8	9	10	11	12
0〈a〈156														
20〈a〈261														
32〈a〈128														
请同学们仔细观察猜测的数并回想猜测的过程，你有哪些发现写在右侧空白处。														

链条三：梳理归纳，生成经验。

1. 枚举法：逐一猜测、无序任意猜测。

2. 折半取中：逐渐缩小范围猜。

生1：大数与小数的差为偶数，例如：1<a<157。

157−1＝156，156折半为78，第一个报的数为78；对方提示大了或者小了，再进行调整。大数与小数做差折半，确定后续所猜的数，以此类推。

生2：大数与小数差为奇数，例如：20<a<261。

思路一：261−20=241，241取最接近的偶数240折半为120，第一个报的数为 120+20=140，或者 261-20=241；还可以取 241 最接近的偶数 242 折半为 121，第一个报的数为 121+20=141；对方提示大了或者小了，再进行调整。确定后续所猜的数，以此类推。

思路二：261-20 = 241，241÷2=120.5，取最接近的整数为 120 或 121；如果取 120，则第一个报的数为 120+20=140，如果取 121 则第一个报的数为 121+20=141；确定后续所猜的数，以此类推。

3. 数形对照：与折半取中相结合猜。

生 3：如果把刚才猜数的过程放到数轴上会更容易理解。例如：0<a<156 和 20<a<261。

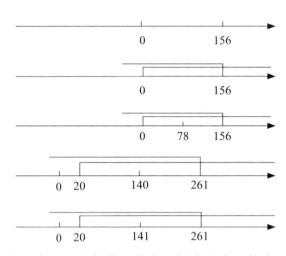

教师小结：这种方法，在数学上称为"折半取中"策略。（板书："折半取中"策略）

链条四：**解决问题，运用经验**。

在一个风雨交加的夜里，从某水库闸房到防洪指挥部的电话线路发生了故障，这是一条 10 公里长的线路，如何迅速查出故障所在？如果沿着线路一小段一小段查找，困难很多，每查一点要爬一次电线杆子，10 公里长，大约有 200 多根电线杆子呢！想一想，维修线路的工人师傅怎样工作最合理？

分析与解答：工人师傅首先取 AB 的中点 C，用随身带的话机分别测试 AC，BC 段，若发现 AC 段正常，可断定故障在 BC 段；再取 BC 段的中点 D，若发现 BD 段正常，可断定故障在 CD 段；再取 CD 段的中点 E，继续按照上述方法测试。每测试一次，可以把待查的线路长度缩减一半，那么，只需检查 7 次就可以把故障发生的范围缩小到 50～100 米内，即一两根电线杆附近，从而查出故障的大致位置．

```
     闸门                （待查）        指挥部
      •——————•————•—•—————•
      A       C   E D     B
```

拓展延伸：以上事实证明，"折半取中"的策略有着独特的优势，如果换成另一个问题，它还是最优的吗？

调制饮料的工程师为了调制一种饮料，每 100 千克的水果原汁中需要加入柠檬汁的量在 1 千克到 2 千克之间。

实践证明：寻找柠檬汁的最佳加入量，如果用"折半法"最少也要 2500 次，而如果用"0.618 法"，只需要 16 次就能解决此问题。

取总长度的 0.618 处作为试验点的方法被称为 0.618 法，又称为黄金分割法。0.618 法是美国数学家杰克·基弗（Jack Kiefer）于 1953 年提出的，我国著名数学家华罗庚于 20 世纪六七十年代对其进行简化、补充，并在我国进行推广，目前广泛应用于各个领域。

换角度思考：

把 1000 个鸡蛋装在 10 个篮子中，任取其中的一篮，或把几个篮子中的鸡蛋数加起来，都可以表示 1～1000 中的任何一个数。你知道这 10 个篮子中分别装了多少个鸡蛋吗？

1 号篮_____   2 号篮_____   3 号篮_____   4 号篮_____   5 号篮_____
6 号篮_____   7 号篮_____   8 号篮_____   9 号篮_____   10 号篮_____

分析与解答：要表示一个鸡蛋，必须使第一个篮子中只有一个鸡蛋，想要表示 2，必须使第二个篮子中有 2 个鸡蛋，1+2=3 就可以表示 3 了，想要表示 4，必须使第三个篮子中有 4 个鸡蛋，用 1、2、4 可以表示 1、2、3、4、5、6、7，想要表示 8，必须使第四个篮子中有 8 个鸡蛋。由此发现，第一篮是 2 的 0 次方个；第二篮是 2 的 1 次方个；第三篮是 2 的 2 次方个；第四篮是 2 的 3 次方个⋯⋯最终所有篮子装满后，最后一个篮子只装得下 489 个，而不是 2 的 9 次方 512。但这并不影响结果，因为此时除去 489，其余的篮子可以表示 0～511 中的所有数，再与 489 配合起来可以表示 0～1000 中的任意一个数，与题意相符合，答案为：1、2、4、8、16、32、64、128、256、489。

小结：折半取中的时候，我们是除以 2，现在是乘以 2。看似乘法和除法是相反的运算，但解决问题的方法其本质是相同的。

结束语：

数学是在解决问题中产生的，也是在解决问题的过程中不断完善和发展的。真诚希望同学们能够学好数学，用好数学，进而去创造数学。

教学反思

在逐渐"有序"中积累 在逐步"逼近"中深化

本教学内容来源于我为四年级《优化——烙饼问题》准备的课前谈话。

一位当年听过华罗庚讲过优选法的战士在他的回忆文章中写道：我清楚地记得，华教授手拿一张长条白纸代表一条下水道，他把长纸条从中间二分之一处折叠起来说，先查下水道的这一半，如果没问题，表明故障在另一半。他边说边把"没有问题"的这一半撕掉，然后又把剩下的纸条（即"有问题"的另一半）仍从二分之一处折叠起来，告诉大家说，继续用刚才的办法，不断地排除下水道的"一半"，很快就能准确地找到故障的部位。这种方法称为"对分法"。

这种方法并不是最快的试验方法，如果将试验点取在总长度的 0.618 处，那么试验的次数将大大减少。这种取总长度的 0.618 处作为试验点的方法被称为 0.618 法，又称为黄金分割法。实践证明，对于一个因素的问题，用"0.618 法"做 16 次试验，就可以完成"对分法"做 2500 次试验所达到的效果。

了解、掌握一些优化的方法无论从节省时间、物力、人力、资源等角度，还是从培养学生优化意识的角度，都有着非常重要的价值和意义。

就本节课而言，我想通过学生亲身体验尝试猜数的过程，引发学生思考，进一步探究准确猜数背后的道理，向学生渗透将范围逐步缩小、逐步逼近的思想方法。让学生经历观察、实验、猜想、证明等数学活动过程，发展学生的合情推理能力和初步的演绎推理能力。

活动过程主要从以下四个方面进行设计：首先，根据学生的认知规律设计了猜数游戏，激发学生的学习兴趣。其次，在猜数的过程中，让学生通过仔细观察游戏过程中记录的有效数据，进行分析、思考、讨论，让学生找到两组数据中的折半查找、逐步缩小范围的规律，理解其在游戏中起到的优化作用，向学生渗透"区间"逐步逼近的思想。再次，让学生运用"折半查找"的策略来挑战自己，并把它用于解决实际生活当中的问题。最后，在拓展这个环节中，着重培养学生灵活解决实际问题的能力。

基于以上情况和思路，本节课我主要针对"有序"和"逼近"进行了尝试。

（1）关于逐渐"有序"的认识和思考：

数学是思维的体操，其中一个重要的特点就是教人有序思考，比如：分类整理（搭配问题）、一一对应（数轴上的点与数的对应、平面直角坐标系上的点与有序实数对的对应）等。

"有序"也是数学学习的重要方法，本节课的教学设计重点在"有序"上下功夫。首先，"折半取中"的方法是本节课"有序"思考的关键。"折半取中"影响了学生逐一枚举的策略，这也是方法优化的关键。其次，学生的小组讨论一定会是各种观点相互碰撞、相互交织的，讨论之后的汇报如何做到有序是教师课堂上绕不过去的"关口"。作为教师，一个重要的任务就是要将学生各种各样的观点和思路进行梳理、归纳，直至条理清晰地加以规范、呈现。在教学链条三环节时，我将学生所举例子中纷繁复杂的情况归纳、梳理为两类：

一类是大数与小数的差为偶数，例如，64<a<152；另一类是大数与小数的差为奇数，例如，25<a<136。

（2）关于逐步"逼近"的认识和思考：

在教学链条一时，首先，让学生体验尝试，任意猜数，直至找到正确答案。其次，让学生尽量减少猜测次数，直至找到正确答案。教师的要求逐步提高，让学生体会到限制逐步增多后问题也越来越具有挑战性。

学生猜数的过程是逐步"逼近"的。折半取中这个策略使得猜数范围逐步缩小，也只有逐步缩小范围，我们才能最终找到正确答案。

就整个教学设计而言，重心主要集中在猜数游戏折半取中策略的学习、梳理和归纳上，学生也在学习过程中不断去感受和体验。在课堂教学的结尾处，我又提出，折半取中的方法是最优的吗？引发学生思考，同时将整堂课又引向另一种情况，即对于一个因素问题，借助黄金分割点进行筛选的方法要比折半取中的方法试验的次数更少，使学生进一步感受到数学的有趣与玄妙。

《我家漂亮的尺子》

——二年级　李爽

教学目标

知识目标：能够在图片帮助下学习用手（拃）、脚（脚印）、手臂（庹和抱）作为自然测量的工具参与测量活动。

能力目标：测量不同物体的时候能够选择合适的测量工具。

情感目标：通过自然测量，体会数学与生活的密切联系，从数学的角度感受人身体上各种神奇的"尺子"。

教学重点：通过自然测量，能够在图片帮助下学习用手（拃）、脚（脚印）、手臂（庹和抱）作为自然测量的工具参与测量活动，体会数学与生活的密切联系，从数学的角度感受人身体上各种神奇的"尺子"。

教学难点：通过实际操作，增强学生间的合作与交流的意识，引导学生自觉地把所学的知识与生活实践相结合，培养学生应用数学知识解决问题的能力。

教学过程

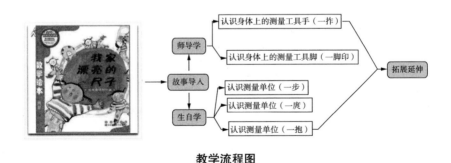

教学流程图

课前谈话：

同学们，如果不给你尺子，你能帮助我测量一下我的纸条有多长吗？

一、创设情境，导入新课

观察绘本封面的图画，提出疑问。

【设计意图】孩子是天生的玩家，他们对玩充满了兴趣。我们可以根据绘本的内容让学生变成绘本中的主角来玩绘本的内容。本节综合实践课通过在精彩的故事中融入数学元素，让学生掌握一定的测量方法，发现人体中的数学秘密。

二、自主探索，探究测量方法

链条一：故事导入，学生独立完成，暴露原有经验。

带着孩子们提出的问题走进数学绘本《我家漂亮的尺子》。

提问：

欢欢怎么会感觉衣服变短了、鞋子变小了呢？长高了有哪些好处？

【设计意图】在教学《测量》时，教师借助绘本《我家漂亮的尺子》进行教学，引导学生观察绘本中的主人公，让学生思考：小主人公怎么会感觉衣服变短了、鞋子变小了呢？检验学生原有的知识经验，在检验中引起学生对身体的关注，激发学习兴趣。

链条二：小组合作完成，通过交流，生成新的经验。

1.质疑提升，引出长度单位"拃"的概念。

提问：

（1）妈妈的手是怎么做尺子的？

（2）什么是"拃"？

重点提升：把手伸直，从大拇指的尖尖头量到小指的尖尖头这么长的距离叫"拃"。

2.共同讨论，迁移正确测量方法，尝试体验。

提问：

（1）看看妈妈用她的手尺量了哪些地方？她是怎么量的？

（2）同桌合作测量课桌的高度，你是怎么量的？

【设计意图】新课伊始，学生在玩的过程中遇到数学问题，让学生初步感知"身体尺"的应用。学生通过自己动手实践，去和同桌进行讨论辨析，和同学合作去解决数学问题，寻求不同的解决方式。通过课件让学生看直观图的演示说明，初步迁移正确的测量方法。孩子们通过测量活动得出结论：每个人手尺的大小是不同的，并且会随着年龄的增长而变化。

链条三：学生自读绘本，通过交流和教师引导，提升活动经验。

1. 观察绘本画面，推测脚印的量法。

提问：脚能不能做漂亮的尺子呢？用脚印来量怎么量呢？

2. 尝试体验，迁移运用。

【设计意图】引发学生用脚印测量的兴趣，让孩子们通过测量活动知道每个人脚印尺的大小是不同的，并且会随着年龄的增长而变化。在不断的实践与交流中让学生恰当运用策略，也为后续的学习做好了准备。

3. 做教室里测量时的漂亮尺子。

小组活动：

测量项目	测量结果
一个同学的身高	
数学绘本的长	
椅子的高	
黑板长	
展示台的长	

【设计意图】让学生用自己身体的尺子来估测、测量我们身边的物体，让学生亲身感受不同尺子的优缺点，帮助孩子进一步体验自己的身体、手和脚真有用，进一步了解测量不同物体时要选择合适的测量工具。通过实际应用，让学生体会数学与生活的紧密联系。

链条四：学生自主阅读绘本，发现、积累新的经验。

1. 通过自读绘本，认识身体上更多的尺子。

一步　　　　　　　　一庹　　　　　　　　一抱

【设计意图】 在学生分享交流时进一步巩固测量不同物体时要选择合适的测量工具。引导学生自觉地把所学的知识与生活实践相结合，培养学生应用数学知识解决问题的能力。

三、拓展延伸，拓展新的经验

1. 思考：桌布有多长？

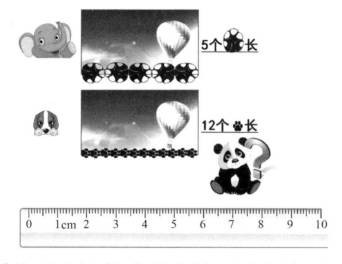

【设计意图】 该活动旨在把学过的数学知识与身边的实际生活联系起来，培养学生解决具体问题的能力。通过本节课的学习让学生真正感受到数学离我们很近，并且通过学生们的讨论得出我们身体上的尺子都是估算的度量单位，并不能准确测量。

2. 渗透历史知识"度量衡"。

184　　"体验式"数学教学

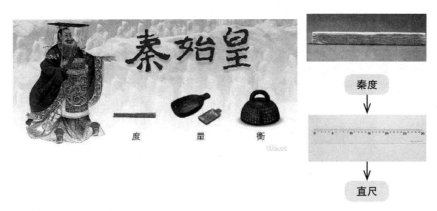

【设计意图】估测的能力需要学生不断去实践，尤其是实践活动课，更有必要将课内学到的知识、技能延伸到课外。此处引出度量衡，进一步引发学生们学习、探究测量的兴趣，让学生到更广阔的空间去探索、去实践，去感受数学知识在生活中的广泛应用。

教学反思

数学绘本绘出美妙数学课堂

数学语言包括文字语言、符号语言和图形语言，数学阅读材料往往严谨、抽象、枯燥，不易引起学生的阅读兴趣。因此，教师要根据小学生的心理特点和年龄特征创设问题情境，向学生提供鲜活的、真实的、有趣的和具有探索思想价值的数学问题。

近年来，绘本逐渐出现在教学现场，涉及的领域逐渐由语文教学蔓延到数学教学。越来越多的研究与实践证明：绘本融入数学教学能提高学生学习的有效性和趣味性，特别是低龄段，这已成为了一种趋势。例如：在《找规律》这一课教学中，绘本设置的情境是在音乐的五线谱、美术的画作中找寻规律。

美术画作中找规律　　　　　　　音乐五线谱中找规律

1. 选择合适的绘本，挖掘数学资源。

在现今的国际数学教育领域中，数学教育的发展已不再是只重视数、量、形等内容和目标，而更重视沟通、推理、解题等过程目标。绘本提供了贴近儿童生活经验的场景，让数学问题发生在生活中，这样数学就不会遥远、生硬。那么如何在教学实践中根据教学内容在合适的时间、环节设计数学活动，让数学绘本为数学课堂服务，是非常值得研究的。

看似简单的绘本，其实里面蕴藏着很多值得我们挖掘的东西。我们不能一味地只求经典，也不能崇洋媚外，而是要选择一些能真正为数学课堂所用的绘本。《我家漂亮的尺子》这个故事是以人身体的数学现象为中心展开的，其中心思想是：在日常生活中即使不使用标准化的测量工具，我们的身体也可以进行测量；许多标准化单位都源于人体，我们的身体具有数学价值，数学离我们很近。

2. 把握数学元素，精准制定目标。

选择《我家漂亮的尺子》，是结合北师大版教材二年级《身体上的数学"秘密"》这一课的拓展延伸。《身体上的数学"秘密"》是二年级上册《数学好玩》中的第二课时。本节课是在学生已经学过了乘法口诀，用乘法口诀求商和认识长度单位的基础上进行编排的。由于孩子们还没学习乘除法和长度单位，所以本节课是在绘本中融入数学元素，拓展孩子们的测量经验：一是拓展自然测量的工具，即除了小棒，人的身体也可以是测量工具；二是梳理自然测量"自然物——工具"的内在关系，如量具长度越大则量数越小等等；三是让孩子们知道测量不同物体的时候应该选择合适的测量工具。

3. 把握绘本内容，合理设计环节。

儿童思维以具体形象思维为主，这就导致了他们在理解抽象的法则、概念时比较吃力。绘本中生活化的故事情节与生动的图文呈现，使学生不仅能产生兴趣，持续高度地专注，并乐于探索数学绘本中隐含的数学知识。

（1）感受历史　激发兴趣。

中国有着五千年的古老文明，孕育了灿烂的数学文化，出现过刘徽、祖冲之等伟大的数学家，以及《九章算术》等经典的数学传世之作。概念的学习总是比较枯燥，如果能有一个精彩的故事点缀其中，则足以活跃概念课堂的整体氛围，激发学生浓厚的兴趣，引导他们走进数学的殿堂。我在本节课中适时地引出"度量衡"，由古时候测量物体长短的器具"秦度"联系到我们现在使用的"直尺"。这样既能让学生了解数学知识丰富的历史渊源，了解祖先的聪明智慧，增强民族自豪感，又能在不知不觉中进一步引发学生们学习、探究测量的兴趣，并且为后续学习长度单位做铺垫。

（2）品味故事　积累知识。

我抓住儿童天生就喜欢听故事的特点，利用生动的故事来向孩子呈现数学知识。当数学知识以有关学生生活的事物为线索和背景呈现出来时，那些讨厌数学的学生会慢慢喜欢上数学。在利用绘本时，教师必须先让孩子读懂绘本故事，由于二年级孩子识字比较少，所以教学应以教师导读为主，学生自读为辅，在阅读完后，教师可根据绘本故事适时地提问，让学生发现其中蕴含的数学知识。

手指最大限度地张开，从大拇指端到小指端的距离叫做"拃"，我们可以用这个来测量长度。

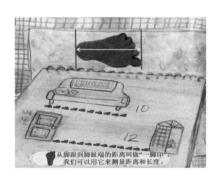
从脚跟到脚趾端的距离叫做"一脚印"，我们可以用它来测量距离和长度。

（3）还原经验　收获成就。

数学绘本中蕴涵丰富的教学资源，教师要用心对数学绘本进行分析、研讨，挑选合适的教学内容，通过"故事"和"数学"两条并进的线索，挖掘其中的数学教育资源，创设数学活动。例如：我在教学中设计了测量的小组活动，让学生尝试"用身体上的尺子测量"，还延伸到"测量不同物体时选择合适的测量工具"，丰富学生们的日常生活经验。借故事载体创设数学活动，让学生在参与的过程中轻松地掌握用身体上的尺子测量的方法，帮助学生解决生活中的数学问题，将数学经验再次还原到学生的生活中。

绘本在数学活动中的运用，不仅能让我们深刻地感受到绘本的魅力，为教师提高数学教学的有效性搭建了一个舞台，也为孩子们开心、快乐地学习创造了一个更为广阔的空间。

《神奇的莫比乌斯带》

——六年级 赵伟

教学目标

知识目标：用长方形纸条制成一个神奇的莫比乌斯带，在动手操作中了解莫比乌斯带的特征。

能力目标：经历动手操作、主动思考、合作交流的"做数学"的过程，敢于大胆猜想，能够提出自己的见解。

情感目标：感受数学的无穷魅力，拓展数学视野，进一步激发学习数学的热情。

教学重点：探索莫比乌斯带的奇异性质，感受数学之美，激发学生探究数学的热情与创造力。

教学难点：探索莫比乌斯带的奇异性质，培养学生的探究意识。

教学过程

通过故事引入新课：

有一个小偷偷了一位很老实的农民的东西，并被当场捕获，送到县衙。县官发现小偷正是自己的儿子，于是在一张纸条的正面写上：小偷应当放掉。而在纸的反面写了：农民应当关押。县官将纸条交给执事官去办理。聪明的执事官将纸条扭了个弯，用手指将两端捏在一起，然后向大家宣布：根据县太爷的命令，放掉农民，关押小偷。县官听了大怒，责问执事官。执事官就将纸条捏在手上拿给县官看，从"应当"二字读起，确实没错。仔细观看字迹，也没有涂改，县官不知其中奥秘，又看到确实是自己的字迹，只好自认倒霉。

一日，县官又拿了一张纸条，要执事官仅用一笔将正反两面涂黑，否则就要将其拘役。执事官不慌不忙地把纸条扭了一下，粘住两端，提起毛笔在纸环上一划，又拆开两端，只见纸条正反面均涂上了黑色。县官的计谋又落空了。

一、初步认识莫比乌斯带，验证特征，暴露原有经验

师（展示一张长方形纸条）：这是一张什么样形状的纸条呢？观察一下它有几条边，几个面？

生：长方形，四条边，两个面。

师：我来变一个魔术，将它变成只有两条边，两个面（微笑着把纸条变成纸圈），是不是两条边、两个面？

生：是！

师：我再来变一个魔术，把它变成一条边，一个面，想看吗？

（学生瞪大眼睛，兴趣一下子被激发起来了）

生：想看。

师：不过老师有一个要求，你们得闭上眼睛。（师将纸条做成莫比乌斯带）睁开你们的眼睛，看看和刚才那个纸圈一样吗？

生：不一样。

师：那现在的这个纸圈是不是真的只有一条边，一个面呢？注意哦，老师说的每一句话不一定都对，让我们一起来验证：这个圈是不是只有一条边，一个面。你们有方法吗？

验证一条边的方法：先在边上任意一处用彩色笔打个点，再用手从这个点出发，沿着其中的一条边走，能回到原点，就说明只有一条边。

验证一个面的方法：先在面上任意一处画个圆圈，再用水彩笔从圆圈处开始画，如果能一笔将整个纸条画完，回到圆圈处，就说明只有一个面。

看来真的只有一条边，一个面，这样一个怪圈就是我们今天要学习的内容：（板书）神奇的莫比乌斯带，也叫莫比乌斯圈。

【设计意图】有趣的问题促使学生思考和探究，在探究过程中，问题层层深入，大大激发了学生的学习兴趣。

二、小组合作制作莫比乌斯带，交流碰撞生成经验

1. 介绍莫比乌斯带的由来。

2. 制作一个普通纸带和一个莫比乌斯带。

（1）请同学们取出纸条，教师先演示制作方法，再让学生动手制作。

强调：一头不变，另一头拧180度，两头粘贴。

（2）验证是否是莫比乌斯带（一个面一条边）。

感受：用手摸一摸它的面，感受一下，只有一条边，一个面。

（3）小组讨论：再次体会普通纸带与莫比乌斯带的区别。

【设计意图】从纸条到普通纸带再到莫比乌斯带，学生初步感受到"莫比乌斯带"的神奇。

三、变化莫比乌斯带，引导提升再生经验

1. 莫比乌斯带诞生以后，它的神奇特性引起了许多人的关注，刚才你们在这个纸带中间画了一条线，线连起来了，不过还有更神奇的，它还能变魔术，想不想知道？现在老师用剪刀从中间的线剪开，大胆猜想一下会有什么结果？（板书：大胆猜想）

生1：我觉得这个圈会变成两个圈。

生2：我觉得会变成两个莫比乌斯圈。

生3：会不会变成三个圈？

2. 动手剪一剪，求证一下，求证时要小心点。（板书：小心求证）剪时先对折，从中间剪出一个口子，再把剪刀伸进去沿着线剪，剪完后到底是怎样的？剪完后是几个圈？一般的纸圈沿中间剪开就会一分为二，而莫比乌斯带剪开后得到了一个更大的纸带。这个莫比乌斯带太不可思议了！太神奇了！

3. 剪完后，这个更大的纸带是"莫比乌斯带"吗？要验证它是不是莫比乌斯带，关键看它有几个面。怎样用我们的学具来检验它是一个面呢？画线，看它能不能从起点回到原来的起点，画圈，看它是不是把两个面都走到了？

4. 现在纸带中间又画了一条线，如果再沿着这条线剪开，想一想，又会是什么结果呢？

生4：还是一个圈。

生5：我觉得是两个圈。

师：实践出真知，大家剪剪看。从中间剪开一个口子，再把剪刀伸进去剪。

（学生动手操作）

生6：是两个套着的圈，真神奇！

师：对，是套在一起的。接下来让我们继续来感受这个纸带的神奇。（拿出二等分的2号莫比乌斯带）如果我们要沿着三等分线剪，猜一猜要剪几次？

生（齐）：两次。

师：剪完以后又会得到几个纸带？

生 7：我觉得剪完后可能会是三个圈套在一起。

生 8：我觉得会变成一个大圈。

师：真佩服你的想象力。那究竟会怎么样，还是动手去剪一剪吧。

（学生操作，小组合作）

生 9：剪一次就可以了。

师：剪完后是几个纸带？两个，而且是两个套着的纸带。两个纸带一个大一个小。那么在这两个纸带中，大的纸带是什么样的曲面？再用水彩笔来验证一下。

【设计意图】学生动手，沿着莫比乌斯带的二分之一和三分之一剪下来。学生好奇而兴奋地经历了"猜测—验证—探究"的过程，一次又一次地感受到莫比乌斯带的神奇，同时，也潜移默化地渗透了数学思想方法和数学的美。

四、总结提升，联系实际生活，运用新的经验

1.师：今天，咱们做了莫比乌斯带，你有什么感受？

生：莫比乌斯圈太神奇了。

师：是啊，我们已经感受到了莫比乌斯圈的神奇，它可不光好玩有趣，还被应用到生活的方方面面，大家想想，它有些什么用处呢？想想看！

2.老师也收集了一些，让我们一起来看看吧！（课件演示）

过山车，游乐园里的过山车也是莫比乌斯带。下次去游乐场玩时，可以去观察一下，过山车的轮套是不是莫比乌斯带的样子。真得谢谢莫比乌斯带，让我们开心地转一周还能回到原地。

利用莫比乌斯带原理制成的莫比乌斯爬梯。有同学玩过吗？这个爬梯只有一个面，可以一次不知不觉爬到底。

录音机磁带。如果把录音机的磁带做成"莫比乌斯带"状，就不存在正反两面的问题了，磁带只有一个面，它就可以循环播放了。多有价值的创意，应该申请专利。只可惜已经被一个日本发明者申请了。

打印机的色带和工厂机器上的传送带。打印机的色带和工厂机器上的传送带可以做成"莫比乌斯带"的样子，这样就能充分利用，减少磨损，延长使用时间。

中国科技馆大厅中央的"三叶扭结"。中国科技馆大厅中的标志性建筑

"三叶扭结"，实际上是由莫比乌斯带演变而成的。蓝白相间的灯不停地闪烁，乍看是个漂亮的灯饰，但细瞧，它是只有一面一边的莫比乌斯带。

克莱因瓶，是1882年著名数学家菲立克·克莱因发现并用他的名字命名的著名的"瓶子"。剪开后就得到两个莫比乌斯带。

【设计意图】根据小学生的年龄特征和认知规律，充分发挥多媒体课件的直观作用，选取了学生认知范围内并且是学生感兴趣的一些图片，创设了逼真的情境，化枯燥为生动，化抽象为具体，图文声并茂，呈现了"莫比乌斯带"的美，拓宽了学生的数学视野。

五、全课总结

这节课你有什么收获？（认识并会做莫比乌斯带、知道双侧曲面和单侧曲面、学习方法等。）你的最大感受是什么？（神奇，数学是很美的。）

我和大家感觉一样，优美的曲线能带给我们美的享受，带给我们无限的猜想。数学充满了无穷的魅力，有待同学们以后进一步去探索。而且，我们今天还学了数学家研究数学的思路，这是一种非常重要的研究方式。

教学反思

体验中"做"数学 实践中"悟"魅力

1. 注重课堂学生实践，实现学生寓学于乐。

《课标（2011）》指出：学生的教学活动应当是一个生动活泼的、主动的和富有个性的过程。动手实践、自主探索和合作交流是学生学习数学的重要方式。因此一次成功的教学必须是学生积极参与的、教师积极引导的教学。

本次课针对莫比乌斯带的神奇特点，为学生设计了各种动手实践的环节，积极引导学生深度参与数学活动。学生在猜想验证的互动实践过程中有了自身的体验，如困惑、惊喜等。他们真正地参与到数学活动中来，切身地感悟到了数学的神奇和美妙。充满学生实践的课堂使得教师能寓教于乐，而学生能寓学于乐。

2. 提高操作可行性，注重实践梯度化。

学生课内动手实践固然很重要，但并非所有的学生动手实践对课堂教学或学生学习都是有利的，设计无效的实践活动还会让教学活动无法进行下去。

因此，在设计有学生动手实践内容的课时，必须提高操作可行性，并且注重实践梯度化。

实践或操作的可行性是指操作材料必须简单和容易准备，操作难度必须在学生能力范围之内，这样既能保证学生能够独立完成，又能控制操作时间，防止学生动手时间过多，无法完成预期的教学计划。在本节课里，所用到的操作器具是最为普通的纸片、笔，以及胶水、剪刀，便于准备，也能培养学生善于发现身边的数学工具的习惯。此外，操作的时间和教师的知识指导、总结、深化，应有一个科学合理的比例。例如，在第二个"做纸圈"的教学过程中，在学生动手之前，我进行指导；学生操作好了后，我进行总结。实践的梯度化指的是连续操作实践必须按难度或复杂度呈梯度安排。这样由简单入门，让学生有信心自己操作，再逐步深化，能让学生在实践中思考，慢慢激发学生的潜力。

3. 拓宽学生数学视野，培养数学学习兴趣。

伟大教育学家蔡元培说过，"凡是学校的课程，都没有与美育无关的"。学生如果领略了数学的魅力和价值，拓宽了数学视野，就能更好地了解数学，改变他们对数学"抽象，枯燥，无聊"的印象，从而对数学产生真正的兴趣。因此数学教师在教学活动中必须切实地进行数学美的传播。我们要利用学生已有的审美能力和联想能力，从他们熟悉、感兴趣的方面入手逐步引入数学内容、逻辑推理，通过旁征趣引，将学生的思维导入数学美的境界，提高学生学习数学的兴趣。

"莫比乌斯带"为很多艺术家提供了灵感，很多杰出的艺术设计就是在莫比乌斯带的原理上创作的。本课让学生动手制作了莫比乌斯带，切身体验了生活的数学美。在教学活动快结束时，北京一个小区中的"莫比乌斯圈"爬梯、中国科技馆的"三叶扭结"图片演示，更是让学生感知到数学的艺术美，数学的价值和魅力，使学生对幻想的世界、数学的世界与现实的世界间的关系有了进一步形象直观的感知。

在课后，我特意与学生进行了交谈，学生除了感受到莫比乌斯带神奇、好玩之外，也有学生说："我回家要好好想想，想想莫比乌斯带在生活中还有没有其他的用处。"认真的样子俨然像一名研究者。更让人兴奋的是，有的学生开始觉得数学也没那么难和无聊了。学生这种对数学原有的消极印象的改变是数学教师最为欣慰的了。因此，数学教师在平时的教学活动中一定要引导学生发现并欣赏数学美，领略数学的魅力，感受数学的价值，拓宽数学视野，这样才能让学生真正地喜欢上数学。

《分扣子》

——一年级 刘红梅

教学目标

知识目标：通过分扣子的活动使学生体会到分类是需要标准的，在不同标准下分得的结果有可能不同，但是如果一直分下去，分得的结果相同。

能力目标：通过分扣子的活动，初步提高学生把握图形特征、抽象出多个图形共性的能力以及整理数据的能力。

情感目标：通过分扣子活动，使学生获得初步的数学活动经验，感受数学在生活中的应用；在自我评价活动中，使学生初步学会全面、合理地评价活动的过程和方法等，发展学生自我反思能力。

教学重点：经历给扣子分类的过程，学会用一定的标准进行分类。

教学难点：提高分类的意识，体会继续分类的必要性，初步提高学生把握图形特征、抽象出多个图形共性的能力。

教学过程

一、创设情境，问题导入

1. 谈话引入情境：昨天欣欣小朋友来找我，说老师您总说数学能帮我们解决生活中的问题。我的漂亮衣服出问题了，您快帮帮我！（有请四位小模特）

2. 教师提问：同学们说说，她遇到了什么问题？
预设生成1：她的扣子出现了问题。
预设生成2：她衣服上的扣子都不一样。
3. 再次设问：同一件衣服纽扣却不一样，根据你们的生活经验，大家说说我们应该怎么帮助她？
预设生成1：重新钉纽扣，把一样的纽扣钉在一件衣服上。
4. 引出课题：看来咱们需要对这些纽扣做些什么？（教师边说边把小模特衣服上的纽扣取下来，粘贴在黑板上）。观察黑板上的纽扣，想一想接下来你准备怎么做？（板书课题：分扣子）

【设计意图】结合生活中的实际问题和学生喜欢热心帮助他人的特点，引入分扣子的学习情境，让学生主动参与学习活动，充分激发学生的学习兴趣，帮助学生在熟悉的生活情境中深入思考，在原有的生活经验基础上开始数学学习活动，为本课的学习活动做好情境和基础的铺垫。

二、自主探索，探究方法

链条一：学生独立思考，暴露并激活原有经验。
1. 观察黑板上的纽扣，说说你发现了什么？

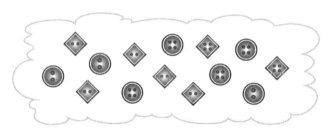

预设生成1：纽扣有2个眼的，也有4个眼的。
预设生成2：纽扣有方形的，也有圆形的。
2. 根据你的发现，说说你准备怎么做？
预设生成1：我想根据扣眼数量来分扣子，把相同扣眼数的扣子分到一起。
预设生成2：我想根据扣子形状来分扣子，把相同形状的扣子分到一起。
……

【设计意图】让学生通过观察、表达，充分暴露原有的认知经验。根据生活经验，学生很容易发现扣子中扣眼数量和形状两个因素的不同，但极少数甚至几乎没有学生发现扣眼数量和形状两个因素共同作用下，还存在着扣子之间的不同，这就为学有余力的同学开放了空间。本环节设计目的是让学生们将原有生活经验自动转化为数学学习经验，并根据开放的题目深入思考，为学生后续学习继续分做好铺垫。

链条二：学生小组合作，交流、碰撞生成经验。

1.活动一：请拿出1号信封袋里的扣子，同桌两人为一组，先选择好分类的标准，再动手分一分。

活动要求：

（1）小组内先说一说你准备怎么分。

（2）小组合作，分一分。

（分好的小组在黑板上分别展示分扣子的情况）

2.小组汇报。

汇报要求：说一说你们组是按什么标准分的？怎么分的？

预设生成1：我按扣眼数分的，两眼的放到一起，四眼的放到一起。

预设生成2：我是按形状分的，圆形的放到一起，方形的放到一起。

【设计意图】学生已经具备分类的知识，在本课情境下原有知识经验已经被激活，在此基础上让学生先经历观察思考，再动手实践，在操作的过程中，积累数学活动经验，即找到一个标准，并按着这个标准进行有序分类。同时，培养学生合作解决问题的意识。

链条三：教师引导，归纳积累生成新经验。

1.教师提问：我们再来观察一下按扣眼数量分好的这两类。先观察四个扣眼的扣子，你有什么新发现或者你想说点什么？

（教师引导，缩小观察范围，继续找不同）

2.学生总结：

四个扣眼和两个扣眼的扣子还可以按照形状这个标准继续往下分。

圆形和方形的扣子还可以按照扣眼数量的不同这个标准继续往下分。

3.小组活动，继续分扣子。

活动二：

（1）活动要求。

两人一组，将活动一中分出的两类扣子继续分下去。

分好后，互相说说是怎么分的，并相互检查分得是否正确。

（2）全班交流。

小结：再一次分扣子后，虽然每位同学扣子的分类方法不同，但选择好标准，一直分下去，最终分的结果是一样的。

【设计意图】本环节的设计是通过教师引导，学生借助学具动手操作，汇报直观演示等方式，让学生体验并发现：最终分好的扣子种类全班都是一样的，从而引发学生的思考：为什么会有这样的结果？此环节可以根据个别学生的分类引入，也可由教师缩小观察范围导入，但最终都应让学生们明白，一次直接分成四类扣子和两次分类分成四类扣子，都是在按某一个标准分类，最终达到相同的分类结果。

链条四：学生自主解题，发现、积累更新经验。

活动三：

大家再从数学的角度想一想，或者从生活常识来分析：纽扣仅仅只有形状和扣眼数量不同吗？

预设生成：颜色，大小，轻重……

对呀，同学们，颜色也让大量的纽扣有着区别！大家看。（出示图片）

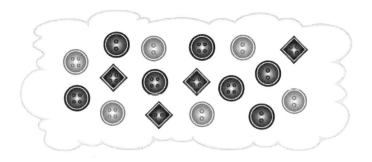

（1）议一议：

谁来说一说这次你准备怎么分？你选择的分类标准是什么？

（2）大胆猜想：

猜一猜，咱们各组分完后，这些纽扣会出现什么样的结果？

要想验证我们的想法是否正确，就必须动手实践分分看。

（3）验证猜想，做一做。

活动要求：拿出2号信封袋子里的扣子，两人合作分扣子。

分好后说一说，你们是怎么分类的？

（4）小组汇报。

汇报要求：说说你是先按什么标准分的？再按什么标准分的？最后按什么标准分的？分的结果是什么？

（5）总结。

通过小组间交流，全班同学分类后的扣子种类和数量是一样的。

小结：虽然我们的分法不同，但一直分下去，分的结果是一样的。

【设计意图】本环节让学生根据已有知识经验，通过猜想、假设、实际操作、验证猜想，得出结论，从而掌握一整套的学习方法。在前两个活动的基础上，提高活动的难度，帮助学生进一步掌握分类的方法，体会分类的意义。

三、总结延伸，拓展延伸

除了能帮欣欣同学通过分类的方法解决困难，分类在生活中还能解决哪些问题？

在超市，分类后的物品可以方便我们选购；在图书馆，分类后的图书可以方便我们取阅；还有垃圾的分类，这可是造福人类世世代代的重要行动！

同学们，一粒小小的纽扣电池，随意丢弃后将污染我们一个人一生所需要的饮水量，听到这则消息你有什么感受？对，垃圾分类刻不容缓！就让我们用所学的数学知识帮助大家解决生活中的问题吧！

【设计意图】数学来源于生活，也能解决生活中方方面面的问题，这就让我们的数学学习更有意义，更有价值。本环节让学生充分体会数学学习的意义，激发学生的学习兴趣，让学生从小树立学习数学的信心，培养数学学习的主动性。

教学反思

在真实问题情境中"一分到底"

《分扣子》是北师大版一年级下册"数学好玩"中的内容，通过分扣子的实际操作活动，让学生逐步体会分类的方法对分类结果的影响，让学生充分认识到分类就是选定一个标准并按照这个标准将物品进行分类，若标准有多个，就需要一次次重复以上的分类过程，直至不能再分为止。

基于以上对本课所要落实的数学基本活动经验的分析，以及课标的要求，我和同学们在本课教学创设的真实问题情境中开展了这样一场"一分到底"的探索之旅。

1. 创设真实情境为数学基本活动经验的积累孕育沃土。

本课的引入是以学生衣服扣子的真实问题开始的：同一件衣服上的纽扣凌乱不堪。这自然而然地激发并暴露了同学们的原有经验：同一件衣服上的纽扣应该是一模一样的。于是明确本课的基本学习活动是分扣子，即基于实际问题，将杂乱的纽扣通过分类的数学活动达到清晰整理的目的。可以说这一环节中真实情境问题的创设，为学生们后续积累数学基本活动经验，做好了充分的背景支撑。

2. 生活实际经验让数学基本活动经验的积累冲破瓶颈。

在实际操作中，同学们可以顺利地将纽扣根据扣眼数量的不同和形状的不同快速地分成两类，此时大部分同学都偃旗息鼓，信心满满地等待着交流汇报了，但也有个别同学根据"一模一样"这个标准，直接将纽扣分成四类，他们说不清原因，与周围分成两类纽扣的同学又不一样，因而心中疑惑多多。此时我们需要让"信心满满"的同学发现自己的分类还可以继续进行，让"疑惑多多"的同学坚定自己的想法，并明白其中的数学道理。在创设的真实情境下，通过对比、观察的方法，再结合同学们的生活经验，可以使学生突破瓶颈，积累新的数学活动经验。

同学们经过两次分扣子活动后发现，纽扣可以根据形状和扣眼数量，经过两次分类过程达到每一类都一模一样的最终结果。个别一开始就分成四类的同学也能明白，他们在分类的一开始就采用了形状和扣眼数量双重标准，所以一次分成了四类，而这和按一个标准分一次、分到不能分为止所得到的分类结果是一样的。这看似简单的过程，却让学生们提升了数学基本活动经验，生成了新经验。

3. 实际问题的拓展让数学基本活动经验的积累易迁移、有提高。

生活中的问题远没有我们抽象出来的这么简单，比如衣服上的纽扣样式太多，如何分类，因此本课创设的实际情境会引发一系列问题，也引发学生深入地思考问题。根据实际情境增加扣子的特征，就会增加分扣子的难度，也就会让分类问题提升更多的层次。但学生有了之前数学活动经验的积累，很自然地就能将新掌握的数学学习经验迁移到接下来的学习活动中去，顺利地完成三个不同标准下分扣子的活动。

本环节的教学中，课堂上依然还有多个"分类结果不一样"的声音，这是由于这部分同学在增加了颜色这个标准后，由于标准太多看不清，导致思维暂时性混乱。通过接下来的实际操作，这部分同学的思维逐渐清晰起来。通过全班交流，大家发现所有同学的分类结果都是一样的，这就帮同学们实实在在地提升了再生经验。此时，教师及时引导梳理，帮助学生归纳、积累再生经验，落实学习效果，使本课的教学效果更显著。

通过本课教学，不难看出数学基本活动经验在还原的真实情境下更易于学生对经验的积累，特别在拓展环节，面对超市中物品分类的问题，面对垃圾分类的问题，同学们对分类的方法都有自己独特的见解，对生活中的分类问题有了深层次的认识，这就使本课的教学目标达到了更高层次。

其实，无论是生活中的经历，还是学习活动中的经历，对于学生基本经验的积累都是必需的，都需要经过"经历、内化、概括、迁移"的过程。但仅仅是经历是不够的，还需要教师帮助学生创设易于充分调动数学思维的实际背景或问题情境，从而将积累所得不断内化、提炼，直至掌握，并最终迁移到其他的学习活动中去。

第三章

"体验式" 数学教学的
评价与启示

积极的评价蕴含"能量"

——丁凤良

"赏识教育"是一种神奇而又普通的教育方法，一种新颖而又古老的教育方法，是承认差异、允许失败的教育，是充满人情味和生命力的教育，是让所有孩子欢乐成长的教育。它的关键词就是：尊重、信任、理解、激励、提醒、宽容和爱。

引导一个人追寻生活的意义，追求生命成长以及拥有自利和利他的幸福能力，是古往今来一切伟大教育的共同核心。人性中最本质的需求就是渴望得到尊重和欣赏，就精神生命而言，每个孩子仿佛都是为得到赏识而来到人世间的。心灵舒展的孩子必然会欢乐而轻松地飞，心灵压抑的孩子只能痛苦而缓慢地爬。没有赏识就没有教育。赏识导致成功，抱怨导致失败。

在我的教学实践中曾经有过这样一个令我终身难忘的例子。

刚接班不久，一次在数学课上订正分数计算练习时，我叫坐在第一排的一位女同学小佳（化名）来回答。没想到，小佳刚站起来，她的座位旁边一片嘘声，还有一个孩子说道："老师，别叫她，她是我们班最差的，肯定一个都做不对。"

我没有理睬，我想应该给小佳一个机会，"不要管其他人，你先说一个！"

小佳战战兢兢地说了一声："七分之四。"

"对了！"

她答对了，我发自内心地为她高兴，与此同时我有了一个"得寸进尺"的想法，"你能不能再说一个？"我试探着问她。

"八分之三。"小佳声音略微颤抖地答道。

"非常棒，你又答对了！"我几乎在用我的全部身心称赞她。

接着，第三题、第四题……她的声音一次比一次洪亮，一连八道题全部答对了，我的"得寸进尺"成功了！

与此同时教室里响起了热烈的掌声，此时，我把目光落到刚才那些发出"嘘"声的同学身上，他们已不好意思地低下了头……

"看来我们不能用老眼光看人呦！"我一语双关地说道，"小佳，同学们的掌声就是最好的证明，我相信你会更加出色！"

小佳在后来一年中的变化，充分说明了这次鼓励的作用。她一年中的学习成绩除了偶尔得达标以外，大部分得良，有时甚至还能得到优。如果我们不戴着有色眼镜来看她，她俨然已成为一名中上等学生，在她身上再也看不到后进生的影子了。

其实，这一幕已经过去两年了，但它给予我的触动是相当深刻的，它让我明白了赏识与鼓励的能量是何等巨大，教师的积极评价对于学生的成长是何等重要。医生用显微镜作病理检测，教师要像医生一样善用显微镜，用它来发掘学生的闪光点、优点。

"真有才"与"好失落"
——截然不同的评价引发的思考

——丁凤良

2009年4月,吴正宪老师带领小学数学工作站的团队成员应邀与河南省登封市的老师做现场交流。我上了一节《圆的认识》公开课。河南登封市近600名教师参加了此次活动,本节课的教学效果得到与会教师的充分认可。课后,吴老师对学生进行了采访,学生的回答深深触动了我,进而引发了我对本节课教学过程的深刻反思。

课堂回放

按照原定的教学预设,我将教学过程主要分为三个部分:圆的画法、圆的各部分名称、圆的特征。我将教学过程的重点环节放在了开头和结尾,即圆的画法和特征部分,圆的各部分名称起到承上启下的作用。整个教学过程的突出特点就是学生不仅能够围绕老师所提出的问题认真思考,同时还生成了许多精彩的画面,尤其是其中的两个环节深深触动了我!

1. 令我"兴奋"的男孩的发言。

在教学过程中,一个男孩逐渐引起了我的注意。他已经两次准确且简洁地回答出我的问题,第三次更是语出惊人。当我问"利用圆规、圆形物体、线绳和钉子三种方法画圆,哪种方法最好?"时,多数学生认为用圆规画圆的方法最好。这时我举例:"体育老师要在操场上画一个大圆做游戏,用小圆规还能解决问题吗?通过这个例子,你能得到什么启示?"这个男孩回答:"具体问题具体分析。"一言切中要害!当时多名学生回答都不能回答出我所预设的准确答案,因而我发自心底地对学生给予了充分肯定:"你的话不多,总是非常精要。"

2. 令我"失望"的女孩的回答。

当教学过程进入到圆的各部分名称环节的时候，我原有的预设遇到挑战。凭借以往教学经验，学生都能较为顺利地用自己的语言描述出什么叫圆心、半径以及直径，但这次学生的回答总是稍显生涩，不能比较准确地概括各部分名称的要素。

当说到直径定义的时候，几名学生多次回答，不是说两端在圆上，就是说要过圆心，就是没有人能够将两者结合在一起。正当我反复引导，多次动员的情况下，一名女孩在冥思苦想之后，果断地举起手，我仿佛看到了救星，连忙请她回答："请你说！"女孩声音洪亮地回答："对称轴是直径。"此时我满脑子都是通过圆心并且两端都在圆上的线段是直径，因此我的第一反应就是这名女孩的回答离题太远，因此随口说了一句："对称轴今后我们会学到，请坐！"

课后访谈

清脆的下课铃声响后，吴老师走上讲台。吴老师分别对这两名学生进行了现场采访，两名学生的回答让我久久不能释怀。

吴老师问男生："今天丁老师对你回答问题后的一句评价是：你虽然话不多，却总是那么精要！听了老师的评价后你心里怎么想？"

男生："我真有才！"

学生的脸上洋溢着自信的神色，全场响起热烈掌声。

吴老师："那你觉得丁老师怎么样？"

男生："老师更有才！"

学生对教师的充分信任和崇敬之意溢于言表，全场再次响起热烈掌声。

两次掌声不仅对学生和我给予了充分的肯定，同时也使采访的气氛变得活跃而热烈，感染和打动着每一位在场的老师和学生，当然更包括我自己！

吴老师问女生："刚才课上，当老师提问什么是直径的时候，你是怎样回答的？"

女生："我说对称轴就是直径。"

吴老师："老师给予的评价是：对称轴今后我们会学到。听后你怎样想？"

女生："我好失落！"

学生回答的语气很低沉，仿佛仍然沉浸在失落的情绪之中不能自拔。

吴老师此时把目光投向我,"丁老师,你如何弥补教学过程中学生的遗憾?"

我考虑了一下,说:"首先我先向这名同学表示歉意!为了弥补这份遗憾,我在课下会将我的邮箱留给这名同学,今后我愿意随时倾听你的心声,盼望你进步的好消息!"

说到这,吴老师、学生和我三个人的手不由自主地握在一起,三个人的眼中闪烁着泪花,一种彼此理解的力量,一种彼此促进的力量在凝聚。

我的思考

吴正宪老师在和团队成员进行交流的时候,经常提到"教师一定要努力读懂学生"。读懂学生既体现在教学前的准备中,也体现在教学过程中。在教学过程中读懂学生的发言,适时、适度地对学生给予评价是教师尤其要积累的经验,要练就的内功。读懂学生课堂发言,对学生进行评价,是对学生的理解和尊重、关注和激励、引导与促进。

1. 面对教师评价的迥异感受——"需铭记"。

"我真有才!"学生的这句评价是发自内心的。因为之前这名学生已经两次发言切中要害,而且是惜字如金。到第三次他又以同样方式回答问题后,我的语言中不由自主地流淌出对该生的评价,这次动情的评价源自我对这名学生真诚的欣赏。吴老师采访时,从学生"我真有才"的回答中,我读到了这名学生已经通过我对他的评价建立了一份自信,他的情绪中涌动着一股促使他继续喜欢数学、学习数学的动力。正像吴老师所说:"这样的评价是有后劲的!"

"我好失落!"学生语气低沉的话语敲击着我的心灵!不经意间,我打击了一颗本来兴高采烈、洋溢生命活力的童心,学生本来是想得到老师的肯定,但没想到一盆冷水浇头,如果换位思考,被冷水浇头的是我们自己,体会如何?就让"我好失落"的回答时刻警示自己吧!课堂中我们面对的是一个个鲜活的生命,面对的是学生五彩斑斓的思考,我们要时刻认真倾听学生的每一句话、每一个观点,用心给予回应,不要用敷衍的套话去打发学生。我时刻告诫自己:要记住对学生心灵的伤害是很难弥补的!为了能将对学生的影响减到最小,课后我与学生互留了电子邮箱。我想用这种方式保持学生对数学的一份喜爱、一份关注!当学生取得成绩或学习过程中遇到困难的时候,她可以通过邮箱与我取得联系,我和学生约定有信必复。电子邮箱留给学生一份希望,留下教师对学生的一份期盼！

2. 教师对学生进行课堂评价——"双刃剑"。

同样的内容、同样的时间、同样的教师、同样的教学过程，在两个学生身上为什么会有截然相反的感受？仔细思考后，我认为最主要的原因应该是教师面对两名同学时的心态不同，导致教师的评价语言不同。我之所以对"真有才"学生的回答给予了充分关注，是因为他的回答与我的预设极为一致，同时他的回答三次都切中关键点；"好失落"学生产生的原因是我已经叫了几名学生回答问题，均没能与预设答案一致，这个时候我有些急躁，导致在瞬间没有辨识出学生回答的闪光点，不仅浪费了一个好的生成资源，而且还打击了一名积极思考的学生。因此，作为教师我们应在教学过程中自始至终保持精神高度集中，认真倾听学生的每一句课堂发言，注意挖掘学生课堂语言背后所蕴含的教学资源，及时对学生的课堂语言进行引导和评价，这样不仅可以激发学生的学习兴趣，培养学生自信，同时还可以更多地利用课堂生成资源。

通过吴老师的点评，我懂得了细节决定学生的情感体验，感受到读懂学生所说、所思、所做的价值，认识到教师对学生的评价是一把双刃剑。要想正确使用好这把双刃剑，需要教师认真对待学生的发言，符合教学预设的发言，教师要给予适时的鼓励和引导，不符合教学预设的发言，教师更要仔细辨析，因为此时学生的发言恰恰是生成资源，这样的生成资源很可能会对教学过程产生积极的推动作用，将课堂引向精彩和灵动！

3. 课后对学生进行现场访谈——"价值高"。

正是通过对学生上课后的现场采访，我第一时间了解到学生上课后的真实想法，这种将学生的课堂学习需求与教师教学活动实施过程进行对接的方式对我的触动很深。在今后的日常教学过程中，我也将尝试运用课后采访学生的办法，及时调整自己的教学活动设计，进而促使自己的教学过程更具实效。

教学活动的主体是学生，这一点毋庸置疑，但我们仅仅是在课堂教学活动过程中把学生放在主体地位，对课堂教学效果的评价往往忽略了学生的存在，很少让学生评价课堂教学、评价教师。吴老师课后马上对学生进行现场采访的方式，使我深刻体会到对学生主体地位的尊重不仅在教学活动过程中要做得更扎实，而且要延伸到课堂教学活动之外，评判课堂教学效果如何，需要关注来自学生的声音。正像吴正宪老师在评课结束时所说的一句话："学生会告诉你怎样做教师！"这句话一直萦绕在我的耳边，一直撞击着我的心灵！

心理学规律在计算能力提升中的应用

——丁凤良

研究背景与问题提出

培养学生的计算能力，既是小学数学教学的重点，也是困扰许多数学教师的难题。以往的教育观念认为，提高学生的计算能力，需要大量反复练习。但大量重复练习的"题海"战术，越来越受到批评。对于如何培养学生良好的计算能力，仍旧没有找到行之有效的方法。

本学期我接手六年级数学教学工作，刚开始便感觉到本班学生计算能力普遍较差。例如，在一次单元测验中，全班45名同学，计算试题完全正确的只有10人左右，其余有的错一题、两题，甚至更多。我感到压力确实很大，但同时也是压力给了我想办法提高学生计算能力的动力。

冷静思考一下，我发现学生计算能力较差，正确率不高，其原因主要有两个方面：第一，动机不明确；第二，法则概念不清，基础不好。其中，后者较好解决，只需系统讲解、及时巩固即可；而前者解决起来却非常困难，单纯靠教师摆事实、讲道理，似乎并不奏效。要想提高学生的计算能力，最主要的是解决思想上能否重视的问题。

研究方法与具体措施

在教学实践中，我尝试遵循心理学规律，用增强原理来提高学生的计算能力。

所谓增强原理是由行为主义学者斯金纳提出的，是用来作为控制并促进儿童行为的一种手段。正增强与奖赏一词意义近似，是指个体在某一情境下做某种事情（即行为），如果获得满意结果，下次遇到相同情况时，再做这件事的几率就会提高，心理学上称为正增强。此种令个体满意的东西，不管是物质的或是精神的，均称为增强物。因此，我们也可以把增强定义为"个体行为倾向因获得增强物而增加其强度的过程"。

运用正增强原理，具体措施如下：

（1）教室中显著位置设立冠军榜，以备粘贴学生照片之用。每周进行2～3次计算练习，每次8～10题，如果计算完全正确，可将学生照片粘贴上榜。每周一，由老师宣布上一周计算冠军，并对上榜同学予以表扬。此为第一级正增强。

（2）每周依次更替，如果哪位同学能连续两周（周数可根据本班实际情况而定）没有错误，就会得到"小奖品"。此为第二级正增强。

（3）如果连续三周全对，便及时向家长发出喜报或奖状，以资鼓励。此为第三级正增强。

效果与分析

"计算冠军"评比活动的开展，使原本枯燥的数学计算增添了趣味性和竞争性，有效地激发了学生的学习动机。经过将近三个月的训练之后，全体学生的计算成绩与计算能力均有显著提高，每次计算练习，全班全对的人数基本保持在40人左右。下面是平时训练的一组数据：

日期	3.22	4.7	4.14	4.28	5.12	5.26	6.9
全对人数	8	15	19	26	22	35	39

从数据中可以看出，全对人数总的趋势在逐渐增加，计算能力有显著提高。但是，在此过程中，随着计算题目的难易程度、学生的心理状态的不同，成绩也会出现反复。与其他不良行为的改变是一样的，计算能力的培养也不是一蹴而就的，也同样需要经历成绩的不稳定阶段，才能到成绩的相对稳定期，即学习行为的习惯化阶段。

原来不重视、不喜欢数学计算的后进生，通过此活动也开始对数学计算产生了兴趣。如学生赵某的计算成绩就有了显著的提高，成绩如下：

日期	3.24	4.27	5.8	5.12	5.14	5.22	5.26	6.2	6.8	6.12
是否全对	否	否	是	否	是	否	是	否	是	是
错题数	5	4	0	2	0	1	0	1	0	0

赵某只是全班学生中最为典型的一个，像他这样发生明显变化的学生还有很多。

也正是在此项活动的影响下，我们平时认为的所谓"后进生"发生了成功转变，全班同学的计算水平均有了较大幅度提高，在期末考试中，本班的计算试题部分取得了令人振奋的优异成绩，全班45名同学只有一人一道题出错。除了计算能力得到了提高，更重要的是学生在此过程中形成了认真、扎实的良好习惯，而这样的习惯以及成功体验将会对学生未来的学习产生难以估量的积极影响。

体会与启示

正增强是行为改变技术中最基本的方法，如果将其应用于教学过程中，可以使教学效率得以提高，一些教学难题有了新的解决思路。在教学中使用正增强时必须把握下列各项原则：

（1）教师在选择给予增强的学习行为时，需要选取可观察、可测量、可预期的行为，而且当学生表现适当行为时，教师要给予回馈，使学生了解行为和结果之间的关系。

（2）增强物的选择要符合以下原则：强力有效；容易获得；良好行为出现时，可以立即呈现；可以反复使用，而不至于产生饱和现象。

此外，教师应尽可能准备多种增强物，增强物多样化能使训练更加有效。

（3）在运用正增强原理改变学生不良学习行为的过程中，教师应将增强物紧随良好行为之后，同时适当运用建设性评价和赞美对学生的良好行为予以肯定，并且所使用的词句最好富有变化。此外，在实施增强过程中必须一视同仁。

（4）良好学习行为习惯养成后，要继续保持下去，每隔一段时间就要评价该行为，间隔时间要逐渐加长。当教师确认学生的不良学习行为在一学期以上没有再次出现时，方可结束训练计划。

总之，运用增强原理，改变学生的不良学习行为，可以说是卓有成效的。如果能将正增强原理与其他的教育方法结合使用，发挥多种教育方法的优势，其作用将会更大、更持久。

思维在课堂等待中飞扬

——任莉

课堂回放

第一次等待：问题初显

在一年级，学生会遇到排队类型的问题，看似简单的排队问题却非常考验学生的思维能力，有的同学理解起来很困难。一次课堂上遇到了这样的问题：12 名同学排成一行，小红的左边有 4 名同学，她的右边有多少名同学？

刚读完题，就有很多只小手高高举起，都迫不及待地想分享自己的答案，我没有急于叫学生回答，而是静静地等待，给更多学生思考的时间。等待一段时间后，我叫一名学生来分享自己的想法。

生 1 站起来，说："这道题太简单了，有 8 名同学。"

我追问："为什么有 8 名同学呢？"

生 1："12-4=8，所以有 8 名同学。"

有了生 1 的回答，其他的同学纷纷附和：有 8 名同学。

第二次等待：峰回路转

面对这种情况，我没有贸然否定学生的看法，而是保持了等待与沉默，接下来教室里陷入安静中。

渐渐地，有同学举起了手。

生 2："我有质疑，小红的右边不是有 8 名同学，而是有 7 名同学。"

这时教室里陷入了争论，有同学认为是 7 名，有同学认为是 8 名。

教室里此起彼伏地出现"7 名""8 名"的喊声，生 2 大声说道："小红自己也是其中的一名同学啊，用总数 12 名同学减去左边的 4 名同学，再减去小红自己，12-4=8，8-1=7，小红右边有 7 名同学。"

我微微点头表示肯定，又看向全班同学："他多减去了一个 1，你们说说这个1表示什么？为什么要减去这个1？"

这时已经有很多同学反应过来了："这个1是小红自己，总数12不能光减去左边的4名同学，还得把小红也减去才可以。"

大多数同学已经理解了，可是一年级学生理解能力有限，有的同学一脸茫然，还是不理解为什么要再减去一个"1"。面对这种情况，这时我提出："我们是不是可以排一下队来感受一下？"学生们热情高涨，都主动要求扮演"小红"和她的同学，最后大家轮流在教室前面扮演。通过实际排队，学生们一目了然：小红这个"1"要减去，所以她的右边有7名同学。

第三次等待：拨云见日

学生通过站队直观感受到了如何解决问题，可是我却没有急于推进课堂，而是继续静静等待。学生们的热闹过后，教室渐渐趋于安静。

也许是安静让学生们感觉到了什么，一名同学站起来："老师，每次遇到问题都去排队太费劲了。""是啊，太麻烦了。"其他同学跟着附和。等待到这个时机，我抛出问题："是够麻烦的，你们有什么办法来代替排队吗？"同学们恍然大悟，仿佛明白了为什么老师在保持沉默。一名同学站起来说："我们可以画图啊，用三角形表示其他同学，把小红用圆圈表示，这样不就很方便了吗？"

这名同学到黑板上分享了他画图的方法，并且当起了小老师，有条理地讲起了其中的含义。这下同学们从一开始的困惑，到发现可以用直观的排队来解决问题，再到用抽象的画图的方法来表示，清清楚楚地解决了问题，掌握了问题的关键。

解决完问题后，同学们都有一种成就感与满足感，我也不禁夸赞道："同学们，你们真是一个个小数学家，虽然开始遇到了困难，可是你们积极动脑想到了用排队这样的办法来解决，同时没有满足于此，继续用画图的办法来解决，成功地解决了1到底该不该减去这个本质问题。"学生们也觉得自己通过思考和努力一点点解决了这个问题，感到很自豪，在数学课堂收获了探究及深入思考的满足感，感受到数学好玩、数学之美。

我的思考

数学教育的一个主要目的就是帮助学生学会思考，并逐步学会想得更清晰、更全面、更深刻、更合理。思维需要学生自己去经历、体验后才会得到提升，而这个思考、探索、发现的过程就是从混乱到清晰，从片面到全面。在这个过程中缺少了等待，就缺少了学生自发进行思维成长的动力，也就阻碍了学生思维发展的过程。

1. 在问题提出后等待，给学生积极思考的时间。

数学学习就是帮助学生形成长时间思考问题的习惯和能力。排队问题，对于一年级学生来说是有挑战的。一年级学生的思维以形象思维为主，面对这样复杂的问题他们往往不知如何思考、如何解决。当具有挑战性的问题提出后，我静静等待，即便有学生举手我也没有立刻让学生回答，而是等待多数同学经过思考有了想法后，再组织学生进行交流。这个等待给学生提供了一个主动探索、思考的时间，促使学生思考问题，找出解决问题的方法。

2. 在出现错误时等待，给学生重新思考的空间。

课堂上要允许学生出错，课堂是在出错与修正中动态生成的过程。由于学生的认知水平不同、思维深度不同，因而导致思考的结果也不尽相同。在教学中，当学生出现错误或有意见分歧时，教师应该放慢节奏，进行等待。如果教师操之过急，就会干涉过多，代替了学生的思考。所以教师要适当退位，给学生更大更多的空间，让学生在交流与碰撞中，深入思考，探究知识、修正错误。

本节课在学生回答出现错误时，我没有急于指出学生的问题，而是给学生充足的思考和修正的时间，学生经历了附和、安静、思考、否定、修正的过程，最终通过排队得出了正确结论。这一再次思考的过程不仅加深了学生对数学知识的理解，也培养了学生深入思考的习惯。

3. 在问题解决后等待，给学生思维提升的机会。

在学生通过排队解决了问题后，我继续等待，给学生创设进一步思考的空间。学生先是沉浸在解决问题的喜悦中，慢慢当喜悦消散后，发现了方法的繁琐，进而想到了更简单的画图方法。数学很抽象，实际操作能够帮助学生理解，但并不是所有的操作都能随时随地开展。通过等待，学生进行了深入思考，找到了解决问题的最佳策略。从争论到站队到画图，是学生思考逐渐清晰的过程，是从形象思维向抽象思维过渡的过程，更是学生思维提升的过程。

正是有了课堂等待，学生才经历了解决问题的全过程，思维才更加深刻。课堂等待，是为了让学生跳一跳，凭借自己的力量去解决问题，把学习的时间和空间交给学生。课堂上的等待就像国画上的留白、音乐中的停顿，会让学生的思维飞扬、深刻。让我们在课堂上多些等待，让学生的思维在等待中飞扬，这样的课堂才是真正的以"生"为本的课堂。

从"无聊"到"有聊",从"有聊"到"会聊"

——郭慧敏

第一次课堂回顾

2019年5月,借助学校"基于合作学习的教与学方式改进项目",我执教了《奥运开幕》一课。课程结束,当学生进行课堂回顾,回答有何收获时,学生的回答深深触动了我,进而引发了我对本节课的深刻反思。

按照原定的教学设计,我将教学过程主要分为:认识时、分;认读钟表两部分。我将教学过程的重点环节放在了认读钟表上,先独立思考认读钟表,接着两人一小组互相指导认读钟表,之后进行班级汇报认读方法。这样的安排意在让学生通过认读钟表掌握时分的数量关系,更好地理解抽象的时间概念。整个过程课堂虽说没有多么活跃精彩,但孩子们都学得很认真。

在课程结尾我对学生进行提问:"你觉得这节课上得怎么样,有什么样的收获?"有一个声音响起:"这节课有点无聊,我都会读,一点儿都不难!"我的第一反应是:这个学生很随便,有点不会分场合。我随即给了他一个警告的眼神。

课后当我反思这节课,我意识到,我设计的教学活动是希望学生能够总结出几句精炼的认读钟表的语言,但显然学生所关注的是,这个任务他会不会,这节课是不是有趣。我以为的合作学习就是将学习任务布置给学生,然后想当然地等待学生给出结论,得到能力的提升,实际上,在这个过程中需要教师很好地掌握教材,要在课前做好充分准备。教师要布置层层递进的任务目标,让课堂任务有挑战性,这样才能调动学生学习的主动性和积极性,让每一个不同程度的学生在课堂上都有所收获。

第二次课堂回顾

意识到这些，我将教学过程做了调整，在第二次合作学习项目现场授课时，我执教《淘气的作息时间》一课，课上重点关注让学生们通过合作学习掌握多种求经过时间的解决方法，并明确各计算方法之间的区别与联系，更好地理解抽象的时间概念。为了避免课上学生觉得无聊，我将任务细化，涉及每一个步骤。

1. 独立思考
（1）完成学习单①上的内容。
（2）在学习单②上把你的解决方法，用你喜欢的方式（画一画或写一写……）表示出来。
（3）过程清晰，字迹清楚。

2. 小组交流
（1）轮流发言，说清自己的方法，让同伴听懂，倾听者认真听。
（2）观察方法之间有什么联系。
（3）小组共同决定一种方法进行班级分享。

3. 全班汇报
（1）将你们小组的方法画或写在汇报板上，要求展示一种方法。
（2）讲清你们小组的方法和其他小组方法之间的联系。
（3）一人汇报，一人操作或随时记录。
（4）发言者声音洪亮，倾听者认真倾听。
（5）如果有疑惑或补充建议，要在汇报结束之后举手提出。

学生在独立思考时，在学习单上给学生充足的空间，成绩好的学生可以在找到一种方法之后再想一想其他方法，差一点的学生没有思路，可以按照教师给的画一画或写一写来思考。这样，不同程度的学生都有事做，不会感到无聊。

在小组交流时，学生互相学习找到彼此方法之间的联系，成绩好的学生可以先讲给差一点的学生听，听不懂可以问，然后再讲。这样不同程度的学生都有事可做，有东西可聊。

学生在班级汇报时，听讲的同学可以进行方法的补充和质疑，从教师讲变为学生之间互相讲。教师在其中适时引导，避免学生跑题。通过引导、互相启发，学生明白要注意什么，从有聊变为会聊。

课堂中我注重让学生生生互动，从之前的单纯认读钟表，变为寻找解决方法之间的区别与联系，形成计算方法的关系网，让学生的思维有一个很好的提升。

我的思考

在数学课上，老师们一直强调在合作中学习，以往的数学课中，可能单纯地为了合作而合作，让学生对一个问题进行讨论交流，表面上也在合作交流，但实际上的效果并不理想。从学生的角度看，没有意义的合作是一件很无聊的事情，容易减弱学习的主动性和积极性。而真正意义上的合作学习使不同程度的学生在课堂上都参与活动，都有所收获。

合作学习是一种富有创意和实效的教学理论与策略，20世纪70年代初兴起于美国，并在70年代中期至80年代中期取得实质性进展。由于它在改善课堂内的心理气氛，大面积提高学生的学业成绩，促进学生形成良好非认知品质等方面实效显著，很快引起了世界各国的关注，并成为当代主流教学理论与策略之一，被人们誉为"近十几年来最重要和最成功的教学改革"。自20世纪80年代末、90年代初开始，我国也出现了合作学习的研究与实验，并取得了较好的效果。

合作学习是一种结构化的、系统的学习策略，由2～6名能力各异的学生组成一个小组，以合作和互助的方式从事学习活动，共同完成小组学习目标。

通过对合作学习项目的认识和本节课的实际授课体验，我进行了如下反思：

1. 关于本节课。

当学生汇报交流时，不管是学生的收获还是疑问，教师应多关注学生的课堂生成。在第一组展示在钟表上直接数的方法后，第二组利用竖线图的方法，应让学生讲清楚这种方法与上一组方法的联系，一是变曲为直，二是都是从开始时间到结束时间。当方法全部展示完毕，引导学生进行方法之间的分类，其实这些方法之间都互有联系，但无非是两个思路，一是从开始时间到结束时间，二是从结束时间到开始时间。

2. 教师要明确什么是合作学习。

合作学习表面上看是给学生一个任务，让他们思考交流。仿佛教师只要给出了任务，再让学生分组展示就可以了，实际上从让学生讨论什么问题、如何讨论、交流时展示什么等等，这些都需要教师提前精心准备。

3. 合作学习要建立一套合作系统。

（1）关于任务：从独立思考到小组交流，再到全班汇报，教师在给出任务时都要语言清楚、任务简单、步骤清晰。独立思考时，出示的问题要让学生容易入手；小组交流时，应要求学生交换自己的思路和方法，寻找方法之间的联系；全班汇报时，让学生讲清楚自己的方法与其他方法之间的联系，即相同点与不同点。

（2）关于分工：需要主持人、主讲人、发问人，以及板书操作的同学。

（3）关于发言：学生发言最好接力发言，尽量让每一位学生或小组都有发言的机会，学生可以用语言小模板，如"我有疑惑""我有补充""我有建议"等。

（4）关于学习单：在合作学习中学习单是不可少的，学生的交流必须记录在学习单上，以便成果固化和梳理总结。

4. 合作学习要采用多元化的评价方式。

在课上，教师要多正向地鼓励、激励、奖励，引导学生交流，学会交流。在课程结束后，可以让学生之间互相评价，促进学生课堂的参与度和积极性。

总之，引导学生合作学习并不难，但是有效实施合作学习，并非一件轻而易举的事，需要我们寻找合作的适当方式。学生之间合作学习，交流互动，就可以变"无聊"为"有聊"，变"无聊"为"会聊"。

动一动，更巧妙

——学生自主创造学具引发的思考

——赵潇

不规则图形求周长是三年级教学中的一个难点，但从课堂实际来看，只要我们肯放手，敢放手，学生们自己完全可以探究出来。数学教学是数学活动的教学，是师生之间、生生之间交往互动与共同发展的过程。在本节课教学中，我设计了四个活动，让学生全程参与、验证周长与平移后的图形周长两者之间的关系。在我有序的引导下，学生学习的积极性被充分调动起来，学生通过自己的亲手实践，掌握了知识点。

课堂回放

一个图形的周长是指围成它的所有线段的长度和。我们已经学会了求长方形、正方形这些标准图形的周长，那么怎样运用长方形、正方形的周长计算公式，巧妙地求一些复杂图形的周长呢？

对于一些不规则的比较复杂的几何图形，要求它们的周长，我们可以运用平移的方法，把它转化为标准的长方形或正方形，然后再利用周长公式进行计算。

在教学过程中，因为周长属于空间图形这一知识领域，有些同学的空间想象能力不是很好，求规则的长方形和正方形周长没有问题，但一遇到解决不规则图形的周长就不知道如何下手。

比如这题：求不规则图形的周长？

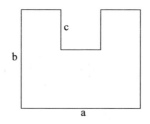

如果每条边都给了长度，那还好求，把所有边的长度相加就可以了。但如果没有给出每条边的长度，只给了 a、b、c 的长度，那我们怎么通过已经学过的知识来解决问题呢？这时，有一个同学说，我们可以把不规则图形变成规则图形，如果把上面那块补上，就成了一个长方形，而我们发现凹下去的那条边正好可以补上，然后再加上剩下的那两条边就可以求出周长了。听他说完，有些同学恍然大悟，可有些同学的眼神还带着迷茫，明显没有听懂。紧接着，他迫不及待地要上黑板给大家画出来。

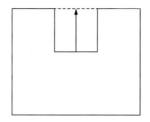

当空间想象的图形被学生用画图的方式画了出来，孩子们更容易去理解。紧接着，我又出了一道求不规则长方形的周长。

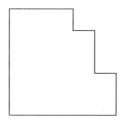

有了刚才那道题的经验，很多同学都提到了这道题也可以通过平移的方法来解决。平移后就成了一个长方形，利用长方形周长公式就可以求出了。

后来我又给孩子们出了几道类似的题，但总有那么几个同学还是弄不明白。

第二天一早，让我没有想到的是，昨天给大家讲题的同学给我带来了那两道题的学具,是他自己制作的,能够拉伸,非常清晰、一目了然地展现了平移后的图形以及平移过程。

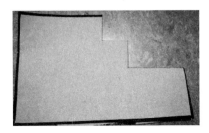
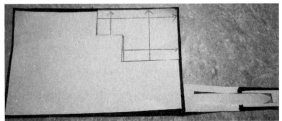

课后访谈

我问学生:"你怎么想到要做学具呢?"

学生说:"静态地看,他们可能还是不明白平移的过程,所以我想到要有这么一个过程,他们才能明白,哪条边平移到哪里,最后是怎样把不规则图形转化为规则图形的。"

我又问:"你的学具是怎么做的?"

学生说:"我先画出一个正方形和一个长方形的框,然后剪出来,拿两张纸贴上,一张纸刻出需要平移的地方,再拿一张纸画出需要平移的地方,把它剪下来放到第一张纸和第三张纸的中间。"

我不禁感叹,多么有想法的孩子啊!我把他制作的学具展示给还不太明白的同学看,他们在学具的引领下,真的慢慢理解了平移的过程。再做这种题型的时候,很多同学都做对了,这个学具太棒了!

我的思考

学生自发创意制作的学具，对提升教学效果起到了至关重要的作用。下面我从以下几点来具体说明：

1. 借助学具操作，由感知向表象和抽象转化。

在学习通过平移解决不规则图形的过程中，教师要重视操作，让学生运用多种感官（眼看、手摸、口讲）进行认识，再通过自己动手操作，积极思考来解决问题。

心理学研究表明，在各种感官的协同参与下，学生掌握知识的牢固程度与深度都比仅由耳听、眼看要好得多。数学是思维的体操，而"思维则是从人的动手开始的"，切断了动手和思维的联系，思维就不能得到发展。

2. 在操作活动中应用知识，培养空间观念。

培养学生初步的空间观念是培养学生思维能力的一个重要方面。皮亚杰曾经说过："动作性的活动对儿童理解空间观念具有无比巨大的重要性。"小学生由于受知识水平、学习能力的限制，思路往往比较狭窄。可以直观的实物为凭借，引导学生大胆、合理地想象，从不同角度、不同方面去思考，去探索解决问题的各种途径，培养创新精神。

"看着像不一定就是"引发的思考

——高婷婷

荷兰数学教育家弗赖登塔尔说:"数学学习是一种活动,这种活动与游泳、骑自行车一样,不经过亲身体验,仅仅从看书本、听讲解、观察他人的演示是学不会的。"因此,数学教学更重要的是过程的教学,要给出充分的时间与空间让学生在数学学习活动中去"亲历过程,体验数学,感悟数学"。通过操作活动,能够促使学生更深入地理解数学知识,促进学生积累基本活动经验,培养学生的数学核心素养。

我在思考,怎样的形式和内容安排有利于学生积累数学基本活动经验呢? 在一次讲解练习的过程中,孩子们对一道练习题产生了浓厚的兴趣,继而激发了他们探究的兴趣。这道题其实就是根据长方形与正方形的特点解决图形分割的问题。

课堂回放

课后练习册上有这样一道练习题:在一块长是 12 米,宽是 8 米的长方形地里圈出一块最大的正方形地种西红柿,这块正方形地的边长是多少米? 看到题时,大部分学生喊出:"这块正方形地的边长是 8 米。"此时老师追问:"为什么这块正方形地的边长是 8 米? 你怎么证明?"大部分学生缄默无言,心中知道答案却苦于不知如何解释。这时,一个孩子兴奋地举起数学书,边用手指着数学书的一条边,边迫不及待地说:"老师,您看,假如我们的数学书是这个长方形,那么最大的正方形就在这儿。"我追问:"其他同学能听懂她的想法吗?"部分学生随即举起了小手,似乎在寻找身边可以举例的实物来说明这个问题。

看来孩子们想说明白这件事需要借助一个实物。我随即给每位学生发了一张 A4 纸，说："下面请你借助老师给你提供的 A4 纸，用你喜欢的方式来说明你的想法。"

"一张长方形的纸怎么变成正方形？"孩子们开始了思考和尝试。有的孩子拿出了尺子，在 A4 纸上边量边画了起来。还有一部分学生拿着这张纸不知道该干什么，左边看看，右边瞧瞧，无从下手。只见一个孩子拿着纸看了看，随意比划一下就折出了一个像正方形的方形。孩子举着自己的方形到前面给大家看，孩子们有的说是长方形，有的说像正方形。我问："到底是不是正方形呢？"一个孩子说："看着像不一定是，我们得量。""没有尺子怎么办？""可以折！"于是孩子们又开始了尝试、操作和交流。几分钟过后似乎大家通过动手操作都有了自己的想法，急于表达给大家听。此时，我说："孩子们，不着急，先把你的想法说给身边的同学听一听，看看他是否能听懂，还有质疑没有，组织好你的语言，稍后进行全班展示交流。"孩子们手口眼并用，边比划边说着，气氛相当活跃！

学生 A 说："假如这张白纸就是那块地，长 12 米，宽 8 米。我们知道正方形的四条边都是相等的，所以我就这样折过去用三角形组成了一个正方形。"我追问："为什么这样折后两个三角形就能组成一个正方形？"学生 B："老师，我补充，我们可以把这个三角形打开验证一下。因为长方形宽 8 米是正方形能达到的最大边长，要最大，是长和宽都能达到 8 米，所以这个就是长方形里最大的正方形。"

我问孩子们："这节课我们就折了折纸，什么都没学到，太没意思了！"一个孩子举手站起来说："不是不是，我知道了借助 A4 纸来说明，大家看得更清楚。"另一个说："看着像不一定就是，我们得证明！"孩子的话语恰恰正是他们从课堂活动中习得体悟的！

我的思考

在一年级借助操作活动对长方形和正方形进行直观认识的基础上，本学期教学内容安排长方形和正方形的再认识，目的是引导学生再次借助操作活动，尝试探索、归纳长方形和正方形的特征。特征的理解是抽象的，所以应重视通过操作活动，引导学生体会从边和角两个维度，去探索、建构、体验长方形和正方形的特征，而并非在抽象层面去认识、记诵它们。

看似简单的一道练习题，但是却蕴含着很多大学问，学生在解决这个问题的过程中碰撞出了很多思维的火花！这一道小练习题激发了孩子们探究的兴趣。为什么会有这样的效果？

1. 操作有物。

数学课要给学生提供形象直观的操作材料。给学生提供试错纠错的机会和探索的空间。形象生动、有趣味性的操作材料既吸引了孩子们的眼球，又可以直观形象地解释数学知识，有助于学生的观察，有利于学生发现数学问题。学生可以在操作中去推理、去探究数学的奥秘。

2. 言之有序。

学生在有条理地思考的同时，也要清晰地表达自己的思考过程与结果。给学生一定的语言模板，有助于学生梳理自己的思考过程，学会有序表达。另外在小组合作中可以尝试接力发言。课上老师不点名，由学生主动发问、质疑、补充、建议等等，既可以锻炼学生的倾听能力，培养专注力，又可以让学生主动思考，还可以让学生学会表达，互相补充。

3. 合作共享。

学生经过独立思考，逐渐有了多元的想法、见解和创意，生生和师生之间才可能有交流、有碰撞、有生成，继而学生把多元的想法进行关联，提升了数学思维能力。基于学生独立思考的交流和讨论才是真实和有意义的。让学生把自己对问题的分析思路记录下来，这种方式一方面便于老师了解学生思维的过程及障碍所在，另一方面可以将学生不同的思维状态展现在全体学生面前，作为生生和师生之间的"互动性资源"。

记得有这样一句名言：我听过了，我就忘了；我看见了，我就记得了；我做过了，我就理解了。让孩子亲自动手操作，自主探究、学习、构建、发展，将促进孩子们的认知发展，思维能力提升。

等一等，会有不一样的"风景"

——张亚杰

课堂教学中的等待，是给学生创造的空间，是教师对学生学习权利的尊重，更是新课程理念的一种体现。在教学中我们常常看到：学生还没来得及自主思考，教师就迫不及待地让他们进行交流；学生还没来得及合作交流，教师就会"一锤定音"；学生还没来得及实践，教师就要先谈谈自己的体会。然而在教师的"等一等"中学习，学生才会有深刻的印象和感悟，在获得成功后才会产生强烈的情感体验，从而进一步激发学生的自信心。可以这样说，"等一等"孕育着生成。那么在何时何处需要等待，我们又等待什么呢？

课堂回放

镜头一："等一等"再评价

在北师大版三年级下册《除法》单元第一课《分桃子》教学时，我给学生出示了主题图：64个桃子平均分给2只小猴子，每只分到多少个？

学生很快列出算式并写出得数：64÷2=32（个）。

紧接着，我把问题进一步聚焦："你能否用竖式表达清楚你的计算过程？请大家在本子上试一试。"于是，学生便独立在本子上列竖式进行计算。接着我请学生说一说自己是怎样计算的。

生A："我是先用十位上的6除以2，得到3，把3商到十位上，然后再用个位上的4除以2，得到2，把2商到个位上，所以得数是32。"

我又请了两位学生说竖式的计算过程，都是先从十位商起的。于是，我便想着总结除法竖式的计算规则：用竖式计算除法时，都是先从最高位商起。这时，学生B举起手来说："老师，我和他的方法不同，我是先从个位商的，结果也是32，所以我觉得从个位开始商起也行。"

面对突如其来的回答，我有些迟疑了，显然这样的算法是不合适的，但是如果当即否定这个算法，然后给学生讲除法竖式从最高位商起的原因，以及从个位商起会有什么问题，那么，一方面会影响B学习的积极性，另一方面，对于学生理解从最高位商起的道理就错过了一个很好的契机。所以，我不做评判，问道："同学们思考一下，B这样的算法有道理吗？"学生思考片刻后，便纷纷举起了手。

生C："我觉得不对，如果从个位商起，那么对于个位不能整除除数而有余数的，怎么办呢？比如，65÷2，先用5除以2，商2余1，再进行第二次商的时候怎么办呢？"

生D："我同意C的想法，如果从个位商起，再继续第二次商的时候会遇到麻烦啊！"

我仍然不做评判，又出示一道题，让学生用从个位商起的方法来计算：又来了一只猴子，68个桃子平均分给3只猴子，每只分到多少个？还剩多少个？

很多同学算着算着，皱起了眉头，不知道接下来该怎么写了。于是，又重新列竖式，从最高位开始商起，最后算出了商22余2。此时，我特意注意了小B，他已恍然大悟。

此时我再问，从个位商起，还是从最高位商起，哪个更有道理？

生B："我觉得从最高位商起更有道理，更方便计算。"

我点头说道："是的，所以除法竖式计算，我们还是从最高位开始商起。"

镜头二："等一等"再思考

在教学北师大版三年级下册《数学好玩》中《我们一起去游玩》一课时，我给学生出示了主题图：要组织48人去游玩，每辆小车限乘12人，需要120元。每辆大车限乘18人，需要160元。怎么租车最合算？

问题出示后，我让学生经历了5分钟的独立思考。

生E：我认为可以租4辆小车，租金是120×4=480（元）。

生F：我认为可以租3辆大车，剩余6个座位，租金是3×160=480（元）。

师：还有其他方案吗？

生E：只租大车或者只租小车的方案没有了，还有大车、小车搭配着去租。

师：那可以怎样搭配呢？

生 G：可以租 1 辆大车，3 辆小车，剩余 6 个座位，租金是 160＋3×120=520（元）

生 H：可以租 2 辆大车，1 辆小车，租金是 160×2＋120=440（元）

师：对比以上的这些方案，你有什么发现吗？

学生安静下来，陷入思考，有些同学提出了自己的看法："有的方案虽然省钱，但没有空座位不方便，因为如果有人带着行李，就会很挤。""有的方案虽然花的钱比较多一点，但是坐着舒适。""有的方案花的钱一样，但舒服程度却不一样。"

镜头三："等一等"留空间

在教学北师大版三年级上册《数学好玩》中《共同的休息日》一课时，我给学生出示了主题图：奇思一家想在 2019 年 3 月份外出一日游，可是他爸爸和妈妈要上班，奇思也要上学。在不影响正常上班和上学的前提下，3 月份奇思一家怎样才能一起去一日游呢？你有什么好建议吗？

学生很快便把问题聚焦到找奇思一家都休息的时间去玩，所以本节课就很自然地引出课题：共同的休息日。

在接下来的教学过程中，我没有按照常规的教学思路，即学生思考后教师进行方法的讲解，然后学生再运用方法进行练习巩固，最后总结本节课的教学，而是提供给学生一张 2019 年 3 月份的日历，让学生经历了独立思考、小组交流、全班分享的过程，并且在每个环节提出了相应的学习要求。

1. 小组交流：

（1）小组成员轮流发言，说清自己的方法。

（2）认真倾听，读懂小组成员的方法。

2. 全班分享：

（1）把你们小组的方法分享给大家。

（2）对比自己的方法，有什么不同。

全班学生解决这个问题的方法包括三种：其一是，在日历上把每个人的休息日用不同的符号标画出来（符号标记法）。其二是，根据日历，将每个人的休息日列举出来（列举法）。其三是，把每两个人的休息日放在一个圈里，最后找到三个人共同的休息日（集合圈法）。

最后让学生对比以上三种方法的异同。

学生总结：
（1）在日历上用符号圈画的方法方便、简洁。
（2）用文字列举的方法很清楚，但有些麻烦。
（3）集合圈的方法综合了列举法和符号圈画法，既简洁又清楚。

我的思考

1. 等一等——让教师评价适逢其时。

在数学课堂教学过程中，如何对学生进行适时评价一直是数学教师思考的问题。适时的评价可以有效地促进教学。案例中当学生说也可以从个位开始商起时，我没有简单否定学生的答案，没有急于对学生的答案进行评价，而是通过等待，让学生从起疑到验证再到释疑，最后学生通过自己的实践感受到从个位开始商起是不合适的。试想，如果当时我急于评价，不给学生实践的机会，只是简单地说一句：不可以从个位开始商起。这样的评价也许不能收到很好的教学效果。

2. 等一等——让学生思考走向深入。

在数学课堂教学中，我们提问后要等一等，哪怕只是几十秒钟，让所有的学生开动脑筋，进行思考，给学生充足的思考时间。哪怕离答案只有一步之遥，也要让学生自己去探索，去尝试。等一等，再等一等，也许下一刻，就是学生恍然大悟、茅塞顿开之时，就是学生创造精彩课堂之时。在镜头二的教学案例中，我的无言等待引发了学生之间的交流、评价、思考，这才是最重要、最有价值的。在这个过程中，既有学生对知识的理解运用，更体现出了学生的情感态度和价值观，无形之中蕴涵了对数学思想的感悟。

3. 等一等——让课堂教学留足空间。

在镜头三的案例中，我让学生经历独立思考、小组交流、全班分享的过程，探索出解决此类问题三种不同的方法，从而自主选择方法，体会方法策略的多样性，获得自己的体验和感受。

随着新课改的深入，传统的教与学方式正在发生改变。许多老师逐渐从台上走下来，把课堂作为学生展示自己的平台。但要想让课堂真正"活"起来，贴近学生生活的情境还需要多一些，开放性的问题多一些，活动的空间大一些，最重要的是教师的节奏要慢一些，给学生留足探索的空间和时间。

创意教具　突破难点

——多媒体课件和传统教具引发的思考

——李爽

《课标（2011）》指出，有效的数学学习活动不能单纯地依赖模仿与记忆，动手实践、自主探索与合作交流是学生学习数学的重要方式。但是由于数学知识抽象，小学生抽象思维能力差，这就造成数学学习方面的障碍，再加上不恰当的教学方式，会使本身抽象的数学知识变得更加难以理解。新课程改革就如同一股春风，给基础教育带来了春的气息，特别是多媒体技术进入课堂后，逼真的教学环境，动静结合的教学图像，使一些难以理解的知识变得直观、易懂，枯燥无味的内容变得生动、有趣，所以一些的传统教具好像渐渐地淡出了历史舞台。但我认为无论科技怎样发展，传统实物教具都应该继续在教育教学中占据一席之位，继续发挥它的光和热。

人脑形成一个抽象概念，必须首先要有关于这一概念的一些具体实物的直观感受经验，再经过人脑的分析综合等找出实物的共同点，即抽象概括出本质属性，从而在大脑中形成这一概念。教师可以巧妙地使用数学学具，让学生通过摆、分、拼、组、比、想等，建立起知识与思维、知识与活动、知识与能力之间的桥梁，使知识生动而形象，使学生在做中学、在学中做，凸显学生的主体地位，构建全面发展的生态课堂。

课堂回放

1. 第一次试讲后的失落。

在教授一年级下册的《填数游戏》时，看似简单的九宫格游戏，但是如何让一年级的学生很快观察并找到九宫格的突破口是个难点。为了突破这个难点，在备课时我发现，只要让学生找到唯一空格作为突破口，问题就轻松解决了。我想，把唯一空格的行或列用课件标注出来不就可以了吗？但第一次试讲时我发现课件的演示效果不是很好，PPT播放完就过去了，不少同学都没能注意到这一点。尤其在课后学生访谈中问及如何寻找突破口时，学生的回答都很含糊。可见课件标注并没有给孩子们留下很深刻的印象，我非常失落。

2. 第一次试讲后的反思与改进。

课后我进行了反思，既然课件演示不容易给孩子们留下深刻的印象，那我何不试试把教具贴在黑板上，这样不就能让孩子们动手实际操作，留下深刻的印象了吗？

我制作了一个红色边框的教具，直观地把唯一空格的行或列标注出来展示在板书中，这样不仅操作起来方便自如，还能让学生印象深刻。在第二次试讲中，第一关的设计是让学生初步体验寻找突破口的方法。刚开始学生有些摸不着头脑，我把红色边框学具请出来放到九宫格中，学生一观察就立刻轻松地找到了突破口，并说清了理由。接下来孩子们利用学具很顺利地完成了第一关的闯关游戏，也知道了完成九宫格游戏寻找突破口是关键。看来小小学具，功效大大啊！

为了加深印象，进一步理解寻找突破口这个难点，我趁热打铁，安排了第二关。这时横看竖看都没有唯一空格了，利用红色边框的教具也找不到突破口了，这可怎么办？这时聪明的孩子们想到利用两个不同颜色边框的学具从两个维度标注出来同时观察，这样就可以轻松地找到解决问题的突破口了。简洁明了，学生一看即懂。

其实这种教具制作非常简单，功效与多媒体教具却不相上下，甚至因其可操作性使学生更易于理解知识。在后续完成练习时，我发现孩子们会在习题中自己画出寻找突破口的边框，看来学具的使用给孩子们留下了深刻的印象。

神奇教具的演示不仅抓住了教学细节，还让学生情绪高涨，思维活跃，轻松地突破了难点，提高了课堂效率。

我的思考

1. 恰当运用学具，引导学生自主探索。

数学是逻辑性较强、较为抽象的一门学科，恰当使用学具能够提升教学效率。尤其在小学教学中加强学具的操作，让学生摆一摆、拼一拼、剪一剪等，可以极大地锻炼学生自我发现问题和亲手解决问题的能力，有助于学生操作能力的培养、思维能力的提高，从而促进其全面发展。

2. 恰当使用学具，培养学生思维能力。

课堂教学效率的高与低，教学效果的好与坏，很大程度上取决于学生的兴趣和主动参与。所以在教学中运用学具，激发学生兴趣，培养学生的思维能力很重要。新课程理念认为学生是数学学习的主人，只有将学生的主体地位落实到课堂教学实践层面，学习才能成为学生的自觉行为，才能让学生获得更多的具有个性化的知识感悟和体会。在学具的使用中，教师应大胆放手让学生自己去动手操作。学生通过参与操作，使抽象的数学知识直观化、形象化。这样既使学生掌握了知识，同时也培养了学生探究、创新思维的能力。

3. 恰当使用学具，培养学生合作意识。

在数学课堂教学中教师应充分利用数学学具，使学生在课堂学习中互相合作，对于课堂生成的关键性问题进行讨论，每个人都充分独立思考，人人都积极发言，发表自己的看法。这样的课堂教学不仅有益于活跃课堂气氛，还培养了学生合作的意识。

总之，数学课堂教学中学具的使用对于小学生来说有着不可忽视的作用。它不仅帮助学生理解和掌握知识，还培养了学习能力和思维能力。

"火"与"冰"的教学考验

——面对不同认知经验基础开展课堂教学的思考

—— 刘红梅

2016年的10月和11月,我分别在学校的数学名师工作室和区骨干学科带头人培训活动中,两次执教北师大版四年级上册第五单元《确定位置》一课,两节课的教学都给我留下了深刻的印象,同课同构,仅仅是学生不同,两节课在重点环节的学生反馈及学习效果却不同,这引发了我深深的思考。

课堂回放

我对本课的教学环节设计是:做游戏—认识数对—课堂练习—拓展提高—实际应用,在两次授课中都着重关注了最开始的游戏引入环节。这个环节的设计目的:一是激活学生的原有认知经验,激发学生学习本课的兴趣;二是了解学生的认知水平,找准授课的起点和学生们在本课的最近发展区,进而在此基础上,着重关注新知学习环节,以求达到最好的教学效果。

1.异常顺利的1班。

在游戏引入这个环节的教学过程中,我说明游戏的活动要求:请讲台上的四名同学根据同学们的提示猜出老师将礼物藏在了班中哪个同学的座位上。要求猜的同学只能使用描述班级位置的语言提问,争取以最少的提问尽快找到;要求提示的同学们只能回答"是"或"不是"。同学们展现出极大的热情,现场异常火热,同学们通过5次提问"是在第1组吗?""是在第5组吗?""是在第4组吗?""是在第4个吗?""是在第3个吗?"很快锁定了礼物的位置是第4组第3个,四位猜测者高兴地拿到礼物得胜而归。同学们在开心、兴奋的状态下以饱满的热情很快进入了新知识学习环节。

此时，我将班级座位图投影到大屏幕上，学生面对熟悉的座位图，自然生成列与行的认识，从而探究出最简洁、最快速的记录方法，认识数对，掌握新知，积累经验。可以说这节课是在学生们的经验碰撞、再生成中自主完成的。

2. 困难重重的 2 班。

在 2 班，同样的游戏引入环节，听清要求的 2 班同学开始找礼物了，他们一上来就用"是×××吗？""是在×××的左边/右边/前面/后面吗？"这样的问题形式发问。一开始同学们积极回应，可一直猜不到礼物的位置，这样无效的提问持续了太长时间，这下可急坏了没有预设到这种情况的我。

于是我提示道："如何用最少的提问，最快速地找到礼物，请猜测者想好后再提问！"终于第三位猜测者提问说："是在第二组吗？"我心中不禁欣慰，提问终于从一个人的座位点转到了一个组的座位线上，我心想这下很快就能找到礼物了。谁知又出现了新困难，下一个提问者手指着从右边数的第二组接着问："是在这个第二组吗？"我的心一下掉了下来，怎么又把数组的顺序改变了呢？于是我再次提示道："你们猜测者是一个团体，要一起锁定礼物的位置，为了避免重复，浪费时间，大家要用同样数组的顺序开始提问。"终于五位猜测者中的三位明白了我的提示，很快他们三个人利用第几组第几桌找到了礼物的位置。而另外两名同学直到拿着礼物回到座位，还是一脸懵懂的状态。于是在耽误了这么长的时间后，我直接导入："既然同学们不明白礼物的位置是怎样被又快又准地找到的，那就让我们一起走进今天的课堂，学习如何《确定位置》。"

此时，我将班级座位图投影到大屏幕上，引导学生认识组和个，进而认识列与行。这节课是在教师充分的引导、帮扶下完成的。

课后访谈

1 班的游戏环节异常火热，同学们积极参与，而 2 班的游戏环节却频频遇冷，让我差点慌了手脚，为什么同课同构，却有如此不同的"火"与"冰"的教学感受？课后我带着满满的好奇心走进了这两个班级，想和学生们一起交流，解开心中的矛盾与困惑。

1. 在 1 班。

（距离上课已经过去大约一个月的时间）

师：同学们，还记得咱们一起学习的《确定位置》那节课吗？你们感觉怎么样？

生1：老师，我们上得特别开心。

生2：老师，我记得笛卡尔。

生3：老师，那天我感觉时间太短，要是咱们再多上会儿就好了。

师：真的吗？多上会儿不累吗？

生3：老师，不累，我真没想到，地球上的每一个位置都可以用经纬线的交叉点来确定，数对还挺厉害的，哈哈……

生4：老师，我查到郭川了，他真是位了不起的航海人，希望对他的搜救行动能够尽快传来好消息。

我和学生们开心地交流着，是的，授课时正值中国航海第一人郭川失联第5天，当时这个时事介绍放在本课的最后一个环节，将数对的学习与实际应用结合，让学生们充分感受到身边处处有数学，学有所用。这个教学环节虽然精彩，遗憾的是由于时间原因，却没能在2班课堂上开展。

2. 在2班。

师：同学们，上午这节课大家感觉怎么样？

生1：还行，嘿嘿……就是一开始的游戏我们有点玩蒙了，要是早知道是用第几竖行中的第几个人来确定就好了。

生2：老师，您不知道，我们真是误打误撞猜对的，估计您换个位置我们很有可能一节课都猜不到，哈哈！

师：怎么回事？

生3：老师，我们班的组跟您想的不一样，我们从一年级开始就是：四人围圈为一组，以这（右上）桌为准即1号同学，并按顺时针顺序依次是（右下桌）2号，（左下桌）3号，（左上桌）4号。（学生们边说边用手指给我看）幸亏您藏在了第一组第二桌，嘿嘿……

我心中"轰"的一下，恍然大悟，原来这个班的座位分法是特殊的，学生们的原有认知经验与别的班级是完全不同的，而我在教学设计时陷入了思维定式。这也为我解开了疑惑，我终于明白为什么2班学生们的提问多用上下左右相对位置描述，为什么他们一开始的提问叫我有些摸不着头脑。

师：那你们后来学明白了吗？为什么课堂上你们没有告诉我这一点呢？

生3：老师，我们也是回班后大家交流时才知道原来礼物是误打误撞猜到的。

生4：您的PPT一出示我们班的座位图，我们就明白您那种分组方法了。我们班座位实际是一堆一堆的，您出示的是一条一条的。

后来学生们告诉我，他们都学明白了，而且他们最喜欢自己创造数对的书写方法的活动，觉得特别有成就感。

通过访谈我发现两个班的学生都收获了共同的新知：认识了行和列，认识了数对，掌握了数对的书写方法。不同的是：1班同学由于原有认知经验符合本课教学设计，不仅收获了知识，还有着更深刻的情感体验，对数对知识的作用有了深入了解。2班同学的数学知识与经验其实更多。虽然他们没有在课堂上认识郭川，没能了解地球上用经纬线确定位置的方法，但他们后续的学习体验和知识储备也是丰富的。

我的思考

我认为一个好的老师，不仅要对失败的课反思，更应对成功的课反思，难得在自己的教学生涯中遇到这样的机会，两节课分别给予了我完全不同的授课考验，特别是第二节课，如果当时没能随机应变，及时引导混乱的游戏场面，帮学生把新知识梳理清晰明了，那无疑会是一节失败课。所以我及时积累下宝贵的教学经验以激励自己的教学成长。

1.尽早暴露学生原有认知水平，让授课有底。

通过课后的学生访谈我发现，游戏环节之所以在两个班产生如此大的不同反馈，是因为班级原本的座位环境造成的，也就是两个班学生的原有认知经验不同。1班的座位形式就是最常见的以竖行为组，这样的班级座位制很自然地帮学生积累了利于本课新知学习的认知经验，并且为学生创设了利于突破本课学习难点的思维模式。2班则不同，自建班以来班中座位就是四人围圈为一组，可以说他们没有本课座位形式的经验，对学习本课的生活经验是零，列与行对他们来说比较遥远，或者说游戏活动的情境不能充分地激发他们的数学知识经验。学生们的原有认知经验与本课的要求不一致，这无疑对教师的教学提出了更高要求。

苏霍姆林斯基曾说："教育的技巧并不在于能预见到教学的所有细节，而在于根据当时的具体情况，巧妙地在学生不知不觉中做出相应的变动。"这就对我们教师提出了更高要求。不可预见的学生原有认知经验是普遍存在的，我们授课时要找准学生的认知起点，才能做到授课有底。

2. 创造性地使用教材为学生学习做好铺垫，让授课有依托

本课我将教材中 5 组 6 桌的座位图片换成了班级中学生们真实的座位图，就像 2 班同学所说，当他们看到把全班同学的座位梳理成一竖行一竖行的座位图片，他们就已经想到今天的新知是与竖行相关的，思维中自然抛掉了原有认知中围圈成组的经验，为本课学习做好了准备。可见创造性地改变教材主题图，用真实的座位图开展本课教学，更易于学生开展新的学习。

对网格图中（1，1）起始点在什么位置的认识是本课的难点，更是将来学习坐标系、认识原点的关键。创造性地使用班级真实座位图，让 1 班同学主动找到了第 1 组第 1 桌，也对 2 班学生的学习提供了更大的帮助，在发言同学回答（1，1）的位置是第 5 组最后一桌时，班中同学立即产生质疑，更有同学主动走到讲台前争辩说，这儿（指着第一组第一个座位）才是数对（1，1）表示的位置。因为处于情境中学习，回答错误的同学很快明白并及时更正过来。这就是首都师范大学基础教育数学专家刘莹教授所提到的，班级座位图及时地将学生的思维所想变成了眼前所见，它让置身于座位中的同学们，跳出了座位站到座位外观察位置，这就很好地避开了想象的难点。学生学有所见，易于知识的掌握和经验的积累与提高。

3. 教师要随机应变，有面对课堂生成的智慧。

现在的课堂早已不是教师一人的独角戏，面对不同基础的学生，他们的原有认知、经验、水平不同，合作学习的能力不同，交流互融的方法和形式不同，急需教师增长自己的课堂智慧，提高自身的知识储备，这样才能面对飞速发展的社会和知识储备越来越丰富的学生，做好自己的教学工作。

经历误区，追寻数学本质

——赵伟

列方程解应用题的格式跟以前学习的算术格式有非常大的区别，学生在学习的过程中，会出现各种格式上的错误，有时会把一些无关的步骤写上去，有时方程不是最简形式……这些都是学生在初步学习列方程解应用题中最容易出现的细节错误。

期末复习阶段，我与孩子们在练习的时候遇到了一道列方程解应用题，题目是这样的：

学校买了苹果和橘子共30箱，一共440千克。（苹果：10千克/箱；橘子：15千克/箱）求：共有多少箱苹果？（列方程求解）

学生思考了一会儿后，一张张天真又有些无奈的小脸纷纷朝向了我，我连忙问："怎么了，孩子们？"安静的气氛持续了十几秒，小宋同学大胆地举起了手，说："老师，这道题有两个未知量，不知道设哪一个量为未知数。"我紧跟着做了评价："了不起的问题，请大家为小宋的质疑鼓鼓掌。"很多孩子一下子变得兴奋起来。我叫起一个孩子，他说："老师，小宋的问题也是我的问题。"我问："大家都是这个问题吗？"孩子们大声答道："是。"孩子们的问题清楚了，就是两个未知数的问题如何求解。如果设苹果为 x，那么橘子怎么表示。有个孩子说："y。因为有两个未知数。"后来，孩子们发现这样是不行的，小学阶段解不出来。

教室的气氛又开始安静下来，也没有孩子发言了。这时，我灵机一动，问孩子："咱们班36位同学，男生19人，如何求出女生的人数？"孩子们异口同声："36减19。""非常棒，如果一共30箱，设苹果有 x 箱，橘子如何求出？"孩子们再次异口同声："30减 x。"通过我的引导，孩子们豁然开朗。

孩子们很快列出方程：$10x+15(30-x)=440$。我说："非常好，试着把方程解出来吧。"我知道这对他们来说会非常困难，但仍然带着一些期许等待着。过了一会儿，孩子们求助的目光纷纷投向了我："老师解不出来，$10x$ 减不了 $15x$。"我说："小组讨论讨论吧。"大约一分钟后，有两个小组有了解决策略。他们汇报说，如果假设橘子有 x 箱，苹果有（$30-x$）箱的话，就不会出现小的数减大的数的情况了。我连忙评价说："那就赶紧验证你们的想法吧。"

没过多久，接二连三地有学生举手向我报告："老师，我解出来了。"我说："孩子们，你们真了不起！这是一道初一水平的一元一次方程的应用题，咱们在四年级就解决了，为你们的了不起鼓励鼓励自己吧。"这节课就在孩子们给自己的掌声中结束了。

这节课让我对数学教学有了一些思考。

1. 拉近数学与生活的距离。

"兴趣是最好的老师"，是学生内在的学习动机。一个好的情境创设，不仅能有效提升学生的学习兴趣，还能让学生充分体会数学的魅力，感受生活与数学的内在关系，进一步引导学生独立思维的形成。

2. 区别列算式与列方程的关系。

许多学生在解决问题的过程中仍然使用算术的方法，这是因为学生的思维还没有完全由算术方法转变为方程的方法。这时，教师就应该区别列算式与列方程的关系，通过具体的例子，让学生试着先用方程来解答，再用算式解答，引导学生找出其中差异，让学生体会到成功的快乐。

3. 强化列代数式的练习。

课堂练习是学生学习过程中不可缺少的重要环节。教师在引导学生初步形成列方程解应用题的思维之后，应利用不同的练习，进一步指导学生掌握分析数量关系的方法，找出等量关系的途径。在解题的过程中，教师应多留意学生的错误思维，帮助学生及时掌握正确的解题方法，让学生通过不同的练习，明白用方程解决问题的优越性。

在动手操作中收获数学知识

——王雅娟

小学数学教学应致力于实现小学教育的培养目标，全面育人，为学生终身可持续发展奠定良好的基础，使得人人都能获得良好的数学教育，不同的人在数学上得到不同的发展。让学生掌握基本的数学知识与技能、数学思想和方法，得到必要的数学思维训练，获得广泛的数学活动经验和解决问题的能力。

在本学期的一次合作学习研究课中，我上了一节《面积单位》的数学课，这节课给我留下了深刻的印象，因为一位同学的回答让我发现熟背概念不一定是一件好事，学生既要知道概念，又要学会灵活地用这些知识去解决生活中的问题。

《面积单位》是在学生理解了面积的意义，能够初步比较图形面积大小的基础上进行教学的，在此之前学生已经认识了"米""分米""厘米"等长度单位，这些都是本节课学习的知识基础。本课旨在让学生通过学习知道，长度单位是度量长度的，面积单位是度量面积的，通过测量，感知体会这些面积单位的实际大小。

很多同学一开始就已经有对于面积单位的认识，但是他们对面积单位的认识仅仅停留在表面，对它们的实际大小并不是真的掌握，所以课上我让学生交流生活中的 1 平方厘米、1 平方分米和 1 平方米的实际物体，从而加深对面积单位的认识，为后面学习面积单位的换算打好基础。

我设计了"马小哈的日记"这一有趣的环节：

今天，我坐在 1 平方分米的方桌前吃饭，一不小心，我的表面约为 1 平方米的大门牙被碰掉了，我忙掏出 4 平方厘米的纸巾止血，疼死我了！

这个笑话让学生体会到了面积单位的重要性。接下来，我将教学的重点放在用手中的面积单位学具去测量身边物体的面积。我发现孩子们更多地是选择大一些的单位测量与之相近的物体表面，这样得到结果又快又准确。只有一小部分孩子选择的是平方厘米这个面积单位去测量一些面积较大的物体表面。于是我找到这样的同学上台进行展示，只见一位同学用 1 平方厘米的小正方形对一张方形的便签纸进行测量，沿着便签纸的一条边摆 1 平方厘米的小正方形，可以摆 8 个，所以他就认为这个便签纸的面积为 8 平方厘米。

对于这个回答，当时有些同学就提出了质疑，但是我并没有立刻让他们去揭穿，而是进一步问这位同学："你为什么会这样认为呢？"他的回答是："既然边长为 1 厘米的小正方形面积为 1 平方厘米，那么这个边长为 8 厘米的小正方形面积不就是 8 平方厘米吗？"听到他的回答，我先是表扬他对 1 平方厘米的面积定义记得清楚，进一步问他面积的定义是什么？他毫不犹豫地回答："物体表面或者封闭图形的大小就是它们的面积。"我继续夸他："看来你真是一个概念清晰的好孩子，那你来帮我指一指这个便签纸的表面面积在哪儿，好吗？"等他指完后，我问他："你再看看你摆的这几个图形，能算是便签纸的面积吗？"他突然反应过来，这几个小正方形并没有覆盖全部的图形，那就不能说面积只有 8 平方厘米。我让他继续摆下去，看看面积到底是多少。经过几分钟的努力，他终于摆出来了，并且通过计算得出了这张方形便签纸的面积，为下节课计算长方形的面积做好了铺垫。

这节课带给我的思考如下：

1. 从"身边的数学"入手，创设教学情境。

数学知识源于生活，创设一个良好的生活情境，能使学生对数学产生亲切感。在认识三个面积单位时，我都让学生从生活中找一找有没有这样大小的物体，学生找出牙齿的大小约 1 平方厘米，脸的大小、手掌的大小约 1 平方分米，黑板大约 2 平方米等。利用生活中的物体，有效地帮助学生在头脑中形成三个面积单位的实际大小，建立起面积单位的表象。在练习中，用了生活中的一段情境，马小哈使用了不当的面积单位而闹出了笑话。学生对生活中方桌的大小、门牙的大小、纸巾的大小都非常熟悉，所以很快就能看出三个面积单位的使用是不正确的，并且在熟悉的情境中轻松地领会到生活中必须正确使用面积单位，体会到面积单位的重要性。

2. 重操作，注重学生体验。

概念的认识，应通过学生观察实物、操作测量，在具体感知的基础上实现，并在不断的体验中形成。本课中三个面积单位的定义并不是重点，重点是建立三个面积单位的表象，所以，我围绕学生的学习目标，组织学生找一找生活中的1平方厘米、1平方分米、1平方米，利用手中的学具，去测量教室里看得见的物体的表面面积，并在动手操作中发现问题、解决问题。通过这些操作活动，强化了学生对面积单位的感知。在课堂上，多给学生点时间让他们暴露自己的知识不足，并利用有效的方法去解决他们的各种困惑，使学生更加扎实地掌握所学的知识。

3. 创设质疑情境，让学生主动学习。

古人说："学起于思，思源于疑。"有疑问，才能启发学生的求知欲望，唤起他们的学习兴趣，使学生的思维处于积极状态。因此，在课堂上，我创设多种问题情境，让学生主动思考、探索。如"如何得到数学书封面的面积"这个问题，学生利用不同形状的图形进行测量，得到的答案各不相同，从而引出结论：要想得到数学书封面的面积，必须统一面积单位。学生由此体会统一面积单位的必要性。

参考文献

1. 马复. 论数学活动经验 [J]. 数学教育学报，1996，5（4）：22-25.
2. 张奠宙等. "基本数学经验"的界定和分类 [J]. 数学通报，2008，47（5）：4.
3. 张奠宙等. "四基"数学模块教学的构建——兼谈数学思想方法的教学 [J]. 数学教育学报，2011，20（5）：16.
4. 孔凡哲. 基本活动经验的含义、成分与课程教学价值 [J]. 课程·教材·教法，2009，29（3）：33.
5. 王林. 我国目前数学活动经验研究综述 [J]. 课程·教材·教法，2011，31（6）：43-49.
6. 武江红. 数学活动经验的内涵及特征探析 [J]. 河北师范大学学报：教育科学版，2009，11（2）：108.
7. 史宁中. 数学课程标准的若干思考 [J]. 数学通报，2007，46（5）：2.
8. 史宁中. 数学的基本思想 [J]. 数学通报，2011，50（1）：1.
9. 张天孝. 关注数学基本活动经验 [J]. 小学教学，2009，3.
10. 张苾菁. 如何帮助学生积累数学基本活动经验 [J]. 人民教育，2010，11.
11. 许卫兵. 基本活动经验的理解与行动 [J]. 江苏教育：教学版，2011，12.
12. 涂荣豹，宁连华. 论数学活动的过程性知识 [J]. 数学教育学报，2002，11（2）：9-13.
13. 王新民，王富英，王亚雄. 数学"四基"中"基本活动经验"的认识与思考 [J]. 数学教育学报，2008，17（3）.
14. 张丹. 问题引领学习让儿童学习走向深入 [J]. 中小学管理.2017，6.
15. 中华人民共和国教育部. 义务教育数学课程标准（2011年版）[M]. 北京：北京师范大学出版社，2012.
16. [美] 约翰·杜威. 民主主义与教育 [M]. 王承绪，译. 北京：人民教育出版社，2001.

17. [瑞士] 皮亚杰. 教育科学与儿童心理学 [M]. 傅统先, 译. 北京：教育科学出版社，1981.
18. [英] 怀特海. 教育的目的 [M]. 庄莲平, 王立中, 译. 上海：文汇出版社，2012.

图书在版编目（CIP）数据

"体验式"数学教学：搭建体验与经验的桥梁/丁凤良等编著. —上海：华东师范大学出版社，2020

ISBN 978-7-5760-0596-7

Ⅰ.①体… Ⅱ.①丁… Ⅲ.①小学数学课—教学研究 Ⅳ.①G623.502

中国版本图书馆CIP数据核字（2020）第141829号

大夏书系·数学教学培训用书

"体验式"数学教学：搭建体验与经验的桥梁

编　　著	丁凤良　等
责任编辑	任红瑚
责任校对	殷艳红　杨　坤
封面设计	百丰艺术

出版发行	华东师范大学出版社
社　　址	上海市中山北路3663号　邮编　200062
网　　址	www.ecnupress.com.cn
电　　话	021-60821666　行政传真　021-62572105
客服电话	021-62865537
邮购电话	021-62869887　地址　上海市中山北路3663号华东师范大学校内先锋路口
网　　店	http://hdsdcbs.tmall.com

印 刷 者	北京季蜂印刷有限公司
开　　本	700×1000　16开
插　　页	1
印　　张	17
字　　数	220千字
版　　次	2020年10月第一版
印　　次	2020年10月第一次
印　　数	3 000
书　　号	ISBN 978-7-5760-0596-7
定　　价	59.80元

出版人	王　焰

（如发现本版图书有印订质量问题，请寄回本社市场部调换或电话021-62865537联系）